博客思出版社

談經說義

論語發想

左震宇 著

前言

二十一世紀第一次全球大疫情期間，許多生活模式產生了變化，居家上班與在家上課的現象，在全球成為一種常態，筆者與美國同修，在討論兩地視訊上課的課題時，建議可以安排論語為主題，但同修認為聽眾可能會反應不佳，原因是有人反應：「論語從小聽到大，聽到耳朵都生繭了。」這現象當然不是他們才會有的，在現今科技工商時代，普遍認為古人的生活與價值觀早已不合於今了。筆者在讀研究所時，有一門儒家思想的課程，課中有同學對儒家思想提出批判，認為千年來官場的貪污腐敗均是由此而生。但我們也知道，儒家或孔孟先聖先賢的思想中並沒有指涉貪腐之路，只能說是無辜地被拿來當成工具罷了。

當時在課堂的激盪下，筆者在毫無預想的靈光乍現之下，突然想通了孟子的「至善」觀，之後對原本很迷惑的禪宗公案，也看得懂了，再重閱金剛經、壇經也通達許多，此時論語也漸漸浮現出「編者」的身影出來。這些經典其實並不是一閱就通，而是累積數十年來的困惑、不解或自以為懂等等的一團混沌中，突然有一種水清月現般的清晰，所以，研讀經典要像趙州和尚要僧人喝茶一樣：

師問二新到：「上座曾到此間否？」

云：「不曾到。」

師云：「吃茶去！」

又問那一人：「曾到此間否？」

云：「曾到。」

師云：「吃茶去！」

院主問：「和尚！不曾到，教伊吃茶去，即且置；曾到，為什麼教伊吃茶去？」

師云：「院主。」院主應諾。

師云：「吃茶去！」

正因為不斷的品味再三，才能有品出其意境的一天，這也是溫故知新的意思。筆者嘗試把編攥論語的作者心思給呈現出來，參考古人的注疏是否有合於其意的，再將自己對論語的發想提出，但自認此一時的發想，未必正確也未必成熟，還望大德諸君們給予賜教。

論語的編排與結構

論語是一時之作，還是經多人之手所添加整理的？雖已難考證但從其結構來看可明顯看出前後有不同的編排法。漢書藝文志：「論語者，孔子應答弟子時人，及弟子相與言而接聞於夫子之語也。當時弟子各有所記，夫子既卒，門人相與輯而論纂，故謂之論語。」漢書所說，論語是孔子的弟子們相論而纂，所以是無一定之作者。唐．柳宗元、宋．程頤等，皆以為論語中稱孔門弟子皆直呼稱其「字」，如端木賜稱子貢；陳亢稱子禽；卜商稱子夏；言偃稱子游。唯獨對曾參不稱子輿，而尊稱曾子；對有若，亦不稱子有，而尊稱有子。故力持論語是曾子與有子之門人或其再傳弟子所撰，這是一個強而有力的論點，畢竟有子（有若，字子有）在孔子逝世後，因其貌似孔子而被同學們以師來侍之，所以當有不少弟子跟隨，有若逝世後其弟子又歸於曾子門下，這可從論語篇章中，曾子的章句遠多於有子而得之，總而言之，論語不是一人之作且是傳衍幾代之後而成的。什麼時候集結而成並不清楚，戰國中期的郭店楚墓竹簡有禮記相似的章句，但沒有與論語相同的句子，其年代約與孟子時代接近，孟子一書中雖有幾章句與論語中相似，例如：「子路人告之以有過則喜」，「求，非我徒也，小子鳴鼓而攻之」，「顏子當亂世，居於陋巷，一簞食，一瓢飲，人不堪其憂，顏子不改樂」，「孔子在陳曰：『盍歸乎來！吾黨之士狂簡，進取，不忘其初』」，有相似的章句，不代表是引用自論語，只能說是這些與孔子及其弟子有關的言句被流傳下來，所以，在此之前應該尚未成書，秦火後儒家經典已經失傳，幸有魯人伏生及齊人盧勝憑記誦抄寫下來並分別傳於魯地及膠東一帶門生，稱為魯論及齊論，齊論比魯論多出知道及問王二篇，但傳說內容及文字差異不大。另外在西漢時魯恭王因拓建孔廟，於破壁中發現許多經典，其中包括論語（古論語），不過內容文字與魯論出入較大，被當時的五經博士認為是偽經，也因此導致流失。現今的論語版本是西漢成帝時的張禹先將魯論及齊論兩者比較融合，刪去知道及問王二篇，以魯論二十篇為定本，世稱張候論。

先不探究古論語之真偽，魯論與齊論在秦火後約百年，其中不知傳了幾代，才由兩地不同之人給背誦抄寫下來，二部論語內容雖差異不大，但篇章數不同，這情形與佛經傳衍相似。佛滅後大迦葉召集了五百阿羅漢，佛所說過的話集結為經，因當時的習俗對上師所說的話，不能用文字去書寫，所以才會代代用背誦的方式傳承下去，約二百年後才用梵文抄寫下來，也就是阿含經，當時佛教部派有分北傳及南傳，北傳抄寫的阿含經有四部，南傳則有五部，不過內容也是差異不大。

另外從結構來看，後世論者以為論語前十篇與後十篇，無論體裁、語氣均有所不同，應非出自一人之手筆。魯到齊二地有如此接近的篇章內容，可見成書後儒師以此為教本，傳授於徒，徒再分枝四處繼續傳習下去，也許是從魯傳到齊，間經百年三至四代的傳承？因此我們可以推論，孔子逝世後，門人四散或做官或授徒亦有隱於世者，他們為人處世，待人接物皆以孔子之所教、所言為規臬，漸有弟子們整理孔子及先進們之對答，做為傳授弟子時的授課教材，弟子則以筆記方式記錄下來。經過幾代的增刪編排而成。所以最後的論語版本不是多人所作，而是某一人匯編而成，因為論語結構雖看似錯雜無完整條理排列，實際上確是寓意其義於篇章中，可能是尊孔子之聖，故不敢直接書寫出自己的言論，代之引聖人之言來隱喻其意，或以孔子的事蹟做引言。請參閱附表簡單的分析。

由前十篇來看，像是一位孔子弟子的再傳弟子，為了表達生平所學、所知之道理，撰寫了一篇幾乎沒有自己的字辭文章，其文意是：人一生當志於君子之學，君子之道在於為人子弟、為人之友及為人之臣該盡的本份事。學若有成當謀政於天下，依其才德而有不同的做為。闡揚禮之本、作用及仁之義，外行於禮內養於仁，此君子之盛德也。接著舉孔門弟子及名人之名實相符或不符之處，來印證好學之意；再以孔子與聖人之風範相輝映。最後以孔子日常生活寫真來結束。

後十篇的編排手法不同，像是一部倒序的電影。一開始先以孔子晚年面對新進的學生之資質，讓他回想起早年所收的弟子及與之共患難的情形，但接下來的顏淵、子路、憲問、到衛靈公篇，章節有點零亂，但還是看得出其主軸議題是什麼，顏淵及子路篇主要在仁與政之議題，憲問篇主要是仁其次是君子，衛靈公篇則以君子為主。這四篇不曉得是不是張禹先在比較融合時，將之重排而成的？之後的陽貨、季氏、微子、子張及堯曰篇又都很清楚其命題為何。（參閱附表）

按本書的編排方式，先列本文，再附白話文【簡譯】，因各家翻譯有所不同，本書採接近作者思維的語意，然後根據本文內容需要，擴充資料來源，例如：時代背景、人物生平事蹟、觀念等等，然後是筆者對論語編著者想表達的「發想」。

附表：論語二十篇內涵題綱

<table>
<tr><td>1. 學而</td><td>為學之道在盡本份事</td></tr>
<tr><td>2. 為政</td><td>不同資質的人該有的為政態度</td></tr>
<tr><td>3. 八佾</td><td>禮之本</td></tr>
<tr><td>4. 里仁</td><td>仁之義</td></tr>
<tr><td>5. 公冶長</td><td>名不符實或相符例子說明學之意</td></tr>
<tr><td>6. 雍也</td><td>好學不輟</td></tr>
<tr><td>7. 述而</td><td>孔子的好學、樂學及教學態度</td></tr>
<tr><td>8. 泰伯</td><td>聖人的風範</td></tr>
<tr><td>9. 子罕</td><td>學者在不受用於世時仍須好學不輟</td></tr>
<tr><td>10. 鄉黨</td><td>孔子的日常生活側寫及記實</td></tr>
<tr><td>11. 先進</td><td>孔子晚年對弟子們的回憶</td></tr>
<tr><td>12. 顏淵</td><td rowspan="2">問仁與政</td></tr>
<tr><td>13. 子路</td></tr>
<tr><td>14. 憲問</td><td>問仁與君子</td></tr>
<tr><td>15. 衛靈公</td><td>君子之操守</td></tr>
<tr><td>16. 季氏</td><td>與三有關的道理</td></tr>
<tr><td>17. 陽貨</td><td>惡的象徵</td></tr>
<tr><td>18. 微子</td><td>隱、逸、狂之士</td></tr>
<tr><td>19. 子張</td><td>弟子們為人師之言傳及對孔子誤解的辯駁</td></tr>
<tr><td>20. 堯曰</td><td>善政之道</td></tr>
</table>

目錄

學而第一

子曰：「學而時習之，不亦說乎？有朋自遠方來，不亦樂乎？人不知而不慍，不亦君子乎？」

【簡譯】：孔子說：「能將所學的經常來復習，不是件愉快的事嗎？能有志同道合的朋友，不遠千里而來，不是件很快樂的事嗎？我不會不高興別人不知道我的修為，不就是一位君子了嗎？」

學而的第一章，說到了三件學習過程中的三種境界，第一種是會讓人內心喜悅，這種喜悅是輕輕的，微笑式的愉悅；第二種是明顯的高興，是喜形於外的狀態；第三種是不會有不高興的情緒反應。「悅」是長久不斷的歡喜，雖不強烈但卻是能讓人持續不斷的，有成長與學習的動力，「時習之」並不是文字上的背誦，而是日常生活待人處事中，是否有契合經典之義，時時的對照與修正，才是真的「時習之」，在孔子的弟子中，最顯著的便是子路。

子路一出場，是一個頭戴羽毛，身披獸皮，腰掛刀劍的粗野之人，孔子說他：

「**野哉，由也。**」[一]要拜師卻要孔子先跟他比射箭，一副蠻橫不講理的樣子，孔子跟他說理不成，只得跟他比試箭術，子路輸了便服氣的拜孔子為師。

子路初學時總隨身帶著刀劍，孔子問他為什麼？子路回答：「人不犯我；我就不去犯人，這劍只是防身自衛用的。」孔子告訴他：「自古以來的君子，是以忠為個人本質，以仁德為防衛；就算不離開自家房內，也能聞名於千里之外。遇有不善之人是以忠來感化他，遇強暴侵擾之徒則以仁德來安定之，何必需要劍呢？」子路聽了，恍然大悟，在他生活環境中，大多是彼此間以力來服人，認為只要誰的嗓門大或是誰的拳頭硬便是贏家，但奇怪的是，有時遇到弱不經風的儒者，在他們面前常大氣不敢吐一下，他們一蹬眼或一斥責，就不敢有所不悅，他們一開口便能讓人服氣，今天才終於明白，以前在他們面前總是不敢正眼對看，原來他們才是強者，強在有忠有仁隨身，於是子路曰：「**由乃今聞此言，請攝齋以受教。**」之後跟學不再佩劍。[二]

子路求學以來雖然還是偏好勇與力，常常率爾答之，好問勇者之道，孔子也多次批評他是暴虎馮河；太剛猛。他連鼓瑟聲中也含有殺伐之聲，孔子說這樣的

[一]《史記仲尼列傳》：「子路性鄙，好勇力，性伉直；冠雄雞，佩豭豚，陵暴孔子；孔子設禮稍誘子路，子路後儒服委質，因門人請為弟子。」

[二]子路持劍，孔子曰：「由安用此乎？」子路曰：「善吾者。固以善之；不善吾者，固以自衛也。」子曰：「古之君子，忠以為質，仁以為衛；不出環堵之室，而聞於千里之外。有不善則以忠化之，侵暴則以仁固之，何待劍乎？」子路曰：「由乃今聞此言，請攝齋以受教矣。」《說苑．貴德》

人怎麼會是我的門人？[三]但是好學的子路，日日進展有成，在為政方面也充滿信心，雖然還是偏向可以使人民忠勇這方面，卻也反應出他忠勇果決的特質，後來子路出任蒲邑宰，當地民風如同子路般的「直率硬脾氣，不好教化」，但子路依著孔子教他的恭、寬、敬來理政，三年而大治。[四]子路的忠信，所治下的百姓在他公正無私，誠敬有理的評斷下，都能信服接受，孔子說：「**片言可以折獄者，其由也與！**」（顏淵十二）一個司法官能做到這樣，千古以來是非常罕見的。

二十四孝中有一個「負米省親」的孝子，便是子路，他孝思不匱，事二親食藜藿，孔子稱讚他：「**由也事親，可謂生事盡力，死事盡思者也。**」[五]他不僅是一位孝子，更是一位重信然諾的人，孔子說：「**子路無宿諾。**」承諾的事一定辦到，不會有所拖延，他的信用甚至在諸國之間，要比簽訂條約還要可信的。**小邾射以**

[三] 子路鼓瑟有北鄙之聲，孔子聞之曰：「信矣，由之不才也！」《說苑．脩文》子曰：「由之瑟，奚為於丘之門？」門人不敬子路。子曰：「由也升堂矣！未入於室也！」《論語．先進十五》

[四] 子路治蒲，見於孔子曰：「由願受教。」孔子曰：「蒲多壯士，又難治也。然吾語汝，恭以敬，可以攝勇；寬以正，可以容眾；恭以潔，可以親上。」《說苑．政理》

[五] 子路見於孔子曰：「負重涉遠，不擇地而休；家貧親老，不擇祿而仕。昔者由也事二親之時，常食藜藿之實，為親負米百里之外。親歿之後，南遊於楚，從車百乘，積粟萬鍾，累茵而坐，列鼎而食，願欲食藜藿，為親負米，不可復得也。枯魚銜索，幾何不蠹；二親之壽，忽若過隙。」孔子曰：「由也事親，可謂生事盡力，死事盡思者也。」《孔子家語．致思》

句繹來奔，曰：「使季路要我，吾無盟矣。」[六]小邾國的射以一座城邑來投奔魯國，不相信堂堂魯國實際掌權的季康子所給的承諾，卻要季康子的家臣，子路的一句話，但是子路不願意他的承諾，為不義人所利用，所以拒絕季康子的命令，也因此離魯去衛，他的信諾成為千古信人，非義不為也成為千古義人。

子路好勇，轉變成善改過，他不畏有錯，而畏不知過，故而他「聞過則喜」。他好學君子之道，不求衣食富貴，所以車馬衣裘，與朋友共，敝之而無憾。就算與達官顯貴站在一起，他也不會因自己寒酸，而感到有恥。他一生所學的道理，不但貫徹到底，還在生命最後一刻，不忘君子要正衣冠，他在刀劍臨身之下，從容結纓[七]，完成他一生君子之學。

子路一生好勇尚義，不義之事勇於反抗，那怕是他敬重的老師。孔子曾一度

[六] 小邾射以句繹來奔，曰：「使季路要我，吾無盟矣。」使子路，子路辭。季康子使冉有謂之曰：「千乘之國，不信其盟，而信子之言，子何辱焉？」對曰：「魯有事於小邾，不敢問故，死其城下可也。彼不臣而濟其言，是義之也。由弗能。」《左傳．哀公十四年》

[七] 仲由將入，遇子羔將出，曰：「門已閉矣。」子路曰：「吾姑至矣。」子羔曰：「不及，莫踐其難。」子路曰：「食焉不辟其難。」子羔遂出。子路入，及門，公孫敢闔門，曰：「毋入為也！」子路曰：「是公孫也？求利而逃其難。由不然，利其祿，必救其患。」有使者出，子路乃得入。曰：「太子焉用孔悝？雖殺之，必或繼之。」且曰：「太子無勇。若燔臺，必舍孔叔。」太子聞之，懼，下石乞、盂黶敵子路，以戈擊之，割纓。子路曰：「君子死，冠不免。」結纓而死。孔子聞衛亂，曰：「嗟乎！柴也其來乎？由也其死矣。」孔悝竟立太子蒯聵，是為莊公。《史記．世家》

想出仕於費邑，費邑的公孫不狃曾與陽虎叛主（季桓子），子路不高興地說：「沒地方去就算了，何必到他那裏去？」[八]。在衛國時，孔子回禮去見南子，回來時子路不悅的看著老師，孔子只好對天發誓：「如果是為了南子的美色而去，上天會厭惡我的！」[九]子路便是一位好學且時習之者，不但是學，還將所學徹底實踐。他悅於學，只擔心還未能做到時又聽到新的道理[十]，他可謂是學而篇的最佳典範。

第二句，「有朋自遠方來，不亦樂乎？」在當時天下，能入師塾問學的人不多，自從孔子首開私塾後，四方好學又無財力者，紛紛來求教。加上孔子又是以知禮而名重天下，孔子周遊列國時，有不少弟子跟隨著，他們一有空閒便溫習禮數，回到家鄉也是禮儀隨身，但家鄉畢竟知禮的人不多，所以可以想像得到，他們是多麼的孤寂。難得遇到同樣知禮的故友、同窗，相見之時互相行禮如儀，暢談相通的義理，是一件多麼快樂的事啊！

學習內聖的過程是一條艱苦的漫漫長路，甚至是孤獨的，少有人能相知相伴，相互砥礪的。管寧割席的故事耳熟能詳，其背後的孤寂卻少有人知。

管寧、華歆共園中鋤菜，見地有片金，管揮鋤與瓦石不異，華捉而擲去之。

[八] 公山弗擾以費畔，召，子欲往。子路不說，曰：「末之也已，何必公山氏之之也？」子曰：「夫召我者，而豈徒哉？如有用我者，吾其為東周乎！」《論語．陽貨十七》

[九] 子見南子，子路不說。夫子矢之曰：「予所否者，天厭之！天厭之！」《論語．雍也二十七》

[十] 子路有聞，未之能行，唯恐有聞。《論語．公冶長十四》

又嘗同席讀書，有乘軒冕過門者，寧讀如故，歆廢書出看，寧割席分坐，曰：「子非吾友也！」[十二]

在東漢時期天下大亂，有志修身養性，砥礪志節、涵養抱負者，若遇志同道合者便會相聚共修，同聲相應，同氣相求。管寧與華歆便是這種情況下而交往，他們同耕時挖到一枚金子，管寧看也不看繼續鋤地，華歆則撿起來看了看才把它丟掉。這情況若不明古人志學君子之道，是多麼的深耕易耨，便會覺得不合情理？常人若是挖到一塊金子，不但會撿起來，還會深挖下去，看會不會有一罈金子埋在下面？管寧看都不看已很怪異了，華歆撿起來又丟掉更是怪異！其實華歆若不丟掉，管寧這回就會跟他劃地絕交了，因為華歆心志不堅，非志學聖賢君子之人，與管寧志不同道不合，難免不同籠的。因此，遇到一位如朋如友的同志，是多麼令人歡喜的。

古人認為良朋益友如清流一般，可以激濁揚清，麗澤相滋，以德潤身，故冀求一生能得交一友，同在仁義中成就，是人生一大快事，但奇特的是，彼此感情卻又淡如水，並不是膠漆相投難分難捨，因為淡才甘甜回味，才能長長久久，所以這一句有朋自遠方來，道出了古人交友之道。

第三句，「人不知而不慍，不亦君子乎？」這句話如果有親身體會到的人，會比較能明白其中的感受，若只憑想像或聽人言說，會落於模糊的概念，筆者曾

十二《世說新語》作者：劉義慶。

有經歷過，故而有深切的感受。筆者父親是所謂的老榮民，約民國八十年左右，回到故鄉尋親，之後每隔五、六年，會再回去探親、掃墓及祭祖，大陸生活情況變化很大，初去時每年只有過大節時才吃得到肉，筆者當時已開始吃素，吃素對他們來說不太能理解？因為他們是經濟環境困難才吃不起肉，而我有能力為何不吃？筆者雖盡力解釋，他們卻難以明白但尚能尊重，反正他們也幾乎是餐餐「吃素」，幫筆者準備餐點不是困難。十幾年過後，他們已能餐餐有肉，我們一回去，他們一定熱情的備上滿桌魚肉，這時反而筆者的素食要費點心來處理，再來當地的習俗跟我們不同，請客時家主人一定會備滿桌席，盤上疊盤好不壯觀，而客人為表示主人招待豐盛，不會將菜餚用盡，所以每每散桌，滿桌依舊還是滿桌，好像未曾動用過，以我們知福惜福，不可浪費食物的觀念來看，會覺得心痛。親人幫筆者準備的素菜，一樣是滿盤擺盛，所以筆者很努力的欲將之食盡，過半時他們便頻頻來問，要不要再來一盤？筆者也再三推辭，足矣！食將盡，聽到堂嫂在廚房被堂哥責罵（不夠客人吃），後來才知當地的宴席文化，但筆者還是不按入境問俗之禮，他們雖以異樣的眼光視我，但我也不會感到不悅或不適，多年後他們也慢慢明白惜福的道理。

　　古時候知書達禮的人不多，百姓均是依著習以為常的習俗而生活著，有時不合於禮或該通權達變著，百姓不明，依舊照著陋習而為之，故而知者行當如是也的舉措，又不會對俗者的無知感到困擾不悅，可以算是有涵養的君子了。在禮記·

儒行篇中，孔子論述了儒者一生潔身自愛，不忮不求，善養德行，以待時機，一展抱負。所以，人不知吾有沖天志，亦要永矢弗諼邁前趨。

本章可算是學問之道的開宗明義，也是入聖人殿堂的基本作為，對照六祖壇經，六祖曰：「……**見聞轉誦是小乘，悟法解義是中乘，依法修行是大乘，萬法盡通，萬法具備，一切不染，離諸法相，一無所得，名最上乘，乘是行義，不在口爭**……」乘是行義，是聽聞道理要能實踐才是有「學」，能徹底實踐才是大乘，儒家修學重誠於中行於外，遇橫逆要能泰山崩於前而色不變，麋鹿興於左而目不瞬。身可危，其志不可奪也！要想成己內聖，外行王道，第一章便是學之綱領。

有子曰：「其為人也孝弟，而好犯上者，鮮矣；不好犯上，而好作亂者，未之有也。君子務本，本立而道生。孝弟也者，其為仁之本與！」

【簡譯】：有子說：「做人如果孝敬父母、尊重兄長，卻喜好冒犯長輩上司的，少啊；不做冒犯長輩上司的事，卻會做造反鬧事的，沒有這樣的人。君子在做人根本上下功夫，根本確立了合道之行為就產生了，孝敬父母尊重兄長就是仁的根本吧！

有子認為孝悌是仁德之根本[十二]，其行為是基於仁而實踐出來的，因此，從根本學起才是志學之道，孝悌者為何會不好犯上？在論語中許多篇章可見：順親，勞而不怨，又敬不違等等，鄉黨篇中也可看出孔子的對上（與上大夫言，誾誾如也）對下（與下大夫言，侃侃如也）與對君上的態度（君在，踧踖如也），有這些態度的人怎麼可能做出犯顏之事，更不可能做出悖逆爭鬪之事。「仁」的定義較抽象模糊，孔子也未曾明言其標準何在，也正因為不能有所標誌，才能因人應事而有合宜合義的行為，正如同自性、道、佛性等等一樣。六祖惠能大師將自性顯現，以內功與外德來組合：

見性是功，平等是德，念念無滯常見本性真實妙用，名為功德。內心謙下是功，外行於禮是德。自性建立萬法是功，心體離念是德。不離自性是功，應用無染是德……念念無間是功，心行平直是德。自修性是功，自修身是德……（六祖壇經・疑問品）

在內心涵養俱足的「功」將之表現於外便是德，因此，顯現自性是「功」，依於自性的行為是平等不二的，稱為「德」。這自性顯現是無停滯的，其作用稱為「妙用」。同理，非虛偽的謙下，所行出來的禮，才是真誠的禮；孝悌亦同。

[十二] 有若不同於曾子得孔子「一以貫之」之道，因為在論語中孔子有提到仁的樣貌，大多是以管仲為例，管仲是以天下蒼生為念，他可以成就霸業但不為也。仁心顯現者，孝悌是自然的表現，反之，行孝悌者未必是基於仁，他認為行孝悌之人，就不會有違法亂紀之行為，是囿於外在表現而不是本有的內質。

此章意指孝悌是仁者基本的表現，也是「學而」下功夫之處。

古人於此註解，認為：孝弟也者，其為「人」之本與！仁與人相通，也認為論語中多處相同，例如：無求生以害「人」，不過，「人」指個體之他人，「仁」指本體之良心，簡言之，不會為了自身的利害得失去傷害他人，跟不會良心不安的去做出傷害他人的事，這二種本質是有差異的。

子曰：「巧言令色，鮮矣仁！」

【簡譯】：孔子說：「花言巧語，裝出和顏悅色的樣子，這種人是不安好心的。」

此章在學而篇中，提出了一些為學者的心態，他們是為了謀求個人利益而問學，並不是為了求知、學禮、修身、養德及未來能有機會，將所學用於安邦定國、為民福祉之抱負上。學應該是以嚴謹的態度來學習，若是以虛偽的心態，圓滑的手段來博取名聲，從而引起當政者的關注，以遂能飛黃騰達，魚躍龍門之巧門，是一個野心大於修德的企圖心，這樣的人是不可能有仁德之心的，因為利益大於道德，最終會做出損人利己的行為來。

現今工商業社會，為學純以未來前途為考量，不再是知書達禮，端正品性為志，師道也早已淪喪，原本貴為五恩[十三]之一的師者，也不再為莘莘學子傳道、授業、解惑了，成了謀生的書匠。筆者就讀研究所時，同學之中大都是國、高中老師，其就學深造只是為了一紙文憑，好能升等敘薪之用。

在為政中一章：「子張學干祿」，不止是子張為求做官來學，以子張來說，他是很直率的來表示，問學是為了求做官，但他們做官目的是希望能學以致用，藉做官行大道。

子張問：「怎樣做官才能顯達呢？」孔子說：「你所說的顯達是什麼意思？」子張說：「國外有名，國內有名。」孔子說：「這是名，不是達。所謂顯達，就是人品正直，崇尚道義，善於察言觀色瞭解他人，謙己不如於人。這樣就會國外顯達，國內顯達。表面呈現的是仁義但做出來的卻是相違背，只要能不讓人有所懷疑，也能國外有名，國內有名。」（顏淵二十）要知道一個人是否正直的，還是想騙取天下人之名？看他是否巧言令色而可得知。

當時不少弟子確實志在「外王」之道，例如子貢及子路都曾問過：「何如斯可謂之士矣！」就連孔子對他沒好話的宰我，也是想藉做官來改變頹敗的時勢，有力挽狂瀾的雄心壯志，例如八佾篇中，他回答魯哀公有關「社」的問題：魯哀公問宰我社中牌位的事情。宰我回答說：「夏朝用松木，殷商用柏木，周朝用栗木。周朝用栗木用意是使人民戰慄。」孔子聽到這件事後說：「事情已成定局，就不必再說了；已遂行之事，就不必再提出諫言了；都已經過去了，就不要再追

[十三] 五恩：天、地、君、親、師。

咎了！」（八佾二十一）

宰我志在使魯國歸政，力勸魯君有做為削三桓之勢力，可看出他若只考量自身前途，是不會做出這麼危險又不可行的事來。

皇疏認為：「性有厚薄……巧言令色之人，於仁性為少。」筆者不能認同，仁性是人皆有之，無有厚薄之說。

曾子曰：「吾日三省吾身：為人謀而不忠乎？與朋友交而不信乎？傳不習乎？」

【簡譯】：曾子自道：「我每天都會以三件事有沒有做到來反省自己—幫人做事情有沒有盡心盡力？與朋友相交是否有對他不守信的地方？老師所教的學問道理是否有溫習呢？」

對於一個人是否配列聖賢，有時可從他的一些生活習慣或言談論述可以看出來。例如孔子對詩經上一首詩：「**天生蒸民，有物有則。民之秉夷，好是懿德。**」孔子認為做這首詩的人是知「道」的，因為人的天性、良知、良能，若能依循著，不違背而行出、表現於外的便是美好的德性。[十四]

[十四] 孟子曰：「乃若其情，則可以為善矣，乃所謂善也。若夫為不善，非才之罪也。惻隱之心，人皆有之；羞惡之心，人皆有之；恭敬之心，人皆有之；是非之心，人皆有之。惻隱之心，仁也；羞惡之心，義也；恭敬之

曾子對自我的反省的功夫，為何可看得出他是一位聖賢之人呢？因為他沒有把自己放在第一位上，他在意關心的是他人，他第一關心的是與人謀事忠不忠，第二關心的還是他人—「朋友」，自己才放在最後，這種心量與華嚴經偈語：「不為自己求安樂，但願眾生得離苦。」[十五]先把他人放在最重要的位置，最後才考慮到自己，這心量便是聖賢菩薩的境界。

君子之交雖說是淡如水，但相交之道立基於信，信是五常之首，也是萬源功德母，交友投分重信義，切切偲偲相輔助，彼此間的承諾看得比生命還重要，例如范式和張劭的雞黍之約；羊角哀捨命全交；左儒為友殉生……。這已是比血還濃的情感，因此，淡如水是彼此間的信任如水般清透，無一絲的疑惑，為友的盡心、付出，是不求回報的，如水一般的潔白無染。

有志於修身煉性，端正品性的人而言，時時刻刻戒慎恐懼，也對自己立下一些準則或功課，好時時能提醒察覺是否有失？有的是篤初慎終，有的是學而不厭並力行不輟，也有是不恥下問勤善請益。曾子則每日省思己過，一生戰戰兢兢，真的是如臨深淵；如履薄冰在聖學之道。

心，禮也；是非之心，智也。仁義禮智，非由外鑠我也，我固有之也，弗思耳矣。故曰：『求則得之，舍則失之。』或相倍蓰而無算者，不能盡其才者也。《詩》曰：『天生蒸民，有物有則。民之秉夷，好是懿德。』孔子曰：『為此詩者，其知道乎！故有物必有則，民之秉夷也，故好是懿德。』」《孟子．告子上》

十五《大方廣佛華嚴經第二十三》

子曰：「道千乘之國，敬事而信，節用而愛人，使民以時。」

【簡譯】：孔子說：「領導一個能出千輛兵車的大國，辦事要敬重不隨便，對人民講求誠信，節省國家的費用，而且真心愛護人民，差使人民要選擇適當時間，不影響人民生計作息。」

未來若想成為一個能治理大國政事的人，有三件事要學好，一是對大大小小的事都能謹慎應對且不分大小均能有信，這點同老子所說的「治大國如烹小鮮」，事小才能見其功夫、火候；大國財力也大，不同於一般人家家用，若不精簡用度，很容易浪費而不知，畢竟大國有時要門面、排場及大量勞役人力，一點點的鋪張浪費，雖不易察覺，但受損耗的可是人民百姓；勞役人民時，要通曉士、農、工、商，五穀貨運，潮夕節令，祭祀禁忌，車船交通等等，會影響到百姓生計、作息及往來方便性等問題。所以這章強調的是態度、細心及同理心，還有是上行才能下效。

子曰：「弟子入則孝，出則弟，謹而信，汎愛眾，而親仁。行有餘力，則以學文。」

【簡譯】：孔子說：「為人子弟在家要孝順父母，在外要尊敬長上，行為要謹慎，言語要信實，博愛大眾，而且要親近仁德之士；如果實行了這些之後還有餘力，就要用來學習詩、書等典籍知識。」

此章與下一章道理相同，皆是本份盡到才是學之本。「入」指與父母住在家；「出」指在外學習時，與學長或年長者，要以弟侍兄的禮節，在家當然也包含悌道，所以，也可解釋為將在家的孝悌之道，實踐在外時與老師、同學及賢長者的應對進退。「文」，古時是指在鐘鼎上所刻的紋路，有美化鐘鼎的效果，後喻為在質樸、厚實的根本上，以華麗優美的言辭、姿態、文字給呈現出來，也就是文質彬彬的意思，學習詩、書典籍是學文的方式之一。

子夏曰：「賢賢易色；事父母能竭其力；事君能致其身；與朋友交言而有信。雖曰未學，吾必謂之學矣。」

【簡譯】：子夏說：「親近賢能的人，自然會肅然起敬；服侍父母能夠竭盡心力；事奉君王能奉獻己學；和朋友交往，說話誠信。這樣的人，即使說學的不好，我也一定說他已經學的很好。」

此章說的是倫常之義。也就是五倫，第一句有二種解釋，上文是「賢賢，易色」分別二事，賢人與美色。但不好理解，因為賢人跟美色對等在一起，有點突兀，但，若是對照孔子感嘆衛靈君與南子之時，**子曰：「吾未見好德，如好色者也。」**子罕十七就符合文意了，因為學而是強調盡到做人的本份事，而五倫便是人倫之本，親近賢德之妻而不是美色之婦，也就是「娶妻娶賢」之意，這樣接前入孝出悌；後接父母、君臣、朋友，二章相合五倫盡到，便是有學矣！但【簡譯】採用另一種的解釋，因為與「學而」定義較為貼切，學的基本態度，是要經常的親近有德之人，並對有德者的風範，生起肅然起敬及見賢思齊之心，這也是「里仁」之意、「孟母三遷」之智也。

子曰：「君子不重，則不威；學則不固。主忠信，無友不如己者。過，則勿憚改。」

【簡譯】：孔子說：「君子若不自重，則無威嚴；所學則不穩固。要以忠信為主，所交的朋友不能跟我一樣不自重，有過錯不要害怕認錯及改過。」

這章有較多的解釋版本，其中「不重不威」；「學則不固」；「無友不如己者」看法歧異，例如「不重不威」有人認為是指，君子外形要有點份量（穩如泰山），才能表現出威嚴的樣子？這種依字面上的解讀看似沒有道理，不過現代及那個年代，都還有以貌取人的情形，身形體態，衣裝行止，容易成為身份地位的表徵，尤其那個時代，物資不豐，家境貧困的，更顯面黃肌瘦，弱不禁風樣，只是後天的環境與君子養成沒有絕對的關係，不能用在這裡做為解釋。

「學則不固」孔安國注：「**固，蔽也。**」鄭康成注：「**固，謂不達於禮也。**」焦氏以為：「**不達於禮，是為蔽塞不通。**」蔽塞，不達於禮，所以不莊重。求學則不蔽塞，故云學則不固。這是從正面角度來解釋。「**主忠信，無友不如己者，過則勿憚改。**」鄭注：「**主，親也。**」親近忠信之人，以忠信之人為師。學須有師，又須交友。「**無友不如己者**」，「如」字古注有異解，一作「似」字講。「**不如己**」指在修養道德方面或志向與我不相似，也就是志不同，道不合，不能結交為友。「無友」之「無」，舊文作「毋」，義為「勿」。「無友不如己者」，即是勿交與我道不同之人為友。人有過，而不自知，師友知而告之，則勿憚改。

以上的解釋並無不恰當的地方，但若以「學而」為文論述，前已談及倫常根本，接下來該延伸學習過程的態度，以我們自身的經驗來看，幼時求學剛開始都會自我期勉，訂定一些學習目標，例如訂一張讀書計劃，以筆者自身為例，一年不知訂了多少張？因為從未落實去照表操課，最後每訂新的一張時，會自我感嘆：「一定做不到！」因此，自己對自己都要求不了，說的、做的毫無可信，也就是自己的承諾是毫無威信的，這便是「不重不威」，這種志學態度是對「學」沒有真切的認知，所以才會有隨意的態度，須知古人將其比為松竹之姿，竹直顯氣節；松聳立歲寒。若沒有這種律身嚴謹的精神、態度，那學什麼都不可能堅如磐石，建立起值得處世的品格。所以這裡的「學則不固」是指表面的學問，立基過淺的意思。再來是不好理解的「無友不如己者」，如果自己都是這樣懦弱的人，交的朋友也是的話，如何相互提攜呢？另外，若是指交的朋友不能比我們差，那道德學問愈高的人，不就愈沒有朋友了嗎？這句話是孔子對子夏說的，子夏與子張個性正好是對照組[十六]，所以作者引用在此，是想表示學習過程中，要有能互相砥礪，嘉善而矜不能的朋友，因為他可以幫我們克服這個缺失，所以選擇的朋友，不能跟我們一樣是個「不重不威」的人，放在學而篇也是說明，根基未穩之時要慎選益友，例如友直、友諒及多聞，避交便辟，善柔，便佞三損友。第一章提到的「管寧割席」可以做為範例。

曾子曰：「慎終追遠，民德歸厚矣。」

【簡譯】：曾子說：「慎始敬終的孝養父母及會終身的思慕父母，民風便能恢復成淳樸敦厚了。」

孔安國注：「**慎終者，喪盡其哀。追遠者，祭盡其敬。君能行此二者，民化其德，皆歸於厚也。**」

「慎終」者。「慎」是謹慎，「終」是壽終。父母壽終時，須依喪禮，謹慎治

十六 子夏之門人問交於子張。子張曰：「子夏云何？」對曰：「子夏曰：『可者與之，其不可者拒之。』」子張曰：「異乎吾所聞：君子尊賢而容眾，嘉善而矜不能。我之大賢與，與人何所不容？我之不賢與，人將拒我，如之何其拒人也？」〈子張三〉

理喪事。父母之喪，以哀戚為重。故孔注云：「喪盡其哀。」

「追遠」者。喪葬之後，須依禮依時追念祭祀。「追遠」之「遠」有二義。一為父母去世已經久遠，二為祖父母以至歷代祖先，距今已遠，皆須追祭以時，祭則必誠必敬。故孔注云：「祭盡其敬。」子子孫孫，如是追遠祭祀，是為報本懷根、飲水思源也。

「民德歸厚」者。邢疏：「言君能行此慎終追遠二者，民化其德，皆歸厚矣。言不偷薄也。」聖賢施教，以孝為本。孝經：「子曰，夫孝，德之本也，教之所由生也。」

前所述是古人對慎終追遠的解釋，我們要先理解一下，在父母的喪事上處理的很好，也有按時隆重的祭祀祖先，就能使民風恢復到淳樸敦厚了嗎？在現代來看是不可能的。試著從曾子的言行來看，公明儀問於曾子曰：「……民之本教曰孝，其行之曰養。養，可能也；敬，為難。敬，可能也；安，為難。安，可能也；久，為難。久，可能也；卒，為難。父母既歿，慎行其身，不遺父母惡名，可謂能終也。……父母愛之，喜而不忘；父母惡之，懼而無怨；父母有過，諫而不逆；父母既歿，以哀，祀之加之；如此，謂禮終矣。」大戴禮記曾子對於孝的定義，是長久的、用心的侍奉，直到父母壽終後，盡到哀祀之禮。荀子曾言：「夫厚其生而薄其死，是敬其有知，而慢其無知也，是奸人之道而倍叛之心也。」父母死後輕慢其後事，生前所行之孝是虛假欺人的，所以慎終是「慎始敬終」之意。

再來看曾子在論語・泰伯的一段話：「士，不可以不弘毅，任重而道遠。仁以為己任，不亦重乎，死而後已，不亦遠乎。」曾子用死而後已表示，這是一輩子的事，也是孟子所說的大孝，終身慕父母（孟子．萬章），如果人民都能誠敬的侍奉父母，那麼民風就能歸於敦厚了，是不是比較有道理！

此章「慎終追遠，民德歸厚」即是講孝道，厚德由行孝而來。厚德在行孝；行孝不在形式上的做為，真心誠意的會表現在慎終追遠上。

筆者父親過世時，因為是「第一次」遇到，所以在沒「經驗」的情況下，處處請教他人，而親友們及葬儀社也會提供意見，因各有不同的習俗，以致於兄妹們無所適從，因此過程中多有齟齬，對要不要燒紙、俑等事，就看法紛歧。在一次折蓮花時，忽有感悟莊子說的「以無用為大用」，筆者相信燒化紙、俑、衣物，是無作用的，但其最大作用是，藉由家人們能心平氣和的，為先人獻上一份心意，而讓先人當下能安心離去，故而家人和樂才是慎終之要意。

民間習俗會為先人「做七」，這習俗是來自西藏生死書中記載，大意是當人往生時，每隔七天會蛻變一次，蛻變時如同脫皮一般，會感覺到非常痛苦，一般最多七次循環，先人便知道歸處而離開此世間，若七次後還留戀於此，最後在百日之後便成「地縛靈」。先人每七天一蟬蛻時，最需要家人的圍繞與安慰，如同嬰兒生病時，有父母在旁的呵護，可使之心安。所以，做七之時採用何種宗教之法，並不是重點，而是家人是否能齊聚，並心平氣和的同心來為其祝禱。由此可知，有人一次便把七個七給做完，是真的做完了嗎？還是做給活人看的？這樣是「慎終」嗎？

子禽問於子貢曰：「夫子至於是邦也，必聞其政，求之與？抑與之與？」子貢曰：「夫子溫、良、恭、儉、讓以得之。夫子之求之也，其諸異乎人之求之與！」

【簡譯】：子禽問子貢說：「夫子每到一個國家，必定能聞聽到這國家的政事，究竟是夫子自己求問得來的？還是人家主動請教他的？」子貢說：「夫子是以他的溫和、良善、莊敬、節制、謙遜的態度得來的。夫子的這種求法，和他人的求法不同吧！」

鄭康成注：「子禽，弟子陳亢也。子貢，姓端木名賜。」子禽問，夫子周游列國，所到之國，必與聞其國之政，此為求得之耶？抑其國君自愿與之為治耶？子貢不答以求之與之，乃曰「溫良恭儉讓」以得之。必曰求之，「其諸異乎人之求與。」

劉氏正義引吳氏嘉賓論語說：「君所自擅者謂之政，常不欲使人與聞之，況遠臣乎？溫、良、恭、儉、讓，是誠於不干人之政也。誠於不干人之政，則入人之國，無有疑且忌焉者，其視聖人如己之素所師保，安忍不以告焉？今之人求以聞人之政，不知其身且將不之保，韓非．說難是已。」意思是，一個國君或大夫，不會隨便把該國的政事，說給非信任或可以安心請教的人。子禽疑惑為何夫子每到一個國家，都會知道該國國政，是透過什麼管道，或有人引荐才可以求見國君？還是國君自己想請教孔子的？子貢聽了子禽的提問，似乎是突然察覺到，孔子之得是基於其內德，溫、良、恭、儉、讓，而讓人主動來求教國政解決之道，故子貢回的是「以得之」，也就是自動來的，而非去要求來的，所以這種「求法」是異於常人的。在論語中向孔子問政的就有齊景公，衛靈公，魯定公，魯哀公，季康子，楚國大夫沈諸梁（葉公）等人。（古人有注孔子見七十二君。似乎是不太可能，況且七十二這個數字是道教常用的，若指有領地之君，就有可能了。）

溫、良、恭、儉、讓之德性為何能讓人對其信服？在季氏十篇中，**孔子曰：「君子有九思：視思明，聽思聰，色思溫，貌思恭，言思忠，事思敬，疑思問，忿思難，見得思義。」**其中色思溫，貌思恭，做為一個君子，會時時刻刻想到或注意到，自己給人的感覺，是否是溫和，無不好接近的樣子，色雖然是顏色的意思，但這裡的色與「色難」是一樣的，不是外表看到的樣子，而是透過外表、動作而感受到對方的心情狀態，例如：外表雖然是在微笑，動作也很輕柔，可是會有所謂的不怒而威，或不寒而慄的感覺。因此「色」指的是一種發自內心，讓人感受到的感覺。

「貌」是一種表現出來的態度，儘管適宜合禮的舉止動作，也不一定是發自內心尊重對方的態度，尊重與尊敬不一樣，尊敬是因為對象是長輩、德者、有才華等，值得我們去景仰愛慕所做出的敬意態度。尊重的對象也有可能是敵人或異議者，雖然立場不同，但尊重某一信念下而做出的態度，例如，伏爾泰的名言：

「我不贊同你的觀點，但我會誓死捍衛你發言的權利。」所以尊重他人的工作、言論、權利、思想、觀點、感受……。相對應的也會獲得他人的尊重。因此「貌思恭」是指君子時刻注意去尊重他人的一種態度。「思」就是想，但用注意甚至省察會比較貼切。

「良」指良善，沒有不好的用意，例如宰我回答哀公問社，用「使民戰栗」來暗示，這不是鼓舞而是另有用心的企圖。而孔子所到之處，不管對方政治立場，治國理念，來求問他的是否是治國良方，還是富國強兵，他的回答也不一定符合問者的味口，甚至話不投機，但可以感受得到，孔子皆是出於良善的意圖，而給的良心建議。

「儉」，有句話「儉以養廉」，節儉之人對物慾不深，故不易受利益誘惑，歷史上有許多透過金錢賄絡，買通敵方官員，為其進行工作，例如微子四：「齊人歸女樂，季桓子受之，三日不朝，孔子行。」所以節欲寡貪之人，是能放心他不會因利益而出賣自己。

「讓」，在論語中有幾章談到與讓有關的事，有謙讓、禮讓、不讓及讓天下，從小處到大是大非，都展現出君子的風範。日常生活中，與他人競爭時要有揖讓而升的運動家精神。治國要依於禮的節制，「不能以禮讓為國，如禮何？」（里仁十三），不以禮讓來治國，孔子哂之：「為國以禮，其言不讓，是故哂之。」（先進二十四）。大讓能讓國：「泰伯其可謂至德也已矣。三以天下讓，民無得而稱焉。」（泰伯一）。但是在面對大是大非，天理良心顯現之時，就不能退讓：「當仁，不讓於師。」（衛靈公三十五）孔子謙讓所以不與人爭，禮讓所以有禮有節，不讓所以不投國君、大夫之所好而說諂佞之言。

子貢歸納出夫子俱五德，所到之處，雖未受重用或採納其言，但都能受人尊敬，趨近求教，自然而然能知天下事。

子曰：「父在，觀其志，父沒，觀其行，三年無改於父之道，可謂孝矣。」

【簡譯】：孔子說：「父親在世時，看他的志向，是否符合父親對他的期許，父親去世後看他的作為，是否有無添於所生，三年期間對父親的期許未改變，可以稱做孝子了。」

這一章在里仁篇也有引用，差別是只有「三年無改於父之道，可謂孝矣。」少了前二句，用於「學而」與「里仁」是有不同的含意。

本章也是後人疑竇較多的地方，主要是針對「父之道」，是善道還是惡道都要無改照行嗎？秦漢以來，去聖日遠，儒者推闡論說，各自成書，與經原不相比附。是故，以當世之思維去推演古人之義理，所以才會吹疵其義有違常理。「三年無改於父之道」字義雖是：三年或多年對父親的處世原則不更改。那是如同中庸所說：「夫孝者，善繼人之志，善述人之事者也」所謂孝，就是要善於繼承先人的遺志，善於完成先人的事業。曾子曰：「孝有三：大孝尊親，其次弗辱，其下能養。」公明儀問於曾子曰：「夫子可以為孝乎？」曾子曰：「是何言與？是何言與？君子之所謂孝者，先意承志，諭父母於道。參直養也，安能為孝乎？」[十七]這裡的「父道」是一個泛指正確之道。但後人卻曲解成有善有惡之道，例如「尹氏曰：『如其道，雖終身無改可也。如其非道，何待三年。然則三年無改者，孝子之心有所不忍故也。』」[十八]孝子不忍是因為：「死其親而暴其過，孝子所不忍為。」試想，難道孔子認同為了孝，可以繼續為惡三年嗎？所以，以中庸及曾子的觀點，父之道是純指繼先人之志業，這是一種「光前裕後」的志業，絕非惡業！三年（守孝）期間，能記得父母的諄諄教悔，如同尚在父母膝前一般，可以稱為有孝。

若以現代來說，父親一生事業（或承接下來的），往往也希望子女能接續下去，但子女不一定對此事業（工作）有興趣，為了不拂逆父母的願望，勉為其難的「配合」，等父母不在時便很快的棄而改作。因此便能明白順從是否真的孝在心中。（這段請參閱里仁篇說明）

十七《禮記．祭義》曾子說：「孝有三種等級：最上等的孝，是使父母得到天下人的尊敬；次等的孝，是不辱沒父母的名譽；最下等的孝，只不過是能養活父母而已。」公明儀問曾子說：「老師的孝行，可以稱得上是孝了吧？」曾子回答：「這是什麼話呢？這是什麼話呢？君子所謂盡孝道，是要能在父母還沒吩咐之前，就知道父母的心意而先一步替父母辦好了，而且做了以後又要能使父母明白那是做人的大道理。像我這樣只不過做到奉養父母而已，怎麼能稱為盡孝呢？

十八《四書集注》如果父親的道是合理的，就算一輩子不改也是可以的。如果父親的道是不合理的，為什麼要等三年呢？然而三年都遵循父親非道的原因，是因為孝子心中不忍去改變而已。

古人對孝一事，今人常有誤解，例如孟子：「不孝有三，無後為大。」[十九]後代就嚴重曲解成，沒有傳宗接代是最大的不孝[二十]，因此演變出七出之罪[二十一]，其中「無子」為第一大罪，婦女們因為無子，只能認同丈夫納妾，因此背負著承繼香火的重責大任。雖然後人曲解了孟子的話，但孟子的話中仍然有表示，沒有後代是一件大不孝之事，這一定要先去理解古人當時的思想背景，才能明白孟子為何有此一說。

古人對人死後世界想像成同人間一般，如果先人沒有被祭祀，會四處遊蕩，受祂鬼欺侮，這可能是對饑荒兇年，饑民四處逃難，所到之處村里居民感感不安，所以投射出先人是否如同饑民一般，也因此而作祟後人，使家不安寧。慎終追遠，祭祀祖先成了家國大事，人們也擔心自己要是亡去，後人會祭祀於他嗎？也擔心自己是否會成為孤魂野鬼？四處受祂鬼欺凌！因此，有承繼香火的子孫是非常重

[十九]《孟子．離婁上》**孟子曰：「不孝有三，無後為大，舜不告而娶，為無後也，君子以為猶告也。」**不孝有三種，以不守後代之責為大。舜沒有告知父母就結婚了，這就是無後，但君子以為，和告知了差不多。

[二十]漢代趙岐《十三經注》：「**於禮有不孝者三事，謂阿意曲從，陷親不義，一不孝也；家窮親老，不為祿仕，二不孝也；不娶無子，絕先祖祀，三不孝也。三者之中，無後為大。**」

一味順從，見父母有過錯而不勸說，使他們陷入不義之中，這是第一種不孝；家境貧窮，父母年老，自己卻不去當官吃俸祿來供養父母，這是第二種不孝；不娶妻生子，斷絕後代，這是第三種不孝。三種不孝中，又以沒有後代為最大不孝。

[二十一]七出之罪，分別是：無子、淫佚、妒嫉、竊盜、口舌、不事舅姑、惡疾；若觸犯其中一條，則夫家可名正言順把妻子給休了。

要的，有人祭祀的稱為「神」反之為「鬼」，祖先牌位上書「祖先之神位」，因為有子息香火祭祀，這也因此演變出重男輕女的觀念，女子出嫁稱「歸」，夫家才是她真正的家，將來死後是名列於夫家祖先牌位上，若未嫁女子早夭，父母也不能將其配列於祖先牌位上，只好找人冥婚使其有歸，一切的風俗民情，因此一觀念而有。可以想像得到，婦女身上所背負的第一大事，便是盡到傳宗接代的「責任」，生有子一生無愧於家，無子則愧恨終生。孔子的母親祝禱於尼山，因為她要為孔家生子傳宗（孔子的同父異母哥哥孟皮，天生殘缺，不良於行。）她嫁予年老的孔父，深恐自己未能盡到責任，所以才求鬼神之賜。文昌帝君陰騭文廣義節錄中的邛池化龍段，也有提到帝君的母親，「所嫁張子，老而乏嗣……一日至野外，自傷無子，泣而禱天。」帝君因有感而下生。當時代的思想背景所演變成，若無後會讓祖先們無依無靠，四處遊蕩，受盡祂鬼的欺凌。所以才會認為無後是最大的不孝，同樣的咒罵人最重的一句話，便是「絕子絕孫」，因為他將咒罵對象的列祖列宗，詛咒無後人可祭祀給全牽連進去了。佛教業力、因果與輪迴報應觀念，進到中國後，這思想才慢慢有所改變，因為古人對生而不平等，是因繼承祖上的「承負」觀，如同易經所說：「積善之家，必有餘慶；積不善之家，必有餘殃。」瞭解古人的思想背景後，就能明白聖人為何有此一說。

有子曰：「禮之用，和為貴。先王之道斯為美，小大由之。有所不行，知和而和，不以禮節之，亦不可行也。」

【簡譯】：有子說：「禮之運用，貴在能和。先王制禮之道，其美妙之處正在於此，小事大事都得依此而行。但也不能曲解錯用，只知道要和，而不依禮來節制，是不行這樣做的。」

程朱用「體用」來闡釋「禮和」之關係，雖然有人反對，有人認為雖不是出自儒家用語，但用貼近當代人的思維來解釋，是很好的發想。

有子曰：「信近於義，言可復也；恭近於禮，遠恥辱也；因不失其親，亦可宗也。」

【簡譯】：有子說：「所做的諾言要符合於義，所說的話才能夠兌現。恭敬的態度要符合於禮，才不致反遭恥辱；義與恭若是沒有違背下而信與禮有失，也算是正確的做法。」

這二章論述重點是，學習不能太拘泥教條而不知變通。人與人應對時，為了將內心對他人的敬意表達出來，就必需透過適當的儀則來顯現，所依之本體主要是敬。但每個人的習性與認知不同，表達出誠敬之心時，不一定能讓對方承受的住，所以，標準在於「和」，也就是雙方都覺得可以接受的，也因此「和」的運用就很重要了。禮的作用固然是在於和，這也是古聖君王制定禮的用意，讓天下大小事都能有所依循，但若只想要為了和而和，會曲解了其意。例如人事紛爭時，為了想讓大家能和氣相處，不顧規則而應允大家所願，便是曲解了和之本意。有不和時，應當依於禮、據於理，來討論評斷是非。千萬不可為了一團和氣而亂了章法。

信是立人的基礎，左傳中對「信」的解釋非常多，可見「信」為春秋時期非常重要的道德觀念，它不只是人對人的承諾，也是對神明的約定。一個時期對某一道德觀特別注重，通常表示此一時期，人們對此抱持著不重視、易違背，光是《論語．學而》篇十六章中，與信有關的就有六章。左傳中對信的解釋相當多，例如盡本份職責：「**臣能承命為信**」，做人基礎：「**小所以事大，信也。**」，立國基礎：「**信，國之寶也，民之所庇也。**」，「**小國無信，兵亂日至，亡無日矣。**」，承諾：「**不忘舊，信也**」，「**信者，言之瑞也，善之主也**」，與他國相交的基礎：「**盟，所以周信也，故心以制之，玉帛以奉之，言以結之，明神以要之。**」強調守信的重要，但春秋時做出背信忘義的事，是非常普遍的，小至言而無信，大至諸侯盟誓都能有悔。小邾射不信季康子的盟約，寧信子路的一諾。孟武伯的食言而肥[二十二]。左傳．燭之武退秦師中燭之武能說服秦穆公，其中一點是因晉國曾失信於

二十二　《左傳．哀公二十五年》：「公宴於五梧。武伯為祝，惡郭重，曰：『何肥也？』季孫曰：『請飲彘也！以魯國之密邇仇讎，臣是以不獲從君，克免於大行，又謂重也肥。』公曰：『是食言多矣，能無肥乎？』」

秦[二十三]，所以強調與晉國合作是不智的。左傳・襄公九年：「**與大國盟，口血未乾而背之，可乎？**」這事件是鄭國與晉國歃血為盟不久，又背約與楚國盟誓。歷史上，君主不守信而喪命失國的，有烽火戲諸侯的周幽王，言而無信的齊襄公等最為出名。反之商鞅變法，就深明要先取信於民。（請參閱為政十六）

這章提出信的真諦，但若只知要信有恭，而不論是非善惡，是不可行的。例如：莊子・盜跖：「**尾生與女子期於梁下，女子不來，水至不去，抱樑柱而死。**」這種為了守約而溺斃，是不合道義的行為。（請參閱公冶長二十四）又例如：孔子對蒲人之要盟而背信，是因為此盟是在脅迫下而立的，也是不合義的。（請參閱顏淵七）若恭敬不合於禮，易成諂媚、巧言令色之人，例如宋朝的「丁謂拂鬚」[二十四]。

最後一句「因不失其親，亦可宗也。」因不失其親，「因」是假使；「不失」是沒有失去或沒有沒做到的；「其親」一個人應該要有的準則，例如前面提到的「義」與「恭」；「亦可宗也」也算是正確的作法，還是會受到人家的尊敬景仰。「因」古人（例如戴望）作「姻」解，全句釋為締姻不失其可親之人，亦可等於同宗。但古人婚配是父母之命媒妁之言，並沒有締姻選可親的自由。

[二十三] 「……且君嘗為晉君賜矣！許君焦、瑕，朝濟而夕設版焉！……」

[二十四] 《宋史・卷二八一・寇準傳》：「初，丁謂出準門至參政，事準甚謹。嘗會食中書，羹汙準鬚，謂起，徐拂之。準笑曰：『參政國之大臣，乃為官長拂鬚邪？』謂甚愧之。」（寇準的鬍鬚沾到食物，丁謂幫他擦拭。）

子曰：「君子食無求飽，居無求安，敏於事而慎於言，就有道而正焉，可謂好學也已。」

【簡譯】：孔子說：「君子吃不求豐盛，住不求華麗，做事靈敏、言談謹慎，到有道德的人那裡去匡正自己，就算好學了。」

食無求飽，「飽」不是指吃飽飯或三餐有繼而已，飽是指吃食很好，簡單說是常吃得到「美食」，不求飽即是能滿足於「惡食」也，現代話是「有得吃就好了」，同理「居無求安」是能有一處遮風避雨的地方就可以了。

學若有成就有機會為「士」，為士之人若不能安貧樂道，就容易行徑偏邪，迷失志向：

子曰：「士志於道，而恥惡衣惡食者，未足與議也。」（里仁九）

子曰：「士而懷居，不足以為士矣！」（憲問十四）

好學，不是指學問、技藝，而是做人處事的道理能落實，孔子說先無求於個人的享受，然後能盡心盡力於為人謀事，還知道要接近能匡正自己缺失的人，這樣才算是好學。

子貢曰：「貧而無諂，富而無驕，何如？」子曰：「可也。未若貧

而樂，富而好禮者也。」子貢曰：「詩云：『如切如磋，如琢如磨。』其斯之謂與？」子曰：「賜也，始可與言詩已矣！告諸往而知來者。」

【簡譯】：子貢說：「貧窮的人能夠不諂媚，富貴的人能夠不驕傲，怎麼樣？」孔子說：「可以了；不過還不及貧窮而能悠然自樂，富貴而能節制守禮的人。」子貢說：「詩經上說：『如切如磋，如琢如磨。』就是夫子說的意思吧？」孔子說：「賜啊，是可以和你談談詩了。只要把已往的告訴你，你就能想通還未告訴你的道理了。」

子貢與孔子的對話，明顯的子貢把自己的修為感受，來請教孔子這樣的境界如何？孔子讚許但提出更佳的層次，子貢聽了應該有「驚嘆詞」，例如：「啊！」表示突然有「悟」，原來以為的……原來還有更高一層的道理在，這感受是不是詩經的……？他的領悟，孔子認為可以跟他講述詩經了，因為詩經的詩詞背後，往往寄託著很深的含意。（請參閱為政三）

到本章及下一章文近尾聲，要總括為學之道，也是寫作時最後會做一個「簡而言之」的運用，一是不為享樂，安貧樂道，二是做事講話要謹慎、努力，三是多親近賢德之人，以糾正自己行為，這才是真正好學之人。論語中談到為學之道多達六十幾例，學仁學義；學禮學技能，例如：「不學禮無以立；不學詩無以言」，學是終生不輟之事，例如：「假我數年，五十以學易，可以無大過矣」；「發憤忘食，樂以忘憂，不知老之將至」。若要將學之真諦一言以敝之，孟子曰：「**學問之道無他，求其放心而已矣。**」「學」是將自己的仁義之心、良知良能恢復及主宰，能當家作主後，對己能躬行君子，對人是「有德者必有言」其言行影響千萬人。

親近賢德之人，才能與之切磋琢磨，增長見聞與品德，進而自己能闡揚出一切學問與道理。學問的極致在能有寬廣坦蕩的心胸，嚴以律己、寬以待人，莊重自持，無物可欲之，逆境不改節，樂在道德之鄉也！

子曰：「不患人之不己知，患不知人也。」

【簡譯】：孔子說：「不要擔心人家不知道我的學問品德，要擔心不知道別人是有學問品德的。」

學而最後一章，做為提醒之用，不要有懷才不遇，未遇明主……等抱怨，反而要擔心自己能否有知人之明？不要小看這「患不知人也」，自古以來有幾位國君、大臣，能俱有「識人之明」之慧眼？就算知道了，又有幾人願意為我們效勞呢！所以這短短的一句話，卻集學而之道之大成。

論語．微子篇可以用來補充第一章及最後這一章，微子篇主要是講述隱士的型態及應世態度，在型態上有隱、狂士及逸民，這三種類型都可以算是隱士，不過逸民是指出身貴族但無其位的隱者，有的也沒有想要隱於人群中，只能算是賦閒在家。逸民：伯夷、叔齊、虞仲、夷逸、朱張、柳下惠、少連。子曰：「不降其志，不辱其身，伯夷、叔齊與！」謂：「柳下惠、少連，降志辱身矣。言中倫，行中慮，其斯而已矣。」謂：「虞仲、夷逸，隱居放言。身中清，廢中權。」「我則異於是，無可無不可。」（微子八）這七位中孔子評論了六位，最後說自己與他們不同「無可無不可」，孟子說孔子：「可以仕則仕，可以止則止，可以久則久，可以速則速。」伯夷、叔齊本是因為要讓國而離開，後不認同武王伐殷，所以隱居在首陽山並餓死在山下，他們是寧願餓死，也不願意違背心志。柳下惠曾被三黜（微子二），被罷黜時就賦閒在家，但他還有「柳下」食邑可生活，當國家需要他時，他就出來，不管君上及掌權者的理念是否與他一致，他都接受出仕，只是做事時還是依照正道而行，也不忌諱會因此而得罪長上，但食汙君之祿，孔子說他是降志辱身。最後二位則是完全隱世，不發表任何議論及保有身份地位。孔子可以像伯夷、叔齊不降其志，不辱其身，不為名不正之人做事，例如（述而十四）子貢藉伯夷、叔齊事來探詢，孔子的回答子貢一聽就知道，孔子不會為衛國新國君做事。又例如，孔子與弟子們在陳蔡困厄時，子貢曰：「夫子之道至大，故天下莫能容夫子，夫子盍少貶焉？」[二十五] 子貢所持的觀點便是「降志辱身」，孔子可以在齊景公，魯定公，衛靈公等昏君之下為官，但不會像柳下惠被罷黜才離

[二十五]《孔子家語．在厄》……子路出。召子貢，告如子路。子貢曰：「夫子之道至大，故天下莫能容夫子，夫子盍少貶焉？」子曰：「賜！良農能稼，不必能穡；良工能巧，不能為順；君子能修其道，綱而紀之，不必其能容。今不修其道，而求其容，賜，爾志不廣矣！思不遠矣！」子貢出。顏回入……

開，當齊景公說：「吾老矣，不能用也。」孔子行。（微子三）當魯定公「三日不朝，孔子行。」（微子四）當「衛靈公問陳於孔子」，孔子遂行。

這些隱士為何會隱於世呢？因為世道不明，昏君奸佞當道，有道之士不能用所以亡國或疲弱，能善用者如同周之八士（微子十一），便能造就輝煌盛世，〈堯曰一〉也說到：「舉逸民，天下之民歸心焉。」所以〈學而〉篇最後一章強調要有識人之明，才不會有人在我們身邊成為隱士，同樣的，別人若不知道我的才能，也不需要埋怨，不用降志辱身的去討好他，能說就說，不能說則止，不被人發掘也只能嘆說「時也」[二十六]。

[二十六]《孔子家語．在厄》……子曰：「由未之識也！吾語汝。汝以仁者為必信也，則伯夷、叔齊不餓死首陽；汝以智者為必用也，則王子比干不見剖心；汝以忠者為必報也，則關龍逢不見刑；汝以諫者為必聽也，則伍子胥不見殺。夫遇不遇者，時也；……

為政第二

此篇共二十四章，很明顯的，作者將為政者該有的心態及能力，概分成四種：德者、有才能者、一般人及庸才。

有德者為政之道：

子曰：「為政以德，譬如北辰居其所而眾星共之。」

【簡譯】：孔子說：「以仁德之心來治理政事。就如同北極星一樣，安住其位不動而眾星自然會圍繞拱之。」

一開頭說明，有德者就算沒什麼才能，沒什麼作為，但他就像北極星一樣，會有許許多多的能人，以他為中心為他處理事情。我們現在所說的北極星指的是勾陳一（小熊座），春秋時期的北極星並不是這一顆，時間長度夠久的話，其實天上沒有一顆不會改變位置的星星。北辰或北斗星是中國人最早的星宿信仰之一，史記．卷二七．天官書：「分陰陽，建四時，均五行，移節度，定諸紀，皆

繫於斗。」古人觀察北斗星的位置而推斷月份、季節及方向，像是帝王身邊的治國大臣，因為它們是圍繞著北極星而旋轉，白虎通德論．封禪：「天下太平符瑞所以來至者，以為王者承統理，調和陰陽，陰陽和，萬物序，休氣充塞，故符瑞並臻，皆應德而至。德至天則斗極明，日月光，甘露降。」其意帝王若有德，則拱之，輔佐的百官自然能盡其能，讓天下太平。

子曰：「詩三百，一言以蔽之，曰：『思無邪』。」

【簡譯】：孔子說：「詩經三百首，用一句話可以概括，即：『思想純潔』。」

第二章舉詩三百及思無邪，古往今來，許多人對為政篇放入有關詩及有關孝的篇章，感到錯亂不解？其實這是引以為喻的。詩經不管是風或雅或頌，都是地方、官方、民間對時勢或生活上的感受，所作出來的歌曲，如果能傳唱一時，便表示歌詞契合人心，反應出人民心中的苦與樂，每年周天子會派官員至各地方收集，天子藉詩歌內容瞭解到人民的生活概況，然後決定要如何讓人民離苦得樂，這便是有德之君的德政。例如八、九零年代臺灣經濟起飛的階段，老百姓們努力打拚創造財富，當時一首台語歌「愛拚才會贏」，傳唱大街小巷且多年不衰，正因為當時人們心中，對未來充滿希望，認為只要肯努力付出，一定能獲得相對應的回報。因此，某個時代流行什麼歌曲，便反應出那個時期人民所在意之事，有德者在意人民的生活是否存在不安或苦痛。詩三百一言以蔽之，也就是何謂有德者？一言以蔽之，就是讓老百姓的生活是無憂無慮，自然思想純正、平和。

子曰：「道之以政，齊之以刑，民免而無恥；道之以德，齊之以禮，有恥且格。」

【簡譯】：孔子說：「以政令來管理，以刑法來約束，百姓雖不敢犯罪，但不以犯罪為恥；以道德來引導，以禮法來約束，百姓不僅遵守法紀，而且引以為榮。」

第三章是說，有德者不是用嚴刑峻法來治理人民，而是讓人民依著良心處世，良知良能會告訴他，什麼不能做！什麼是不能逃避的！這章的思想與老子的「法令滋彰、盜賊多有。」觀點一致，人民若只依法而生活，就只會活在條例之中，超出條例範圍，就可以隨心所欲，胡作非為。例如有人沾沾自喜的說：「今天賺到一千八了，因為闖紅燈沒被抓到。」記得年少時，村裡一戶人家有警察來拜訪，之後這戶人家出門都低頭不敢正眼看人，因為家中小孩在街上調皮，打壞別人的器皿，警察正好看到，將這小孩帶到派出所，用木棒打屁股數下，然後帶回家裡並告誡其父母。這一家人便因此事而羞愧不敢見人！現今社會有時可聽聞到，做了錯事卻說：「我犯了什麼法啊？」「你告我啊！」之類的不依良心處世者，真是令人唏噓！

筆者到美國時，有發覺到他們守法精神真的很確實，筆者與朋友過馬路快過完時，按台灣生活「習慣」，因為要左轉，所以還未上到人行道，就踏出斑馬線往左偏去，結果遭到義交吹哨子，我們立刻跳回斑馬線，那位義交一直唸我們，我們知道是不對的行為，只能低頭快步離開。嚴謹公正的法律及守法的國民，這個國家應該動亂很少才對，筆者指的是動亂不是犯罪率，台灣雖然鑽小漏洞，不守規矩的習性，似乎是比歐美要普遍，但是一逢大天災時，卻是不一樣的情況。美國過去許多災難發生時，例如一九七七年紐約大停電[一]，二〇〇五年卡崔娜颶風等等，守法的國度成了暴民之鄉，反觀亞洲的台灣及日本，分別曾發生過嚴重的天災，台灣一九九九年的九二一大地震，日本二〇一一年的三一一大地震及海嘯，二地的居民非但沒有成為暴民，還發揮出人饑己饑，悲天憫人的慈悲心懷，援助受難的人們，會有這些不同的表現，一定是跟文化素養有關，歐美人雖然守

一　一九七七年七月十三日，一道打中西徹斯特郡電線的閃電，導致紐約市及其東部郊區陷入長達二十五小時的漆黑。紐約人被迫度過一個「恐怖之夜」。因為在午夜以前，紐約市五個行政區分別傳出暴動，若干地區還發生暴民洗劫商店事件。受害最嚴重的莫過於布魯克林區的布許維克，當地一長條街上一百四十三家商店中，三分之一遭大火吞噬；另一段街區則是每家商店都被洗劫一空。曾目擊當年慘況的警察隊長崔斯科爾形容，暴民有如一群「瘋狂爭食的青魚」。紐約全城有超過一千七百家商店遭到打劫或破壞、兩人死亡、四十四名消防隊員與四百一十八名警察受傷，超過三千人被捕，最後有一百一十人入獄，財物損失估計達一億五千萬美元。

法，但當覺得法律力量消失或薄弱時，隱藏在心中的邪念，便無顧忌的化為行動。而受儒家文化薰陶的民族，在臨大難之時，比較能依著良知良能來處世。因此，法律雖然公平、有規則，但也只能在有執行力量時才有作用，不如良心彰顯來的有用。

子曰：「吾十有五而志於學，三十而立，四十而不惑，五十而知天命，六十而耳順，七十而從心所欲，不踰矩。」

【簡譯】：孔子說：「我十五歲就立志於學，三十歲時學有所成，四十歲時不再對所學有所困惑，五十歲時知道自己對天下該有的使命，六十歲時能不受一切的毀譽而動心，七十歲時能不拘泥章法，活潑靈瓏的應事，但不會因此而違背規矩。」

孔子十五歲立志向學，他到十七歲時，還在母喪期間，適逢季孫氏饗宴士子，孔子赴宴卻逢陽虎所斥退[二]，在他年少的心中，應該受到不小的刺激，也許成為他立志向上的動力之一。

孔子大約三十四歲時，孟僖子要他的兒子孟懿子和南宮敬叔，事奉孔子為

[二] 孔子要經，季氏饗士，孔子與往。陽虎絀曰：「季氏饗士，非敢饗子也。」孔子由是退。《史記・孔子世家》

師，因為他在昭公七年時，相昭公至楚，因禮節不嫻熟而愧疚不已，到他快死時認為孔子是將要成為通達之士，所以要他二個兒子向孔子學禮。[三]孔子約四十歲左右，南宮敬叔向魯君建議，讓孔子到周室學禮[四]。孔子問禮於老子，老子指正他的一些缺點，孔子回來後，對他的弟子形容老子是「猶龍」之嘆！[五]

何謂「不踰矩」？子路姐姐過世，子路為其服，但喪期已滿他卻還不除服，

[三] 九月，公至自楚，孟僖子病不能相禮，乃講學之，苟能禮者從之，及其將死也，召其大夫曰，禮，人之幹也，無禮無以立，吾聞將有達者，曰孔丘，聖人之後也，而滅於宋，其祖弗父何，以有宋而授厲公，及正考父佐戴，武，宣，三命茲益共，故其鼎銘云，一命而僂，再命而傴，三命而俯，循牆而走，亦莫余敢侮，饘於是，鬻於是，以餬余口，其共也如是，臧孫紇有言曰，聖人有明德者，若不當世，其後必有達人，今其將在孔丘乎，我若獲沒必屬說與何忌於夫子，使事之而學禮焉，以定其位，故孟懿子，與南宮敬叔，師事仲尼，仲尼曰，能補過者，君子也，詩曰，君子是則是效，孟僖子可則效已矣。《左傳•昭公七年》

[四] 魯南宮敬叔言魯君曰：「請與孔子適周。」魯君與之一乘車，兩馬，一豎子俱，適周問禮，蓋見老子云。辭去，而老子送之曰：「吾聞富貴者送人以財，仁人者送人以言。吾不能富貴，竊仁人之號，送子以言，曰：『聰明深察而近於死者，好議人者也。博辯廣大危其身者，發人之惡者也。為人子者毋以有己，為人臣者毋以有己。』」孔子自周反于魯，弟子稍益進焉。《史記．孔子世家》

[五] 孔子適周，將問禮於老子。老子曰：「子所言者，其人與骨皆已朽矣，獨其言在耳。且君子得其時則駕，不得其時則蓬累而行。吾聞之，良賈深藏若虛，君子盛德容貌若愚。去子之驕氣與多欲，態色與淫志，是皆無益於子之身。吾所以告子，若是而已。」孔子去，謂弟子曰：「鳥，吾知其能飛；魚，吾知其能游；獸，吾知其能走。走者可以為罔，游者可以為綸，飛者可以為矰。至於龍，吾不能知其乘風雲而上天。吾今日見老子，其猶龍邪！」《史記．老子韓非列傳》

孔子非之。子路答因為手足不多，所以才不忍除之。子路之心是出於真誠的手足之情，所以他是從其心，但孔子認為他逾越了禮節，姐姐之喪如此，以後父母、師長呢？別人若也效法你，禮不就亂了嗎？孔子早年曾違禮制為其母封土，結果大雨將土沖去，他哭道早知會如此！晚年顏回去世，他極為慟哭，門人欲厚葬，他反對違禮，但心中也想如此，只能說是你們（門人）的主意。

孟懿子問孝。子曰：「無違。」樊遲御，子告之曰：「孟孫問孝於我，我對曰『無違。』」樊遲曰：「何謂也？」子曰：「生，事之以禮；死，葬之以禮，祭之以禮。」

【簡譯】：孟懿子問孝，孔子說：「不違禮。」樊遲駕車時，孔子告訴他：「孟孫問孝於我，我說：『不違禮』。」樊遲說：「什麼意思？」孔子說：「活著時按禮侍奉；死之後按禮安葬、按禮紀念。」

孟懿子（？－前四八一年），魯昭公二十五年（前五一八年）受父遺命與弟南宮敬叔同奉孔子為師，當時的樊遲約十三歲，不可能為孔子御車，所以，應當是孔子回國之後的事，孔子回魯三年後孟懿子過世，他問孝時父親已過世三十餘年，一位已至遲暮之人，也許想知道自己一生是否有盡到孝？孔子回他「無

違」，可能是指他沒有違背該有的禮節，父母生時依禮事奉，死時依禮送葬，每年也按禮祭祀。若是按這個解釋，孔子除了認同他的孝行外，也有對一個行將就木之人給予慰藉。

孟武伯問孝。子曰：「父母唯其疾之憂。」

【簡譯】：孟武伯問孝，孔子說：「父母最擔憂的是子女的疾病。」

孟武伯問孝，應該是在他的父親孟懿子過世後的守喪期間，因為若在三年喪期後才見面，孔子也早已過世了。所以，可能在孔子悼喪時，孟武伯請教如何盡到孝？孔子見他過於傷慟，以保重自己的身體，不讓九泉之下的父母擔憂，便是有孝來勸他多保重。

子游問孝。子曰：「今之孝者，是謂能養。至於犬馬，皆能有養；不敬，何以別乎？」

【簡譯】：子游問孝，孔子說：「現在的孝順，祇是能贍養老人。像是犬跟馬，都會得到人的飼養。不敬重，有何區別？」

子夏問孝。子曰：「色難。有事，弟子服其勞；有酒食，先生饌，曾是以為孝乎？」

【簡譯】：子夏問孝，孔子說：「和顏悅色很難。有事情，子女去做；有酒肉，讓長輩先吃；光是這樣就是孝嗎？」

子曰：「吾與回言終日，不違，如愚。退而省其私，亦足以發，回也不愚。」

【簡譯】：孔子說：「我曾整天同顏回談話，他從不反駁，像個愚笨的人。後來觀察，發現他會私下去理解透徹、發揮自如，他其實不笨。」

有德者為政，其憑恃著，不是才能而是「德性」，德性能感召能者相助，因此，有德者居其位，自有能人相聚，貢獻己力。那何謂德者？他一定是一位傾聽人民的心聲，思思念念在人民的身上，例如：孔子與師襄學琴，最後體會出作者，身形黝黑，常眺望遠方，心中深懷著憂國憂民，莫非是周文王！文王之德能在琴音中，讓賢能者體會到，再來是德者不會用嚴刑峻法來管理人民，會用德的感化、

禮的教化，使人民恥於有過，讓自己的良心來約束自己的行為。

其它幾章亦是相同的道理，第四章引用孔子自學之述，說明盛德者是從小就立定志向，努力不懈的精進自我，才能日臻完善。

第五章至第八章分別是不同人問孝，作者藉孝來闡釋，德者為政之心，對上及對下是否如同侍其父母及憫其子女一般？對上在不同階段是否能依禮而侍奉？盡到臣下的本份。治理人民時，是否視人民的苦痛為自己子女的苦痛一般？牧民時是高傲的上位者姿態，還是恭謹的儀止？最難的就是心悅誠服的為主上謀事，因為服侍的不一定是明主。

第九章以顏回為例，所謂「兼聽則明，偏聽則暗。」自己一定有些不明或偏頗的識見，聽聞別人的忠告之後，是否能真的去省思其中深意，也就是「探淵索珠」之意，通達後又是否能闡發擴之，便是德者該有的修為。

這章也可見顏回的學習態度，在泰伯五有曾子對他讚語，顏回一向不自恃多能多學，給人的感覺是應該會也應該懂，求問時卻好像都不會也不懂。孔子跟他談論一天道理，他都沒表達自己的看法，好像都不會一樣，實際上他善從別人的觀點中，去省思自己的想法，而得到更寬廣的道理出來。若在生活中所遭遇到的點滴事，能印證經典章句，會深得此義理三昧，如果只是理解字意句讀，那就是真的「不違如愚」！

有才能者為政之道：

子曰：「視其所以，觀其所由，察其所安。人焉廋哉？人焉廋哉？」

【簡譯】：孔子說：「先看其動機，再觀察其做事依據，最後看他做到什麼程度才覺得是可以了；如此觀察這個人有沒有本事，還隱藏得住嗎？隱藏得住嗎？」

古注不以為政選才的角度來解釋，而是觀其人做事目的，是善是惡的方法。當視其所為是善或是惡時，不能據以為善惡論斷，舉王莽篡漢前，恭、儉、禮、讓之善行，伊尹斥主逐君之惡行，雖視之為善或惡，需再觀其所為之緣由，最後察其本心所主定止之處，才可知其是善亦或是惡。孔子言人焉廋哉二次，示人善匿其惡，孟子以聽其言；觀其眸子（眼睛）則無可藏也！

子曰：「溫故而知新，可以為師矣。」

【簡譯】：孔子說：「溫習舊知識時，又能從中有新收穫，就可以當人家的老師了。」

溫故與知新做為相互對應的主體，且是可以為人師的一種條件。有二種解釋，第一種是：月無忘其所能；日知其所亡（無，不會的）也。二是於舊知中成長發明出新的知能，就像顏回聞一以知十一樣。第一種確實是一般老師俱備的才能，但也只能算是一般師者，第二種才是有能力創新者。

子曰：「君子不器。」

【簡譯】：孔子說：「君子不能像器皿一樣，被限制住其用途。」

子貢問君子。子曰：「先行其言，而後從之。」

【簡譯】：子貢問君子，孔子說：「先將要說的做出來，然後再說。」

有才能者也許精於某道之術，但最好的才能是能知人善用，像漢高祖劉邦，他謀略不如張良、陳平；征戰統兵不如韓信；理政治民不如蕭何，但他懂得這些人的才幹，並讓他們有機會得以發揮，這才是最高明的才能。這章以視、觀、察三個層次來識人之才，與現代職場應徵用人的作法相像，先大致看應徵者的學經歷及自傳，來初步瞭解其程度如何，符不符合所需之條件。再來是試用期觀察，看他做事的方法、速度、反應等等是否跟得上進度，最後是看他覺得一件事，要做到什麼程度才算是完成，例如：是否主管交代一事就只做一事，而不會去思索可能的備案或資料。也就是只做好交代的事，而不是將事做的完善。

溫故知新，除了已學過的學問，不斷的去溫習外還能去學習新的知識，或是在學過的學問道理中，不斷有新的啟發與思維。曾聽過一個新聞，一位享譽國際的歸國學者，見到一位教育界的老師，這位老師自豪的說他教書已三十年了，這位學者問他：「您是教三十年的書，還是將一年的書教了三十年？」欲培養過人的才能，溫故並從中能知新，是對一門功課，能不斷探求出更深層次的悟境。

一個有才能的人，固然能受長上的推荐及任用，若沒有其它的專長，就只能在某一領域中被任用，無法接觸到其它的工作，如此一來若有機會，則自己是不會被考慮到的。所以才要廣，識要深，才能有更多的機會向上發展。

最後也是真的有才能的人的基本條件，不輕易先做出承諾，而是先去做，實際瞭解是可行的，才提出看法意見，而不是只會空論虛談。

一般人為政之道：

本篇大部份的章節，是談到德才一般的普通人，該有的為政之道，畢竟自古以來，這種人佔官場中的大部份。舉了許多常見或常有的現象、心態，以下一一的將其中的含義作解說。

子曰：「君子周而不比，小人比而不周。」

【簡譯】：孔子說：「君子處事周延，面面俱到，而不會去拉幫結派，小人為了鞏固勢力而去拉幫結派，而不會處事周延，面面俱到。」

自古歷朝以來結黨營私多有，好聽的說是同志相得，同仁相憂；難聽的是黨同伐異，朋比為奸，為了謀求權力，相互結盟對抗競爭對手，畢竟一個人能力有限，結合多數人的影響力，勝算會比較大，尤其是押寶王儲人選，更是一場豪賭，贏者全拿輸者盡沒，這樣子的腥風血雨，非百姓之福。這裡的君子之「周」，是孔子說：「君子矜而不爭，群而不黨」君子莊重自尊而不與人爭強鬥勝，團結群眾而不結黨營私。也就是讓大家不分彼此，同心同德，為民謀福，為國貢獻一己之力，所以對待同僚，無有親近遠疏之黨派門閥。

子曰：「學而不思則罔，思而不學則殆。」

【簡譯】：孔子說：「光學習而不去思考，會越學越迷惘；只空想卻不學習，則越想越偏差也越危險。」

這裡的學是學習一些技能或學問，若只聽學於老師單方的傳授，而沒有自己的省思，則所做的學問是不屬於自己的。這章在為政篇中，所隱喻的是理政治民有許多技巧，透過不斷的學習及思考，才能掌握其中的訣竅，反之不去學習別人的經驗，自己憑空想像而做，是很危險的。

有一則笑話反應出這種思維：有三個年輕人到一寺廟，求老和尚給他們剃度出家，老和尚問第一位：「你為什麼要出家當和尚？」他回：「父親叫我來的。」老和尚當頭就給他一棒，說到：「你就沒有自己的想法嗎？將來後悔怎麼辦？」又問第二位年輕人：「你為什麼要出家當和尚？」這年輕一想，說是父親的意思會被打，就回答：「是自己想來的。」老和尚一聽，又是一大棒打下去，喝斥的說：「這麼重要的事也不跟父親商量，以後你父親來找我要人怎麼辦？」接著問第三位：「你為什麼要出家當和尚？」第三位年輕人想著，說父親或自己的意思都會被打，就腦筋一轉回答：「是受了佛祖的感召而來的。」他想，說佛祖顯靈老和尚應該會高興吧！結果老和尚一聽，就左右開弓的給他一頓亂棒，邊打邊說：「我出家三十年，佛祖都沒給我顯聖一次，你還沒出家，佛祖就給你顯靈，氣不氣人！」

這個笑話點出，只聽別人的易迷失方向（偏信則暗），只空想沒去探究事物緣由，易下錯誤的決斷。

這章雖然淺白，但又是蘊涵極深的道理，禪宗角度是不學不思，及要學要思，這不是互相矛盾而是不同階段，當覺悟後，明白一切的法門，在於自性上的應用，不須要去思維，只需隨境而應。如何去隨境而應而運，要有大機大用才能示導眾生，這就需要不斷的思考與學習，六祖說的「不斷百思想」。儒家的精髓也是如此，體悟到人人都有「天命之性」，只要能率性即可，但要能從心所欲不逾矩，還是要不斷的學習與思考（修道之謂教）。

子曰：「攻乎異端，斯害也已！」

【簡譯】：孔子說：「鑽研於異端邪說中，只會成為禍害而已。」

異端，指不屬於主流思想，通常具有負面含意，意指正宗以外的旁門左道。為何會攻乎異端？有時為求速成或想突破一些施政困境，又不想按步就班的進行改善，而本身又才能不足，就會想用一些怪招或下個猛藥來求速效，在歷史上有的成功有的失敗，例如弱秦「僻在雍州，不與中國諸侯之會盟，夷翟遇之。」當時中原各國看秦國是「諸侯卑秦」，是一個又弱又偏僻的國家。秦孝公任用商鞅及支持他的變法，歷十餘年。改變了秦國的政治、經濟、法律、社會、風俗等方面。史載：「道不拾遺，山無盜賊，家給人足。民勇於公戰，怯於私鬥，鄉邑大治。」商鞅一開始時為求民信，採用了一個怪招，「立木為信」。商鞅在都城南門外立一根三丈長的木頭，並貼出公告：「誰能把這根木頭搬到北門，賞十金。」圍觀的人不相信如此輕而易舉的事，可以得到如此高的賞賜，結果沒人來試。商鞅又將賞金提高到五十金。結果重賞之下必有勇夫，終於有人將木頭扛到了北門。商鞅也立即賞了他五十金。這一舉動，在百姓心中樹立起了威信，接下來的變法，就很快在秦國推廣開了。商鞅的變法並不是異端，他是針對秦國積弱弊端做出有效的對策，對策要能成功，首先要取得人民的信任，剛開始實施新法時，過於嚴厲，甚至刑及太子，國人（主要是貴族）大力反對，認為他是行異端之法，但是在孝公的支持下，終於讓國人心悅誠服在新法之下。

異端有時候表面來看是有道理的，但破壞其複雜的因果關係卻會適得其反，所以符合自然之道才是正途，片面的改變自然循環便是異端。例如普魯士的腓特烈大帝曾懸賞除滅麻雀，結果麻雀沒有了，而果樹的害蟲因沒天敵，越繁殖越多，把果樹葉子都吃光了，結不出一個果子來。大帝不得不急忙收回成命，並且被迫去外國運來麻雀，加以保護和繁殖。又例如為了想能「超英趕美」而發動大躍進運動，大躍進初期一九五八年發起打麻雀運動，又稱「消滅麻雀運動」的「除四害運動」，這場全國性大規模群體運動，消滅了上億隻的麻雀，卻造成了三年人饑荒，上千萬人因而餓死。

子曰：「由！誨女知之乎？知之為知之，不知為不知，是知也。」

【簡譯】：孔子說：「由啊，我告訴你，什麼是知道？知道就是知自己明白哪些道理的，不知道就是明白還有哪些是不知道的，這才是真的知道。」

這章的重點是勇於承認「不知道」，在職場或官場中，有時為求表現，讓上級認同自己是有能力的，是掌握訊息瞭解狀況的，所以有時明明不懂卻只能裝懂，或單純要讓人知道他的存在，有句玩笑話：笛卡爾說「我思故我在。」有的主管是「我卡故我在。」為表示自己在組織中是有發言權或影響力的，就算不清楚事情的原委，也要表示很懂而做出一些小動作。

另外「知道」也包含自己對事情的瞭解程度及尚未瞭解的層面，所以知道自己有那些是不知道的才是真知道。

這句話背後隱含著「誠實」，人們有時不願被他人認為是「弱」的，所以對一知半解的道理，為了不示弱會用憶測的方式來回答，子路以勇著稱，也可能有此習氣，故而孔子才教他要誠實面對自己的不足。

子張學干祿。子曰：「多聞闕疑，慎言其餘，則寡尤；多見闕殆，

慎行其餘，則寡悔。言寡尤，行寡悔，祿在其中矣。」

【簡譯】：子張學做官。孔子說：「多聽及有所疑問的，則先暫時擱置不下斷語，即使有把握的，也要謹慎小心的說，就能減少說錯話；多看及不要做危險的事，即使有把握，也要謹慎小心的去做，則能減少後悔的事發生。說話少錯，做事少悔，就能當好官了。」

這章引子張學如何做官之事來比喻，因子張在孔門中屬後起之秀，且是一位氣象恢擴，開廣務遠之人，但他才雖高卻常過失中，孔子曾說：「師也過，商也不及。」師指的就是子張（姓顓孫，名師，字子張）。孔子針對他的個性上缺失，告訴他要多聽多看，少說少做，處處謹慎小心為上。這對目前的公務人員，不也是最佳的寫照嗎？

哀公問曰：「何為則民服？」孔子對曰：「舉直錯諸枉，則民服；舉枉錯諸直，則民不服。」

【簡譯】：哀公問：「怎樣使人心服？」孔子說：「舉用正直的人，並將不正直的人放置別處，則人民心悅誠服；舉用不正直的人，並將正直的人放置別處，則人

心不服。」

這章引喻的「民服」與「民不服」，不只是指老百姓，也包含下屬們。官場或職場中，每每有人升遷時是幾家歡樂幾家愁，能升官發財是人之所嚮往，若榮升者是一位政績卓著，才德兼備著，當然會受到大家的祝賀，反之無實際功績而是靠關係、走後門、逢迎之人，則大家心不服。因此，安排職位要能適才適用，賞罰分明。

季康子問：「使民敬、忠以勸，如之何？」子曰：「臨之以莊，則敬，孝慈，則忠，舉善而教不能，則勸。」

【簡譯】：季康子向孔子請問：「如何使人民做到恭敬、盡忠以及互相勸勉行善？」孔子回答說：「面對人民時，言行能夠莊重，人民自然產生恭敬；對父母盡孝，慈愛人民，人民便肯盡忠職守。選用良善之人出任官職，讓不良善的人可以學習，就能相互勸勉向善！」

季康子是魯國大夫，季孫氏，名肥，「康」是他的謚號，「子」是他的官爵。魯國有一半的土地及百姓，都屬於季氏家族，季康子的父親季桓子臨終前，交待他要將孔子迎請回魯國，但他沒有遵照父命，只找冉求回來，後因冉求之請，才將孔子迎回，此時季康子繼承父親卿大夫位不久，他向孔子請教牧民之道。

「臨之以莊，則敬。」臨，是指上位者面對人民的意思。莊是莊重，言行舉止不隨便，百姓就會對他肅然起敬。上位者言行舉止不輕率，會給人民覺得他是一位莊嚴自重的人，自然而然生起尊敬的心。

「孝慈則忠」，自己能孝順父母；慈愛子女及關愛人民，百姓自然會對你忠心耿耿。

「舉善而教不能，則勸」，善不只是良善，還包括善於治理政事，也就是有能力之人，任用善政者，可以讓能力差的官員有效法學習的範例，所以舉善便能教導不能者，等於做到使他們互相勸勉精進。（請參閱公治長三）但因此章是季康子問「使民」，如何使人民如何……，故他強調的是老百姓，人民會參考主政者的言行舉止，做為與人談論道德尺度及教導子女時的範例，所以，為人長上者會勸告子弟們，上位者喜好良善，要做個良善之人才會有前途。

或謂孔子曰：「子奚不為政？」子曰：「書云：『孝乎惟孝、友于兄弟，施於有政。』是亦為政，奚其為政？」

【簡譯】：有人問孔子：「先生為何不從政？」孔子說：「書經有說：『孝啊，就是孝順父母、兄弟友愛，以這種品德影響政治。』這也是一種參與政治的方式，難道只有做官才算從政？」

這章非常符合現代人的觀感，常見一些政治家或演藝界等公眾人物，其家庭事務往往成為他政治生命，演藝事業等等的結束。雖說是個人的私領域，但若處理得不好，也是會受到人民的唾棄，這個標準可是放諸四海皆準。

孔子周遊列國，及開私塾授徒時，是一直在等待機會，所以不會有不為政的志向，例如前篇學而一章提到的「**公山弗擾以費畔，召，子欲往。**」孔子欲前往為政，只是被子路阻擋。路上遇到一些隱士及狂士，他們勸孔子應當歸隱山林，但孔子不認同，所以這章可能是陽虎欲孔子出來幫他，但孔子不願意而拒絕，有人不明白或是陽虎請人來游說，孔子以書經章句來推託，若真是陽虎派人，或背景是此事，則可以發現，孔子並沒有表示很果斷的拒絕，所以才讓陽虎一而再的邀請，最後親自上門留下一隻乳豬當禮物，孔子才不得不依禮要去他家回禮，在路上碰巧相遇，陽虎說了一翻大道理，孔子也沒反駁，還騙陽虎要出來做官了。（陽貨一）

此章放在為政的用意，有才無才者，無機會出仕的多有，有心為國為社稷，不一定要走上仕途才能有所貢獻，「齊家」便是治國的基礎，人人能齊家，國自然能大治了。

子曰：「人而無信，不知其可也。大車無輗，小車無軏，其何以行之哉？」

【簡譯】：孔子說：「人無信譽，不知他的承諾做得到嗎？就像大車沒有車轅與橫木相連接的插銷固定，小車沒有轅頭上連接橫木的插銷固定，怎麼能帶動車輛前進？」

信譽對人或施政者的重要性，在顏淵篇中有補註：子貢問處理政事的方法。孔子說：「糧食充足，軍備充足，人民信服政府。」子貢說：「假使不得已下，要在此三項去掉一項，該去掉那一項呢？」孔子說：「先去掉軍備。」子貢說：「若不得不再去掉一項，要去掉何項呢？」孔子說：「只能減掉糧食，誠信是斷乎不可缺的；人終有死的一天，假使失信於民，政府便無法存立。」

在前面「攻乎異端」章，商鞅變法能夠成功，是因為他先取得民信，反之是國家滅亡的開端，例如周幽王為褒姒一笑而點烽火戲諸侯，因失信於諸侯後遭犬戎所滅。齊襄公言而無信，後遭大臣叛亂而死。古人把五常之德，仁、義、禮、智、信，的信列為中心。**孟子曰：「惻隱之心，仁之端也；羞惡之心，義之端也；**

辭讓之心，禮之端也；是非之心，智之端也。信統四端而兼萬善。」信是一切道德、功夫的根本，也是立身處世的基礎，更是行於萬邦不變的準則：子張問孔子：「人要怎樣才可以去到邊域，都行得通呢？」孔子回答：「說話要忠誠信實，做事要篤厚謹慎，雖然去到南蠻北貊的地方，都可以行得通。相反，如果說話不忠誠信實，做事無篤厚謹慎，就算是在本地，恐怕也行不通。站立的時候，就像看見言忠信、行篤敬，站在前面一樣。坐在車上，就像看見這兩句話，靠在車的橫木一般，如果能夠做到這樣的話，就可以到處都行得通。」子張聽了夫子的教導，就將它寫在自己的衣帶上，以便隨時都要注意及提醒自己。（衛靈公六）

誠信的培養不是一朝一夕，是要從小養成的，曾子殺豬教子[六]，孟母買肉啖子[七]，皆是深明誠信一失則無可立也。故而，僅在論語中，信幾乎是為人的基石，

[六] 曾子的妻子要上街，她的小兒子哭鬧著也要跟著去。曾妻便哄兒子說：「你回去等著我回來殺豬讓你吃肉。」曾妻剛從街上回來，就看到曾子真的要殺豬，她急忙阻攔道：「我只不過是跟孩子說著玩哄他的。」曾子說：「同小孩子是不能開玩笑的。孩子年幼沒有知識，處處會模仿父母，聽從父母的教導。今天你欺騙他，就是教他學你的樣子騙人。做母親的欺騙自己的孩子，那孩子就不會相信自己的母親了。這不是教育孩子的好辦法啊！」於是，曾子殺了那頭豬給孩子吃。

[七] 有一次，鄰居家磨刀霍霍，正準備殺豬。孟子見了很好奇，就跑去問母親：「鄰居在幹什麼？」「在殺豬。」「殺豬幹什麼？」孟母聽了，笑了笑，隨口說道：「是給你吃啊。」剛說完這句話，孟母就後悔了，心想鄰居不是為了孩子殺的豬，我卻欺騙了他。這不是在教他說謊嗎？為了彌補這個過失，孟母真的買來了鄰居的豬肉給孟子吃了。

除了本篇提到的外，前一篇學而「敬事而信」，「謹而信」，「主忠信」，泰伯篇「悾悾而不信」，述而篇「信而好古」，衛靈公篇「言忠信」，「信以成之」，陽貨篇「恭、寬、信、敏、惠。」在言語、做事、態度、內德上皆要有信。禮記．禮運：「**大道之行也，天下為公。選賢與能，講信修睦。**」人人講信是大同世界的特徵之一，反之，只要有人或為政者，不守信不重諾，則去道日遠矣。

守信重諾固然是做人的基本，但也不能守不義之諾，所以信的前提是出於義、合於禮，舉論語．陽貨篇及孔子家語為例：陽貨想見孔子，孔子故意不見，他便送給孔子一隻乳豬，讓孔子必須去他家回謝。孔子知道就趁他不在家時，去拜謝。沒想到卻在半路上碰到陽貨，他對孔子說：「來，我有話要說。」孔子走過去，他說：「自己身懷治國才能卻任憑國家混亂，能叫做仁嗎？」孔子說：「不能。」又問：「想做大事卻總是讓機會流失，能叫做明智嗎？」孔子回：「不能。」陽貨說：「時光一天天過去，歲月不等人矣！」孔子說：「好吧，我願意出來做官。」（陽貨一）

孔子離開陳國到衛國，經過蒲，湊巧公叔氏就在那裡叛變作亂，阻撓前進，並將孔子包圍起來，當時公良孺有車五乘跟隨孔子的車隊隨行，他見這危急的情勢，對孔子說：「以前跟隨老師到匡那遇到患難，今天又在這遇到危難，這是命運如此嗎？這次再次與老師共患難，我願意戰鬥而死。」公良孺奮不顧身，勇往直前和對手戰鬥，打得蒲人害怕了，便和孔子一行人和解。蒲人要求孔子一行人只要不去衛國，即可恢復自由。雙方約定後，孔子有驚無險改道離開。但孔子一出東門便改往衛國而去，子貢問：「盟約可以違背嗎？」孔子說：「在要脅下的盟約是不義之約。」[八]

這二章是孔子答應了很快就負約，負約原因都是在脅迫之下承諾不義之事。陽貨是歷史上著名的「陪臣執國政」，陪臣指的是大夫的家臣，像是現在的幕僚，他非體制上的中央官員，最多是封地領主的宰官，也就是幫大夫管理領地事物。陪臣執國政是名不正、言不順，所以孔子不願意幫他協理國政。陽貨是與公孫不狃共同叛逆於其主子季桓子（季孫斯），並軟禁他三年，三年期間與季桓子達成協議，魯國國政由陽貨來掌握，他雖把持了魯國的國政，但由於身份地位，並沒有得到國人的承認和支持，所以他才需要德高望重、富有影響力的人來幫他提高聲望，因此才找上了孔子，再加上孔門弟子中人材濟濟，如能為己所用，當是一股不小的力量。孔子當時雖被迫答應，但始終沒有去幫他而做官。

第二段是孔子路經蒲地，巧遇正要對衛國叛亂的公叔戌，他不希望孔子回到衛國幫助衛靈公，但又被子路及公良儒的勇猛所懼，只好要脅孔子盟約，孔子與

[八] 孔子適衛，路出于蒲，會公叔氏以蒲叛衛而止之。孔子弟子有公良儒者，為人賢長有勇力，以私車五乘從夫子行，喟然曰：「昔吾從夫子遇難于匡，又伐樹於宋，今遇困於此，命也夫，與其見夫子仍遇於難，寧我鬥死。」挺劍而合眾，將與之戰。蒲人懼，曰：「苟無適衛，吾則出子以盟。」孔子而出之東門，孔子遂適衛。子貢曰：「盟可負乎？」孔子曰：「要我以盟，非義也。」《孔子家語・困誓》

之盟但立即又背約，全因為不義之盟不可守也！孔子是非嚴明，卻從不拘泥。他的某些言行，即使子路與子貢，一時間，也不免會多有疑惑。孔子在意的是合於義與禮之大信，所以，他說他七十歲後，能從心所欲，不逾矩。

子張問：「十世可知也？」子曰：「殷因於夏禮，所損益，可知也；周因於殷禮，所損益，可知也；其或繼周者，雖百世可知也。」

【簡譯】：子張問：「十代以後的禮節規範可以知道嗎？」孔子說：「商朝繼承夏朝，改動了多少，可以知道；周朝繼承商朝，改動了多少，也可以知道；以後的朝代繼承周朝，即使百代，同樣可以推測。」

古人以三十年為一世，子張想知道多年以後的禮節，會有多大的變動？孔子曾說過：「**周監於二代，郁郁乎文哉！吾從周。**」有子說：「**禮之用，和為貴，先王之道斯為美，小大由之……**」孔子認為禮節的嬗變，至周朝已文物至美至善，不同時期雖會因時代的需求而有所改動，例如冠由麻改為絲製品，牲牛由白、黑改成紅色為尊等等，但社會、生活上人與人間的應對接物，要維持相對應上的「和」，禮的根本意義是不會變的，有變的是外在的形式而已。

沒有創新，大開大闔能力的人，師法前朝是最保險的做法，畢竟這些都是前人們的經驗，只需要因應時代稍加改變既可。

一般才能的為政者，信用是最根本的條件，要想政事做好信用不可少，再來是做事要小心謹慎，師法前例自能推演後續的發展，千萬不要用奇門怪招來施政，因為，你沒有善巧應用的能力，要想人民配合你，關鍵在自身是否讓人們心悅誠服，所以，問題不在環境、人民，往往自己才是原因，是否用人標準不一，只憑遠近親疏或個人喜好？還是態度輕慢讓人瞧不起？

庸才為政之道：

子曰：「非其鬼而祭之，諂也。見義不為，無勇也。」

【簡譯】：孔子說：「祭奠別人的先人，是諂媚；遇到符合道義的事不敢做，是儒夫。」

最後一章是為政者的最低要求，逾越此一做為，將有可能是一位無風骨、無良知、趨炎附勢、揣測上意、為虎作倀、助紂為虐，甚至魚肉鄉民的奸佞之臣。

此章以二事來告誡，就算沒才幹，不受賞識，也不可為了想飛黃騰達，而去攀權附貴。雖是朝中有人好做官，但為了建立好人脈，而行諂媚之事，是沒有風骨、品格之人，例如曾有台灣政客去日本靖國神社參拜，名義上是祭拜神社中，二萬多名戰死的台灣軍伕，實際上其用心在於討好日本當局，這便是諂也。另外則是，就算不能像孔子般，道不同不相謀，不如歸去兮！見不義之事，縱然不能勸，也不該助其行，像季氏想增稅，冉求為季氏相，他非但不勸諫，還幫他謀劃，子曰：**「非吾徒也，小子鳴鼓而攻之可也。」**

義的定義一般是指「事之宜也」，也稱正當的行為（正路），在臨國難或臨生死決擇時稱節義，例如禮記．禮運：「君死社稷，謂之義。」與義有關的章節在論語中約二十處，孟子最多，有三十幾章。孟子將仁義合併來看，仁居於內心之中，而義是依仁心而做的行為，「仁，人心也；義，人路也」（孟子．告子上），「居仁由義，大人之事備矣」（孟子．盡心上）。不管是一般的事之宜也或臨大節的情操，都需有勇氣去行動，仁心是人人都有，孟子說的「人之所不學而能者……親親，仁也……」（孟子．盡心上），但這仁心能否落實，就需要勇氣來執行，在古今中外許多例子中，可以發現真正的勇者，不是天不怕地不怕就往前衝的人，而是在恐懼、害怕，甚至全身顫抖之中，卻依然往前著，因為他（她）的良心沒被恐懼給阻擋，利益給埋沒。

八佾第三

八佾篇文章寫法如同學而篇，一開頭的破題便是禮的大是大非，然後接續禮是基於仁心，運用之道難以明言，雖然形式繁雜瑣碎，但其背後其實是很樸實的道理，古人傳承下來必有其道理可依循，禮重在精神上而不是在形式上，最後結語若不依禮之精神而行之，則禮也是虛假的。

孔子謂季氏：「八佾舞於庭，是可忍也，孰不可忍也？」

【簡譯】：孔子說季氏：「他用天子祭天地之舞在自己的家廟中使用，這樣的事若是可以容忍的，那還有什麼事是不能容忍？」

三家者以雍徹。子曰：「『相維辟公，天子穆穆』，奚取於三家之堂？」

【簡譯】：魯國三桓之家在祭祖儀式結束時，唱著天子祭祖時所用的詩歌。孔子說：「歌詞中的『諸侯輔助，天子肅穆』，怎能唱於三家的家廟之中？」

八佾篇主要是談「禮」之根本，一開頭便是最嚴重的違禮之事，也就是僭越分際，尤其是君臣之分。

周朝時，上至天子下至庶民，對祭祀天地、山川、祖先等等是非常頻繁與虔誠的，祭祀過程中更是禮樂的具體表現，不同的身份地位、家世背景，都有其嚴格的規範，逾越此規範，會被視為亂了綱常及倫理。

曰：「天子祭天地，祭四方，祭山川，祭五祀，歲遍。諸侯方祀，祭山川，祭五祀，歲遍。大夫祭五祀，歲遍。士祭其先。」

「非其所祭而祭之，名曰淫祀。淫祀無福。」禮記．曲禮

對不應當祭祀的神進行祭祀，這叫「淫祀」。

孔子曰：「是故夫禮，必本於天，餚於地，列於鬼神，達於喪祭、射御、冠昏、朝聘。」禮記．禮運

孔子認為，禮，一定是源出於天，效法於地，布列效法於鬼神，通達於喪禮、祭禮、射禮、鄉飲酒禮、冠禮、婚禮、覲禮、聘禮之中。這二章舉了季氏及其他二家，都做了僭越之事，這事對孔子而言，是忍無可忍的最後一道界限，但他其實也無能為力，對三家也無任何的影響力。

先來瞭解三家為何敢用天子之禮？魯國是周公的封地，因周公要輔助年幼的周成王治國，於是他讓兒子伯禽代父就封，又因周公治國有功，天子特許魯國的禮儀規格等同天子，故而也超越了其他諸侯國（除了宋國）。所以魯國是可以用

八佾舞來祭祀，但也只能由魯國國君來用，有時候由季氏代魯君行祭[一]，此時季氏會在魯君家廟行禮，但不能在季氏自己的家廟行此八佾舞。季氏及其他二家合稱「三桓」，他們雖都是周公之後同是姬姓，在魯桓公時與魯莊公分家為氏族，僖公後三桓世為魯卿，執掌國政，魯君為虛位之主。這便是魯國之土地及人民均是三桓所有，而魯君只能受三桓獻貢，毫無權力。雖事實如此，但名份上魯君還是名義上的國君，禮樂制度上該有的份際還是要維持，不然就不是「正名乎！」三桓在自己家廟，理當以太夫四佾舞為祀，用八佾舞，就是把雖然是事實，但仍不可說的，給明白表示出來了，所以孔子痛心疾首，都這樣了，還能再忍下去的話，天底下還有什麼事不能容忍呢？

至於其他二家有沒有用八佾舞來祭祖，不得而知，但這三家祭祀完後，都是用周頌．雍[二]篇來作樂撤祭，「相維辟公，天子穆穆。」此兩句在雍詩中，孔子強調是天子在祭，諸侯在儐，這才是正道，怎麼可以在大夫家呢？

由此二章明白，雖然魯國三桓仍以魯君為國君，但實際上心中並未尊其為君上，因此後接三章。

一　魯昭公伐季孫氏而大敗，逃齊後死於晉，這期間魯國由季孫意如代理國政。

二　有來雍雍，至止肅肅。相維辟公，天子穆穆。於薦廣牡，相予肆祀。假哉皇考！綏予孝子。宣哲維人，文武維後。燕及皇天，克昌厥後。綏我眉壽，介以繁祉。既右烈考，亦右文母。

子曰：「人而不仁，如禮何？人而不仁，如樂何？」

【簡譯】：孔子說：「人如果沒有仁愛之心，禮有什麼意義？有何用處？人如果沒有仁心，制作樂曲有什麼意義？要怎麼運用？」

林放問禮之本。子曰：「大哉問！禮，與其奢也，寧儉；喪，與其易也，寧戚。」

【簡譯】：林放問禮的本意。孔子說：「你所問的很難回答！依禮而言，與其過於奢侈浪費，寧可節儉樸素。辦理喪葬大事，與其過於注重形式與外表的繁文縟節，寧可內心哀戚些好。」

子曰：「夷狄之有君，不如諸夏之亡也。」

【簡譯】：孔子說：「夷狄之邦如果他們有君主，也不如有禮樂的中原亡國之邦。」

這三章說明了，心中若無仁義之心，外在的禮樂只是空有形相而已，反之有仁義之心，其禮便不在講華麗究排場，若再比較國家有實權君主否，及社會存在

仁義之禮時之輕重，這時君主與整個「禮」相比，則顯得微不足道了。如果只有君主而無禮，則社會毫無文明可言，若無實權君主但國有禮在，那君主最多只是一個「象徵」，對於社會文明而言毫無影響。所以林放問禮之本，孔子才會認為，這是一個重要但不好回答的「大哉問！」

這三章回應了前二章的問題，魯君有無實權並不是最重要的，而是禮樂制度，是否能在所有人心中，並能依禮而行呢？孔子說「夷狄之有君」，在那個年代對於異邦族群，認為是個野蠻無文化的地域，這或許相對於中原是如此，但野蠻也有野蠻的叢林文化，他們在自己認同的文化下生活，還是可以達到合諧無爭的生活。這章或許是孔子的偏見，作者只是引用來強調，禮的重要性是高於君王的。

季氏旅於泰山。子謂冉有曰：「女弗能救與？」對曰：「不能。」子曰：「嗚呼！曾謂泰山，不如林放乎？」

【簡譯】：季氏要去祭祀泰山，孔子對冉有說：「你不能阻止嗎？」冉有回答說：「不能。」孔子說：「哎呀！難道泰山神還不如林放的知禮嗎？」

這一章除了續前幾章之文，另外想表達的是，不知禮已不是大夫而已，連家臣們也是如此，恐怕當時普天之下皆是如此，違禮犯紀無所忌憚啊！冉求為何說不能，留待後面篇章再做說明。從這幾章來研判，林放問禮之時，當在季氏欲祭祀泰山之前，此時的冉求是季氏家宰，所以是孔子歸魯後的事，孔子會拿林放做比較，可能是林放求教後沒多久，或對林放的問答印象深刻，才會隨口引以為例。孔子此時對林放問禮覺得是「大哉問」，有兩種可能，一是林放是孔子新收的弟子，林放的程度可能很難三言兩語使之明瞭，二是，孔子對禮之本雖非常嫻熟，但也無法一言以蔽之，直到子夏問詩經之句時，啟發了禮本之精髓「禮后乎」，若是如此林放之問又在子夏之問之後，但時序來看，孔子認同子夏可以學詩，似乎又太晚了，所以，孔子回答林放的大哉問，不是難以統整其要義，而是對初學者難以言喻，所以，引用林放之於泰山，又有「難道還不如一位初學者嗎？」之意。

接下來文鋒一轉，說明禮由近而遠。

子曰：「君子無所爭。必也射乎！揖讓而升，下而飲。其爭也君子。」

【簡譯】：孔子說：「君子是不與人爭，若有一定是射箭比賽吧！彼此先拱手作禮，謙讓對手登上射擊位，射完後不論輸贏互相敬酒，他們的競爭是有君子之風的。」

這一章是八佾篇的一個轉折，前面一開頭破題是從禮的大是大非來切入，到此章轉而說明禮的精神，是由身邊近處來養成的，這章舉「鄉射禮」為代表，可參考後面第十六章，從揖讓而升到下而飲，是鄉射禮的「和」、「容」、「主皮」、「和容」及「興舞」的呈現，要如何形容這五個階段，可參考日本的箭道藝術，最後不論輸贏，彼此都能相互讚賞，這與現代強調的運動家精神或風度一樣，個人依禮的競爭態度，到國家社會時是有格調與風度的政治家，最後能影響到全民族的素養。以現代來說，輸贏為重，禮讓為輕，所以才會有一句很貼切的話出現：「如果不想自己及祖宗八代的事被人挖出來，就不要當候選人參加選舉。」

子夏問曰：「『巧笑倩兮，美目盼兮，素以為絢兮。』何為也？」子曰：「繪事后素。」曰：「禮后乎？」子曰：「起予者商也！始可與言詩已矣。」

【簡譯】：子夏問詩經：「『嫣然一笑動人啊，黑白明亮的眼睛真嫵媚啊，天生的麗質是樸素的外表所襯脫的。』這是什麼意思？』」孔子說：「就像繪畫需要畫在潔淨的畫布上。」子夏問：「是不是禮的背後含意一樣嗎？」孔子說：「卜商，你這話啟發了我，看來可以開始與你說詩經了！」

這一章是八佾有關禮之本的精髓，子夏對詩經國風．衛風．碩人中描寫齊女莊姜出嫁衛莊公的壯盛和美貌的詩：

碩人其頎，衣錦褧衣。齊侯之子，衛侯之妻，東宮之妹，邢侯之姨，譚公維私。
手如柔荑，膚如凝脂，領如蝤蠐，齒如瓠犀，螓首蛾眉，巧笑倩兮，美目盼兮。
碩人敖敖，說於農郊。四牡有驕，朱幩鑣鑣，翟茀以朝。大夫夙退，無使君勞。
河水洋洋，北流活活。施罛濊濊，鱣鮪發發，葭菼揭揭。庶姜孽孽，庶士有朅。

大意是：好個身材修長的美女，錦繡衣裳外披著麻紗單罩衫。她是齊侯的女兒，她是衛侯的新娘，她是齊國太子的胞妹，她是邢侯的大姨，譚公是她的妹婿。手像春草般的柔嫩，膚如油脂般光滑柔白，頸似天牛幼蟲般的潔白纖長，齒若瓠子般的齊整潔白。額廣而方正眉長而纖細，嫣然一笑動人啊，黑白明亮的眼睛真嫵媚啊。好個高挑的女郎，車歇郊野農田旁。看那四馬多雄健，紅綢繫在馬嚼上，華車徐駛往朝堂。諸位大夫早退朝，今朝莫太勞君王。黃河之水白茫茫，北流入海浩蕩盪。下水魚網嘩嘩動，戲水魚兒刷刷響，兩岸蘆葦長又長。陪嫁姑娘身材高，隨從男士貌堂堂！

詩中背景是莊姜一身華服，在出嫁的路途中，為避免塵土弄髒了錦衣華服，特別披了一件樸素的袍子，到達目的地後只要將袍子脫去即可。因此，這首詩隱喻為君子內德如華麗眩耀的妝容，而其外在表現卻是樸素的言行儀態，平時這樸素的外表是可以保護他不受傷害，但需要他展現時，則是有讓人讚嘆的內涵及才

華。

此詩的隱喻，藉美妙女子及盛大的出嫁陣容，皆是因為有外在樸素、不起眼的麻紗袍子所保護著，子夏不明白為什麼？孔子告訴他如同作畫，需要在潔淨無染的布上才能畫出一幅好畫。此時子夏舉一反三的問，是否禮的背後也是這個道理？子夏的疑問對許多人都會有相似的困惑，包括現今也是，每當有紅白之禮要包時，心中大都會有一個符合世俗人情世故，親疏遠近的關係，來決定送禮的方式及厚薄，往往金錢上的考量不是第一，而是會不會失禮才是重要的。除了送往迎來，還有祭典之禮更是繁瑣冗長，不容易明白先王制禮的目的何在？孔子可能過往應答弟子之問時，也無法言詮其義，經子夏一語忽得啟發，子夏對這首詩除了「素以炫兮」外，還觀察到莊姜出嫁時的行頭、儀仗、及身份地位，因為詩中特別強調了她的顯赫身世。像現今男女婚嫁，雖不若以往注重門當戶對，但仍有訂聘奢豪之風，表象來看，是炫富，愛面子或是打腫臉充胖子等等，但其背後心理因素，是為了保護出嫁女或新郎倌，尤其是出嫁女，不希望她將來在婆家受到歧視。

禮節是人與人互動時的合誼舉措，每個禮節背後其實都有一個很質樸的道理，那就是維繫著人際關係，君臣百姓，家庭鄰里等等的和諧平順。因此，就算是競爭激烈的官場、商場、職場、競技場，甚至是情場，可以各憑本事力爭到底，但其爭也君子乎！

子曰：「夏禮，吾能言之，杞不足徵也；殷禮，吾能言之，宋不足徵也。文獻不足故也。足，則吾能徵之矣。」

【簡譯】：孔子說：「夏代的禮，我能說出來，但杞國已沒有足夠的東西來驗證我的話了；殷代的禮，我能說出來，但宋國也沒有足夠的東西來驗證我說的話了，杞、宋兩國不足以驗證的原因，是兩國關於夏禮、殷禮的文獻資料不夠多，如果足夠多，則能用來驗證我所說的是正確的。」

「杞」是商朝延續到戰國的一個諸侯國，國姓為「姒」，大禹的後代，商湯滅夏後封夏朝後人於杞，杞雖小但存有夏禮，另外列子中說的成語「杞人憂天」指的就是杞國。

宋國是殷商的後代，孔子出生於宋，子姓，孔氏，武王封紂王之子武庚於宋，以奉其宗祀，也是少數可用八佾舞之諸侯國，這種封前朝後代永祀其祖的禮制，便是堯曰篇的「興滅國，繼絕世。」

這章字義上的背景，可能是有人或弟子，對孔子所說的古禮有所存疑，作者引用於此是要表達從「禮之本」到禮的一脈傳承，有其悠久的歷史及天下能否安定、有秩序的重要性。所以，前言以仁為禮本，後接倫常「禘」禮。本章雖言孔子有把握其所說之古禮脈絡，只因文獻不足而不能證明，但其含意是禮不是憑空而來，是先祖們歷久遠的歲月，所共同生活出最適合的模式。文獻縱有缺漏，但相信只要是合於「仁」則必是「禮之本」，所以孔子非常有把握，若有文獻出現，一定可以證明他的說法。

子曰：「禘，自既灌而往者，吾不欲觀之矣。」

【簡譯】：孔子說：「舉行禘祭時，行完灌禮的儀式後，我就不想再繼續觀禮了。」

「禘」是祭祀宗廟的大禮，禘音帝，是王者在太廟行五年一大祭的名。灌是祭前用鬱鬯酒（古時酒名）洒地，以示迎神，然後再舉行禘祭。

灌禮後，接著依「昭穆」的次第祭祀祖先。所謂「左昭右穆」[三]，宗廟之中始祖最大，牌位安在正中間，第二依序排在始祖左邊，稱為「昭」，第三祖在始祖右邊，稱為「穆」，其餘依序排列不能亂。孔氏十世孫孔安國曾說：魯國到了魯文公時，不管閔公是僖公前一任的國君，竟將自己的父親魯僖公牌位，躋升到

三《禮記・王制》：「天子七廟，三昭三穆，與太祖之廟而七。諸侯五廟，二昭二穆，與太祖之廟而五。大夫三廟，一昭一穆，與太祖之廟而三。士一廟，庶人祭於寢。」在周代，是根據等級來確定祭祀宗廟的數量。後來則泛指帝王的宗廟。延伸到民間，祠堂神主牌的擺放次序也就是昭穆制度。

魯閔公的前面，亂了原來閔公在前，僖公在後的次序，錯亂了禮制。所以孔子不欲觀之！

左昭右穆在民間有一話：「父子到死不相見；爺孫總是倆相依。」這意思是祖先排位順序所呈現的現象，除了第一祖先祂的左邊是兒子的牌位，右邊是孫子的牌位之外，從第二祖先開始，順序都是祖孫在一起，兒子不相見。例如第二祖的左邊是孫子的牌位，而兒子的牌位，在初祖也就是他的父親的右邊，其祂都是如此排列，所以才有死後，父與子的牌位不會在一起，而是與孫子倆相依。

或問禘之說。子曰：「不知也；知其說者之於天下也，其如示諸斯乎！」指其掌。

【簡譯】：有人問孔子禘祭之事。孔子回答說：「不知道啊！如果有人知道禘祭的道理，那麼他對於天下複雜的事情，就像這個一樣容易了解！」孔子指著手掌。

這一章述說者用很傳神的方式來描述，孔子說他不知，但又伸出手掌表示，若知道的話，天下大事如同掌握在手中一樣。禘祭之禮是天子所行之祭祖禮，這祖不同於一般諸候之祖，是代表國家正統傳承，周朝是建立在禮樂制度上，孔子說不知，是因為當時的周朝，是處於禮崩樂壞，若天下人都明白與維護這禮樂制度，則禘祭才有其意義，這時天下秩序，不就如同掌中一樣易於掌控了嗎。

祭如在，祭神如神在。子曰：「吾不與祭，如不祭。」

【簡譯】：祭祀時，要像祭祀對象是存在一樣，祭祀神明時，要像神明就在一樣。孔子說：「我若心中沒這樣認為而祭祀，就跟沒有祭祀一樣。」

這章引祭祀重在誠心敬意，來引喻禮的運用也是存乎一心。這一章是前十篇中唯二之一有編者的話語：「祭如在，祭神如神在。」他說祭祀的精神在誠信，然後再舉孔子的話來證明，所以，這章是總結前面二章，有關祭祀的精神及孔子不欲觀禮的原因。

有一首客家歌，反應出客家人好客及誠敬之心，歌詞大意是祭拜土地公時，帶的供禮有鴨、豬肉及炒田螺，一開始對土地公說明：

「今天很抱歉沒有準備雞或鵝肉，雖然有鴨肉但鴨肉像蝙蝠一樣瘦而薄扁，而豬肉呢！也是像楊桃一樣乾扁不肥厚，不過有準備炒田螺配酒，啊！糟糕了，酒卻忘了帶，土地公啊！我回去拿一下可以嗎？」

這歌詞說明，祭拜神明時是如同祂在眼前一般，也好像是在跟神明對話交談，這就是敬神如神在的情景，他們到寺廟途中，所帶的供品會用布包著，以防塵土，若騎車時也不會為了方便而將祭品放在坐墊下，這便是誠心敬意的表現。

王孫賈問曰：「與其媚於奧，寧媚於竈，何謂也？」子曰：「不然；獲罪於天，無所禱也。」

【簡譯】：王孫賈問孔子俗諺：「與其諂媚屋裡西南角的神，寧可諂媚廚房裡的灶神。這是什麼意思？」孔子回答說：「不是這樣的；如果一個人得罪了上天，向誰禱告也都沒有用。」

傳統的中國式建築，正房三間，兩旁的廂房稱為「蕪」。正房的西南角稱為「奧」，是長者所居或祭祀主神之位；東南角稱為「竈」，是祭祀灶神的地方；中間則稱為「堂」。古人認為家家戶戶皆有家神「灶君」，灶君一年到頭會將家人所做的行為記錄下來，然後年底時回到上天報告天帝，故而灶君地位雖然不高，卻掌有一家人的命運好壞。

王孫賈是周靈王的孫子，名賈，故名王孫賈，他由周至衛，成為衛國掌權的大夫，他故意問孔子這個俗語，一般的解釋指王孫賈的用意很清楚，衛靈公雖是國君，但不太管事，所以與其求衛君還不如來求他比較有用。王孫賈是怎樣的人呢？歷史上事蹟不多，所以不清楚他的為人如何？春秋左傳定公八年：**晉師將盟**

衛侯于鄟澤，趙簡子曰。群臣誰敢盟衛君者，涉佗成何曰，我能盟之，衛人請執牛耳，成何曰，衛，吾溫原也，焉得視諸侯，將歃，涉佗捘衛侯之手及捥，衛侯怒，王孫賈趨進曰，盟以信禮也，有如衛君，其敢不唯禮是事，而受此盟也，衛侯欲叛晉，而患諸大夫，王孫賈使次于郊，大夫問故，公以晉詬語之，且曰，寡人辱社稷，其改卜嗣，寡人從焉，大夫曰，是衛之禍，豈君之過也，公曰，又有患焉，謂寡人必以而子，與大夫之子為質，大夫曰，苟有益也。公子則往，群臣之子，敢不皆負羈絏以從？將行，王孫賈曰，苟衛國有難，工商未嘗不為患，使皆行而後可，公以告大夫，乃皆將行之，行有日，公朝國人，使賈問焉，曰，若衛叛晉，晉五伐我，病何如矣，皆曰，五伐我，猶可以能戰，賈曰，然則如叛之，病而後質焉，何遲之有，乃叛晉，晉人請改盟，弗許。四

四 晉國軍隊要在鄟澤跟衛靈公訂立盟約，趙簡子說：「諸臣中誰敢去跟衛君訂立盟約？」涉佗、成何兩位大夫說：「我能去。」在結盟時，衛國請晉國大夫抓住牛耳朵取血。成何說：「衛是小國，就像我們溫、原縣一樣大，怎麼能等同諸侯國家？」將要蘸血塗嘴時，涉佗按住衛君之手，致血流到手腕上。衛靈公大怒，王孫賈快步走上前說：「盟誓是用來伸明禮義的，像我們衛君，也不敢不遵照禮儀之義而去接受此盟約的。」衛靈公受到羞辱，想要叛離晉國，卻擔心大夫們不聽從他。回國時王孫賈命令駐紮在郊外，不進都城。大夫們問他為什麼？衛靈公告訴他們受到晉國羞辱的事，並且說：「我身為國君，讓國家受到恥辱，請另選繼位者吧，我一定認同。」大夫們說：「這是衛國的災難，那裡是國君的錯？」衛靈公說：「還有災禍啊！他們命令我：『要用我的兒子和大夫們的兒子，送去晉國當人質。』」大夫們說：「如果這樣對衛國有益處，國君的兒子前去的話，諸位大夫的兒子豈敢不縛著繩索跟着前去？」準備出發時，王孫賈說：「假如衛國發生動亂，工、商人未嘗不亂事，讓他們一

大意是衛靈公三十年，晉國趙簡子派涉佗、成何去和衛靈公結盟，衛人請涉佗、成何執牛耳，成何說：「衛國小得像我們晉國的縣，你的國君怎能當諸侯看待？」將要歃血時，涉佗拉著靈公的手及手腕來歃血，靈公大怒。王孫賈快步上前說：「結盟是伸明禮儀的，像我們衛君，他難道敢不奉行禮儀之義而在違禮之下接受盟約！」後晉人請求重新結盟，衛國不答應。

這事件約可看出，王孫賈是寧願尊禮而與強大的晉國對抗。子貢曰：「**王孫商可謂善謀矣。憎人而能害之；有患而能處之；欲用民而能附之；一舉而三物俱至，可謂善謀矣。**」（說苑．權謀）這是子貢對王孫賈（商）的評價，衛靈公想反晉，他為其謀，若欲反晉可使百姓同惡之。果然舉國一心共同抗晉，晉國為賠罪殺涉佗，成何則逃到燕國，所以是一舉而三得。

以有限的文獻事蹟，很難判斷出他與孔子對談時的用意，孔子也曾有相似的經歷，在魯定公十年，他還是大司寇時的「齊魯夾谷會盟」，孔子依禮而使齊君羞愧，順利取回魯國的失土。先不論王孫賈的用意，按文意來看，祭祀奧與灶都不會少的，但不應該有「媚」的心態，禮是基於仁存乎心，「媚」則有私利在其

起前去才好。」衛靈君把這個意見告訴了大夫們，便帶上這些人一起來。出發的日期定下來，衛靈公接見國內百姓，派王孫賈問他們說：「如果衛國叛離晉國，晉軍五次進攻我們，能有多大危害？」百姓們都說：「五次進攻我們，我們還可以抵抗。」王孫賈說：「這樣說來應當叛離晉國後等陷入危險時再送人質過去也不晚。」於是叛離了晉國。晉國要求改立盟約，衛國沒有再答應。

間，一般都不會有什麼大不了的感覺，畢竟閻王好見，小鬼難纏，為了工作順利，做點人情世故也是人之常情。以筆者的經驗，每逢年節時，供應商會送應景禮品，例如月餅、月曆等小禮品給有業務往來之部門、單位，但私下會送個筆記本或小文具給業務往來人員，看似沒什麼貴重之物，但「媚」得好感。放大到國家來看，為什麼自古以來，要想快點飛黃騰達，都會走後門、打通關、用裙帶、套關係，不就是行媚之術嗎？這「人之常情」會得罪上天嗎？許多朝代，例如漢、唐、明三代，不就是因閹黨為禍，而導致國家衰敗！所以王孫賈有可能是單純的，想跟孔子討論時下的一些風氣？

子曰：「周監於二代，郁郁乎文哉！吾從周。」

【簡譯】：孔子說：「周代的禮制，是鑑於夏、商兩代而再加修正的，禮樂制度文美物盛極了！我當然順從周代的。」

這章像寫作時提出一個觀點，然後說明原因，最後證明這個觀點是對的。前幾章舉孔子談到夏及殷禮，因文獻不足故不能考證他的看法，但接著舉例說明禮是基於仁，存乎一心，合乎倫常，能安定天下，所以禮是其來有自，文美物盛的。接下幾章文轉議題，何謂知禮？

子入大廟，每事問。或曰：「孰謂鄹人之子知禮乎？入大廟，每事問。」子聞之，曰：「是禮也。」

【簡譯】：孔子進太廟，每件事都問。有人說：「誰說孔子懂禮呢？進太廟，事事問。」孔子聽後說：「這就是禮。」

大廟，即魯始祖周公旦廟。「鄹人」是指孔子的父親叔梁紇。他被封為大夫，封地在鄹邑，所以「鄹人之子」就是指孔子。當時孔子以「知禮」名聞天下，所以他每事問，讓人懷疑他是虛有其表的。

這章自古以來有不同的看法，有人認為孔子第一次入太廟，所以許多器物及儀禮沒見過，所以才問。也有人認為，孔子不是在祭祀時問，因為祭祀時莊嚴肅穆，那能出聲問東問西的，所以孔子是在練習時問的。若研究一下旁人的反應及孔子聽到的回應，如果是初次見到，因不知而問，應當是正常的事，就算是嘲諷而說知禮乎？孔子的反應不會是「是禮也」，應該是不會而「好學也」。所以孔子的回答是「明知但故問」，為什麼？這點筆者剛好有經驗，筆者參加多場法會，擔任的是助理主持工作，每個程序其實都瞭若指掌，但為了尊重主事者，所以進行每個程序時，都會向主事者回報：「接下來可以進行……。」待主事者點頭示意，才開始進行。這是一種尊重主人的禮貌，表示經過主人的授意而為的，另外，也是確保自己不會記錯而失禮，所以是對上對下有禮也。

子曰：「射不主皮，為力不同科，古之道也。」

【簡譯】：孔子說：「射箭不要求射穿靶，是因為個人的力氣不同，這是古時傳下來的習俗。」

禮、樂、射、御、書、術的「射」即六藝之一，士君子的一項禮儀活動，射禮有「主皮之射」和「貫革之射」二種。主皮之射用布製作箭靶，中心貼一獸皮，擬為狩獵，此為禮射[五]；貫革之射用甲革製作箭靶，習為爭戰，是為軍射。貫革需要強弓及很大的氣力，主皮之射則不用。樂記：「**武王克商，散軍郊射，而貫革之射息。**」這是說武王平定殷商後，原本操練軍隊的貫革之射，便取消了，但射藝的傳統禮節還是留傳下來。「射不主皮」意思是有射到皮靶，不強調能射穿幾張皮之力道，中靶表示有做到射禮，因為射不射得穿在其次，而是從升位、拉弓、下位到舞蹈儀式一貫的儀容姿態，整個過程都是一套禮節，最後能射中靶表示技藝純熟。「為力不同科」意思是每個人氣力不同，弓及拉弓的強度不一，所

五 鄉射禮：一曰和、二曰容、三曰主皮、四曰和容、五曰興舞。

以射不射得穿，不是重要的。「古之道也」如前所述，古人息去貫革之射，而留主皮之射，用意在射禮的傳承而不是能不能射穿。

這章暗示，禮重精神及傳承，不在枝末的呈現是如何？接下來的二章也是。

子貢欲去告朔之餼羊。子曰：「賜也！爾愛其羊，我愛其禮。」

【簡譯】：子貢想要去掉告朔之禮所供奉的牲羊。孔子說：「賜啊！你所愛惜的是供奉的羊，而我所愛惜的是告朔之禮。」

「告朔」，天子在年終時，將來年曆書頒給諸侯，諸侯將它藏在祖廟中，在每個月初一，也就是朔日，會供奉一隻餼羊，諸侯親自到太廟祭告，稱之為告朔之禮。接著再上朝開會，宣佈政事。魯國自文公起不親到祖廟告祭，只殺一隻羊應付一下。後比照辦理，敷衍了事。所以成語「告朔餼羊」或「告朔羊存」比喻虛應故事。「餼羊」用未煮熟的生羊來當祭品。

子貢想去掉這一隻餼羊，因為其禮早已名存實亡，毫無意義，孔子當然也知道，所以才回他重視的是禮存不存在，而不是羊有沒有用。

子曰：「事君盡禮，人以為諂也。」

【簡譯】：孔子說：「當臣下的應當盡禮事奉君上，可是一般人認為這是諂媚君上的行為。」

事君盡禮本是君臣之倫常，為何會被視為諂媚的行為呢？這當然跟那個時代有關，許多國家的政權，並不是掌握在國君手中，因此國君幾乎是虛位的，故漸漸不受到敬重，禮數也怠慢起來，若有人還保持禮數周到，會讓人懷疑，是不是有什麼刻意的目的？有一個「不欺暗室」的成語典故：有天晚上，衛靈公和夫人同坐宮內，聽見馬車行進的聲音，靠近宮殿時就沒聲音了，通過宮殿後又有車聲了。衛靈公問夫人說：「妳知道這是誰嗎？」夫人說：「這一定是蘧伯玉。」衛靈公說：「妳怎麼知道是他呢？」夫人說：「按照禮制，經過君王的門口，應該下車。看見了為君王駕車的馬，手應憑依著車前的橫木以示敬重。凡是忠臣和孝子，不會張揚自己的節操，也不會在沒人看見的地方，就為所欲為。蘧伯玉是衛國的賢大夫，仁而有智，禮敬事奉君上。這樣的人，一定不會在人看不到的地方，就不守禮節，所以我知道。」衛靈公派人追車證實，果真是蘧伯玉。[六]

[六] 衛靈公之夫人也。靈公與夫人夜坐，聞車聲轔轔，至闕而止，過闕復有聲。公問夫人曰：「知此謂誰？」夫人曰：「此必蘧伯玉也。」公曰：「何以知之？」夫人曰：「妾聞：禮下公門式路馬，所以廣敬也。夫忠臣與孝子，不為昭昭信節，不為冥冥墮行。蘧伯玉，衛之賢大夫也。仁而有智，敬於事上。此其人必不以闇昧廢禮，

這個典故說明，那個時代對君王真心禮敬的已很少了，都會想晚上宮門關閉，又沒人看見，不行禮也是可以的，但禮敬並不是做給人看，是發自內心的，心中無禮的人卻懷疑守禮的是別有用心，因為在他們心中，現實就是這樣了，何必還守著那沒有用的傳統禮節呢！

事君盡禮、餼羊及射不主皮，雖是已消退，名不符實，但保存著還是有其作用在，至少在人心中，知道有應該要遵守的倫常關係，雖只是做做樣子，尊卑的倫禮還能保持微妙的關係，若都沒了，就真的綱常崩壞，秩序大亂，百姓遭殃。

定公問：「君使臣，臣事君，如之何？」孔子對曰：「君使臣以禮，臣事君以忠。」

【簡譯】：魯定公問孔子：「君王指揮臣子，臣子事奉君王，彼此要如何做呢？」孔子回答：「君王用禮來指揮臣子，則臣子會以忠誠來事奉君王。」

定公問君臣間的本份是什麼？君王指揮臣子幫他治理國家，而臣子理當盡心盡力的為君王效力，這本是天經地義的事，而定公為何要問？定公只是虛位君王

是以知之。」公使視之，果伯玉也。劉向《列女傳・衛靈夫人》

而已，名為君王卻不能享有君王的權利，所以他問的重點不在君使臣，而是臣事君應當要如何才對？這章放在八佾篇中，主要強調的是「禮」，孔子的回答點出問題的核心，因為君使臣不依禮，所以臣子才會不盡忠。這章是做為上幾章君臣之禮為何會消退的原因，周朝衰敗的起因，是周幽王烽火戲諸侯，故而不能一昧的要臣子盡忠，身為君王的要能禮賢下士，微子篇，周有八士：伯達、伯适、仲突、仲忽、叔夜、叔夏、季隨、季騧。這八士的含意，代表了周朝能強盛的原因。同樣的，微子去之；箕子為之奴；比干諫而死。孔子曰：「殷有三仁焉！」（微子）表示殷商滅亡的原因。

子曰：「關雎，樂而不淫，哀而不傷。」

【簡譯】：孔子說：「關雎這篇詩，表露情感是歡樂而不淫蕩，哀思而不傷己。」

「關雎」原文如下：

詩經．周南

關關雎鳩，在河之洲。窈窕淑女，君子好逑。
參差荇菜，左右流之。窈窕淑女，寤寐求之。
求之不得，寤寐思服。悠哉悠哉，輾轉反側。

參差荇菜，左右采之。窈窕淑女，琴瑟友之。
參差荇菜，左右芼之。窈窕淑女，鐘鼓樂之。

大意是：對唱的雎鳩發出關關聲的共鳴，在那河中的小沙洲上。美麗善良的好姑娘，是品性良好的人，心中所仰慕的好對象。長長短短的荇菜，在水中左右流動著。美麗善良的好姑娘，是夢寐以求的對象。追求不到時，無論是醒著或在夢中，都在思念著她。相思著以至翻來覆去睡不著。長長短短的荇菜，左手右手一起採。美麗善良的好姑娘，我要彈琴奏瑟去親近她。長長短短的荇菜，左手右手一起撿。美麗善良的好姑娘，我要敲鐘擊鼓使她高興。

「關雎」是詩經．國風．周南的首篇，敘述周文王的夫人太姒，品德賢淑，周文王娶得之後，心中愉樂但未有失分寸之舉動。孔子評論此詩，是美在其樂曲。**子曰：「師摯之始，關雎之亂，洋洋乎盈耳哉！」**「亂」，便是音樂結束時的合奏，洋洋乎猶言悅耳動聽。

周文王奠定之後的周朝根基，其中有一項重要因素，就是得到「三太」的輔助。太姜、太任、太姒，祖母及婆媳三代，這三太皆是儀表端莊、恭敬的賢淑女子。太姒為文王的夫人；太任是文王的母親，懷胎文王時，眼睛不看惡色、耳朵不聽惡聲、口中不出惡言，一切舉止規矩端莊；太姜乃是古公的夫人，文王的祖母。生下泰伯、仲雍及王季，三兄弟謙讓國位，品德高尚。所以今日稱人家妻子為「太太」，便是尊敬用語。關雎詩意，雖是描述男子追求女子之心情，詩中盡是相思之苦，但也僅是發乎情止乎於禮，君子是指有品德之人，其所仰慕的必是賢德淑女，詩中並沒有說淑女思慕君子之情，但也表達了窈窕淑女，必有君子所追求。

此章放在八佾中，主要引喻人倫之始，肇端夫婦，君子淑女依於禮而結合，乃天地乾坤定位。

哀公問社於宰我。宰我對曰：「夏后氏以松，殷人以柏，周人以栗，曰：使民戰栗。」子聞之，曰：「成事不說，遂事不諫，既往不咎。」

【簡譯】：魯哀公問宰我社中立木[七]的事情。宰我回答說：「夏朝用松木，殷商用柏木，周朝用栗木。周朝用栗木用意是使人民戰慄。」孔子聽到這件事後說：「事情已成定局，就不必再說了；已遂行之事，就不必再提出諫言了；過往已成慣例之事，就不要再追咎了！」

宰我想藉哀公之問，來暗示他應當讓大夫（主要是三桓）、人民知道，誰才是一國之君。孔子知道後，表示這些早已成定局之事，是無法改變的，游說或鼓

七 《左傳・哀公四年》：「六月，辛丑，亳社災。」哀公因而問宰我。社中立木為柱，以示神位。

吹，是沒有必要的。

孔子對宰我的心機，可能感觸良多。孔子早年也曾以行動欲使魯定公恢復君權，他當時是魯國的大司寇兼攝相事，有政治上的名與聲望，再加以當時的三桓也想抑制自己家臣的勢力，因此同意孔子的意見，雖然季孫氏的費邑宰公山弗擾起兵反魯，被孔子所派的申句須、樂頎給擊敗，但最後因孟孫氏的郕邑宰公斂處父的反對，而使三桓也開始反對墮三都，遂使得墮三都之策，不能完全成功，不久之後孔子也因齊國的美人計而離開魯周遊列國去。在諸國間都可見國君往往受制於重臣之勢，所以，在當時權臣當道，而權臣也受制於家臣。

魯哀公是極想要成為一位實權的國君，在先進篇中：魯人為長府。閔子騫曰：「仍舊貫，如之何？何必改作？」子曰：「夫人不言，言必有中。」魯君欲用閔損為他管理府庫，說穿了是想要他幫忙籌措軍糧，好未來有資源能對抗三桓，但被閔子騫看穿而技巧性的拒絕。反觀宰我，他似乎是有想力挽狂瀾、明知不可為而為之的企圖，他最後在齊國任臨淄大夫時，也是想使齊君擺脫權臣田常的勢力，但失敗而被殺。

子曰：「管仲之器小哉！」或曰：「管仲儉乎？」曰：「管氏有三歸，官事不攝，焉得儉？」「然則管仲知禮乎？」曰：「邦君樹塞門，管氏亦樹塞門。邦君為兩君之好，有反坫，管氏亦有反坫。管氏而知禮，孰不知禮？」

【簡譯】：（有人問孔子，管仲的器量如何？）孔子說：「管仲的器量真小啊！」又問：「管仲是不是節儉呢？」孔子說：「管仲的住家就有三個處所，並且管理家中事務的官員，都是一人一專職，不用兼攝其它事務，怎麼算得上節儉呢！」又問：「那這樣管仲是不是知道禮制呢？」孔子說：「國君的門口有樹立屏風，管仲也仿照國君樹立屏風；國君為了兩國國君友好的聚會，設置反坫的土台，管仲也跟著設置反坫。假使這樣子做還認為管仲是知禮的，那麼還有誰不知禮呢？」

塞門：用以隔絕內外的屏風。反坫：專供諸侯宴會放置空酒杯的土台。

這章是有人提問，管仲的器量、儉約、知禮否？器量部份被省略去，重點是放在知不知禮的部份。由孔子的觀點來看，管仲模仿齊桓公的家居擺設，是不知君臣有別，縱然是一國之宰，又是幫助國君稱霸諸侯，使齊國強盛之大功臣，但也還是身為臣子，應當有所份際要守。

這二章談的是，君是君；臣是臣，不管臣子功再大，權再高，也還是要有上下尊卑之禮。

子語魯大師樂，曰：「樂其可知也：始作，翕如也；從之，純如也，

皦如也，繹如也，以成。」

【簡譯】：孔子告訴魯國樂官大師說：「樂章結構是可以知道的！剛開始演奏時，猶如鳥要飛翔前，合起雙翼的樣子，專注而齊整。接著，音樂展開之後，樂聲純淨和諧，各部音節分明、清清楚楚，而且樂曲綿綿密密、接連不斷，甚至結束時，仍然餘音裊裊，如此整首樂曲才算完備。」

孔子與樂官大師，談論樂曲的節奏次序，這位大師不知是誰？因為，孔子歸國前幾乎都跑光了。

大師摯適齊；亞飯干適楚；三飯繚適蔡；四飯缺適秦；鼓方叔，入於河；播武，入於漢；少師陽，擊磬襄，入於海。（微子九）

樂官中的摯，干，繚，缺分別逃到齊，楚國，蔡，秦國去了。敲鼓的方叔，到黃河附近。搖小鼓的武，去到漢中；副樂官陽，擊磬的襄，則隱居在海邊。[八]然後到了孔子回國後，才將失去樂的節奏次序給恢復。**子曰：「吾自衛反魯，然後樂正，雅頌各得其所。」**（子罕十四）

禮樂重中和，禮定規矩方圓，樂調平準和諧，八佾舞佾生手持，「橫龠豎翟」，「龠」是平準音節的樂器，一般是用來校正樂器用的，單獨不能當樂器，佾生持

[八]大師是樂官之首，然後依序是少師、亞飯、三飯、四飯等。（天子十五飯、諸侯十三、大夫十一、士九。）

倫從頭到尾的動作，幾乎是水平的，這就是要表達，君子要平準和諧。翟表示君子的風骨要直，上插雉雞尾巴表示文采華麗。

本章引孔子對樂的次序及每一階段該有的呈現，來伸明禮「始作」在人倫之初，「翕如也」如同雎鳥「關關」聲的合鳴，夫婦同心，琴瑟合鳴，比翼雙飛之情境；然後上下尊卑要「從之」，而且彼此界限是「純如也，皦如也」的清清楚楚；最後要代代綿延不絕「繹如也」。下二章是準備做結尾的正論之述。

儀封人請見，曰：「君子之至於斯也，吾未嘗不得見也。」從者見之。出曰：「二三子何患於喪乎？天下之無道也久矣，天將以夫子為木鐸。」

【簡譯】：衛國儀地負責守疆界的封人，向孔子的隨從弟子請求見孔子一面。封人說：「凡是德學兼備的君子，來到我們儀地，我從來沒有見不到的。」孔子的隨從弟子就為他引見。封人出來後，對著孔子的弟子們說：「你們何必憂慮大道將要喪亡呢？現在天下無道已經很久了，上天將以孔夫子為木鐸，廣宣教化於天下，利益全天下的黎民百姓啊！」

這一章以封人（守城門的官）之話來強調，禮雖失序久矣，但有聖人傳衍，縱使國亡，江山換代，禮仍將永續傳承，如前面章節所述：**夷狄之有君，不如諸夏之亡也**。如夏亡於商，殷繼夏禮；商亡於周，周承殷禮，代代必有聖賢、君子為木鐸，廣宣教化於天下，化人心為良善，導世亂於正途。

古時代有幾個封人不是簡單人物，除了這位儀封人，老子西出函谷關被關令尹喜：「子將隱矣，彊為我著書。」及堯帝探訪華國時所遇的華國封人。[九]

子謂韶：「盡美矣，又盡善也。」謂武：「盡美矣，未盡善也。」

【簡譯】：孔子對韶樂評論說：「是達到完美，又能達於善。」評論武樂：「是達到完美，但未達於善也。」

韶，舜樂名。韶，紹也，德能紹堯，故樂名韶。武，周武王樂，以武得民心，

九 堯觀乎華。華封人曰：「嘻，聖人！請祝聖人。」「使聖人壽。」堯曰：「辭。」「使聖人富。」堯曰：「辭。」「使聖人多男子。」堯曰：「辭。」封人曰：「壽、富、多男子，人之所欲也。女獨不欲，何邪？」堯曰：「多男子則多懼，富則多事，壽則多辱。是三者，非所以養德也，故辭。」

封人曰：「始也我以女為聖人邪，今然君子也。天生萬民，必授之職。多男子而授之職，則何懼之有！富而使人分之，則何事之有！夫聖人，鶉居而食，鳥行而無彰；天下有道，則與物皆昌；天下無道，則修德就閒；千歲厭世，去而上僊；乘彼白雲，至於帝鄉；三患莫至，身常無殃；則何辱之有！」封人去之。堯隨之，曰：「請問。」封人曰：「退已！」《莊子．外篇》

故名樂曰武。古之注釋武之所以未盡善，乃武王以武力征伐之故：禮器云：「樂也者，樂其所自成。」注云：「作樂者，緣民所樂於己之功。」然則以武王用武除暴，為天下所樂，故謂其樂為武樂。云「以征伐取天下，故未盡善」者，以臣代君，雖曰應天順人，不若揖讓而受，故未盡善也。

此章是接續上一章之意，最盡善盡美的是，代代能克紹箕裘，光前裕後，若不能，只好等待聖人出，大破大立，開創新局。

子曰：「居上不寬，為禮不敬，臨喪不哀，吾何以觀之哉？」

【簡譯】：孔子說：「身居上位，不能寬厚對待下屬；行禮時，內心不能恭敬莊重；面對父母之喪，缺少哀戚之情。這樣的人，他還有什麼可觀之處，讓我觀察的啊？」

結尾之章，以告誡之語，來令人省思，總結了，若為禮不敬，其人不足以觀之！

八佾篇論禮之精神、意義及作用，從國家社稷到人倫之間，它可以維繫著彼此間的和諧關係，讓人能有應對進退之準則。禮不能只是表面的儀軌，重要是內在的誠敬之心，若失去內在的敬意，只剩形式上的儀禮，還是能維繫人際之間的架構。也許有些禮節過於繁瑣，但其來一定有自，是古人在生活中體悟到的智慧，不是不能變動，只要掌握其背後的精神與用意，是可以依現今環境而有所變通，例如子路為季氏宰時，曾改變祭祀時間及省略禮儀煩文部份，讓原本因耗時煩瑣而使人倦怠的祭禮，能在莊敬肅穆中適時的完成，孔子稱讚他知禮。+

+子路為季氏宰。季氏祭，逮昏而奠，終日不足，繼以燭。雖有強力之容，肅敬之心，皆倦怠矣。有司跛倚以臨事，其為不敬也大矣。他日祭，子路與焉。室事交于戶，堂事當于階，質明而始行事，晏朝而徹。孔子聞之，曰：「以此觀之，孰為由也而不知禮！」《孔子家語．公西赤問》

里仁第四

此篇探討仁的定義，在儒家思想中，對於完美的人格、品性、德範有不同的層次，從聖、賢、君子到良人，其中聖人必俱有仁德，但似乎是，有仁德之人，不一定是聖人，例如孔子認為管仲有仁，但器小，非儉及不知禮。

在論語中，比較多談論到的是，何謂君子？從這些對話中，不難明白，所謂君子，是指有某些良好的品德，或值得人誇讚的優點，君子也常與小人做對比，簡單來比較，君子會有不自私且利他之想法及作為，小人則相反，會以自己的利害得失為重，但小人並不是壞人或惡人，只是一些自私的行為讓人不喜歡。

要理解什麼樣的品性或行為才是仁者，不太容易標準化，也不太容易說明白，像孟子所作的孟子一書，其篇章都要比論語來的多，雖篇幅較大，卻很容易瞭解其要旨主要是在「三辯四養」之論述。三辯：王道與霸道之辯，利與義之辯，君子與小人之辯；四養：聖人養性，賢人養德，君子養氣，凡人養身。好在佛教思想傳入後，才得以做個參照，原來所謂的仁者，是所做所為，是基於天理良心，也就是佛家講的「開悟見性」。所以在助益眾生時，不拘泥方法或守某些條規，只要能對眾生有助益的，他都會去行動，所以孔子有把握，若是堯舜生在他這個時代，也會做跟他一樣的事情。

若要進一步清楚何謂仁者，在後面許多篇章可以一窺其義，例如下一篇公治長，有人問孔子的弟子們是否有仁？孔子只說他們各具才能，但不知有沒有仁，子張問一些著名大夫的事蹟是否符合仁？孔子說他們具有好的德行，但也說不知有仁否？在憲問篇有二章，可以貫通仁之義，原憲問不會有克、伐、怨、欲之行者是否有仁？孔子回這四點很難做到，但不知是否基於仁？另一章，**子曰：「君子而不仁者有矣夫！未有小人而仁者也！」**這二章去探討就可以明白，外在表現出才能，德行（非德性），是不簡單的「學問」，但是否是基於「良知良能」、「天理良心」而為之，就不知道了，因為好學者，之所以會抱道奉行，甚至至死不渝，因為他們篤信聖人之言，效法先賢之楷模，當力行到極至時（致曲），就會明白（覺悟）這些奉行不渝的行為，跟自己的良心相通，所以匹夫亦有仁，而好學者是依聖人教化而修（修道之謂教），依於仁者是率其性而已。顏回問仁，孔子回克己復禮，顏回領悟到依於仁，便要克念除欲（視、聽、言、動），外行中於禮，如此，才不礙仁心顯現。泰伯至德，因其篤其親而辭讓天下也，堯、舜、禹浩德巍巍，因化民秉性彝德。孔子為何許管仲有仁，因為他輔佐桓公九合諸侯，不以兵車，讓天下百姓得以不受異族侵擾，是基於仁心的決斷，他大可為自己建立萬世功蹟，殺伐吞併諸侯，其至一統天下，但過程是生靈塗炭，百姓於水火之中。故仁者，是以天下蒼生為念，己欲立而立人；己欲達而達人，己所不欲；勿施於人。仁者也不會有非我族類而異之，孔子說：「雖之夷狄，不可棄也。」

本篇只要試著以是否合乎良心的角度來研究，便很容易明白其要義了。

子曰：「里仁為美。擇不處仁，焉得知？」

【簡譯】：孔子說：「居處在有仁德之人的鄉里，是一件美好的事。若選擇居住的地方，沒有仁德之人的話，怎麼會是有智慧的人呢？」

「里仁」南懷瑾大師認為是，內心處於仁；「擇不處仁」是修養未達仁的境界。這章雖然有不同的看法與解釋，其實是可以相通的，只要「里仁」不要硬性規定，是居住在有仁德之鄉，而是親近有仁德之人，而且能經常求教於他的，就是指自己有涵養仁心之志，所以是有智慧的做為。

再來，本篇雖講仁之本，但也強調仁要有「知」(智慧)，也就是不能只有婦人之仁。所以，一開始破題，闡明欲養仁德或知要近仁者，是有智慧的人。

子曰：「不仁者，不可以久處約，不可以長處樂。仁者安仁，知者利仁。」

【簡譯】：孔子說：「仁心沒有顯現的人，不能長時間安然處在貧困的環境中，也無法長時間安然處在富有的環境中。（因為容易貧而諂或富而驕。）仁心顯現的人，在在只求心安理得，真正有智慧的人，知道要力行於仁。」

仁心是人人俱足，不會有人有或沒有的，所以，不仁者，指的是他的仁心尚未有作用，沒作用，自然容易受環境所左右，做出許多私心自用之事，為了脫離貧困的生活，而不由正道，甚至做出傷天害理之事。同樣富貴之人，也可能會有驕縱輕狂、恣意妄為的行為發生。仁心顯現的人，為何不受環境影響而迷失呢？因為他有智慧來應對，不論處在什麼樣的環境中，他都能讓這份仁心保有作用。

子曰：「唯仁者，能好人，能惡人。」

【簡譯】：孔子說：「唯有仁心之人，知道要用慈眉善目，還是兇神惡煞的態度來幫助人。」

仁德之心的作用，在不同的情境下，都能恰當的運用，該慈眉善目時便現慈眉善目相，該怒目金剛時便現怒目金剛相。陽貨篇：「**孺悲欲見孔子，孔子辭以疾。將命者出戶，取瑟而歌，使之聞之。**」孺悲是奉魯哀公之命來學士喪禮，可能自恃權貴，而做出無禮的舉動，孔子推托有病不見，若只是單純不想理會，就沒必要在侍者出去傳話時，故意彈琴給他聽，表示不是生病而是不屑接見，藉以難看而使之明白所犯過失。

陽貨篇章可以補充仁者如何面對惡人，這一篇主要是講述惡的象徵。人的本性相近，只因後天的環境或自己的習性所薰染（陽貨二），不會受影響只有上智者及愚不可及者（陽貨三），受環境影響的譬如「鄉原」（陽貨十三），不良習性的例如「飽食終日，無所用心」（陽貨二十二）。孔子「惡鄭聲之亂雅樂」（陽貨十八），因為會形成「鄉原」。「唯女子與小人難養也」（陽貨二十五）藉女子天生的稟性及奴僕好小私小利，難以保持適當的距離，是天生不易改變的模樣。孔子惡這些「稱人之惡者、居下流而訕上者、勇而無禮者、果敢而窒者」（陽貨二十四），但對一位仁者而言，還是想去導正他們，讓這些「小人學道」則可挽化之（陽貨四），就算是像叛臣賊子的公孫不狃及佛肸，孔子也認為可以改變之（陽貨六、八）。導正的方式譬如學詩、禮、樂（陽貨十一十二），若能喚醒內在的仁心，自然能展現出恭、寬、信、敏、惠的風範（陽貨七），怕的是學習過程有「六蔽」的情形（陽貨九），只要能自見其惡，到中年的年紀還不算太晚（陽貨二十六），因為人到老年，習氣已定型，體衰智昏，一切行為會被……習慣（氣）所主導。

在顏淵二十二樊遲問仁與智，孔子回：「愛人」與「知人」，孔子舉例：「舉直錯諸枉，能使枉者直。」舉用正直的人便是知人；使不正直的人向善改直即是愛人。

子曰：「苟志於仁矣，無惡也。」

【簡譯】：孔子說：「立志在行仁道時，所作出來的不會有惡的意思。」

本章接續上一章的意思，專志於仁心的展現，其所做所為，不管外在所呈現的樣式，其用心是存善的。舉管仲為例做說明：

在孔子心中，「仁」與「聖」是道德層次很高的修為，連他自己也自謙不能達到：「若聖與仁，則吾豈敢？」（論語．述而）那他為何許管仲有仁？可從論語．憲問篇來看。

或問子產，子曰：「惠人也。」問子西，曰：「彼哉彼哉。」問管仲，曰：「人也，奪伯氏駢邑三百，飯疏食，沒齒無怨言。」（憲問九）

子路曰：「桓公殺公子糾，召忽死之，管仲不死。曰：未仁乎？」子曰：「桓公九合諸侯，不以兵車，管仲之力也。如其仁！如其仁！」（憲問十六）

子貢曰：「管仲非仁者與？桓公殺公子糾，不能死，又相之。」子曰：「管仲相桓公，霸諸侯，一匡天下，民到于今受其賜。微管仲，吾其被髮左衽矣。豈若匹夫匹婦之為諒也，自經於溝瀆，而莫之知也。」（憲問十七）

第九章有人問孔子，對這三個人的評價如何？孔子對管仲的看法是有「仁」，然後舉齊桓公奪去伯氏之駢邑三百戶封地，給與管仲，他雖因而窮困一生，但對管仲治理下的齊國功績，到老都沒有怨言。齊國因管仲而霸諸候，伯氏是與有榮焉的。十六、十七兩章，子路與子貢的觀點是基於儒者的操守及風骨，衛國內亂時，子路便是為主赴難（食焉不辟其難），孔子認為能為天下人謀，不必拘泥於小節（「諒」：誠實、正直、守信；自經於溝瀆，而莫之知也：自殺死於沒人知道的溝壑中），這便是「君子貞而不諒」（衛靈公）君子顧大節而不計小信。

宋·蘇洵的管仲論一，評論齊國之盛是鮑叔牙之功，齊國之亂才是管仲之過，他認為管仲臨終前，沒有舉薦繼任者，以致於讓豎刁、易牙、開方三人亂政，其實他有薦隰朋為相，只不過他過世後，同年隰朋也相繼離世了。二

一……夫功之成，非成於成之日，蓋必有所由起；禍之作，不作於作之日，亦必有所由兆。故齊之治也，吾不曰管仲，而曰鮑叔。及其亂也，吾不曰豎刁、易牙、開方，而曰管仲。何則？豎刁、易牙、開方三子，彼固亂人國者，顧其用之者，威公也。夫有舜而後知放四凶，有仲尼而後知去少正卯。彼威公何人也？顧其使威公得用三子者，管仲也。仲之疾也，公問之相。當是時也，吾意以仲且舉天下之賢者以對。而其言乃不過曰：豎刁、易牙、開方三子，非人情，不可近而已。……

二管仲病，桓公問政委何人？仲曰：「鮑叔牙，君子也，然不可為政，善惡過於分明，見人一惡，終生不忘，是其短也。」或言：「隰朋何如？」仲曰：「庶乎可矣。隰朋不恥下問，居其家不忘公門。天生隰朋，以為夷吾舌也。身死，舌安得獨存？恐君之用隰朋不能久耳！」或言：「易牙烹其子，以適寡人之口，愛寡人勝於其

當時人也有疑，一位仁者為何其道德操守如此不堪？他的操守不佳，孔子也有批判，說他器小、不儉、無禮。但從另外一個角度來看，正因為他的不完美，才適合擔任相位。

管仲病危的時候。齊桓公找管仲提議要將相位傳與鮑叔牙。而管仲卻反對，他認為鮑叔牙雖然是君子，但他過於清白而容不得一絲罪惡，不適合做丞相，推薦了隰朋。易牙知道了這件事，就到鮑叔牙那裡挑撥離間，而鮑叔牙卻笑著回答他：「我之所以要推薦管仲，就是因為他忠於國家，對朋友也沒有私心。而至於我鮑叔牙，要是讓我做司寇，捉拿壞人，還綽綽有餘。要是讓我掌管國政，像你們這樣的人怎麼可能有容身之地？」

所以，丞相不能過於清白自持，不給門閥世襲的卿大夫們一些好處，是很難

子，尚何疑耶？」仲曰：「人情莫愛於子，其子且忍之，何有君！」或言：「豎刁自宮以事之，愛寡人勝於愛身。」仲曰：「人情莫重於身，身且忍之，何有於君？」或言：「衛公子開方，去千乘之太子而臣於寡人，父母死不奔喪，是愛寡人勝於父母也，無可疑也！」仲曰：「人情莫親於父母，父母且忍之，又可有於君，且千乘之封人之大欲，棄之而就君，其所望有過之矣！必去之勿近，近之必亂國。」或言：「此三人，事久矣，仲父平日何不聞一言乎？」仲曰：「臣不言，將以適君之意也，譬之於水，臣為之堤防，勿令泛濫，今堤已去，將有橫流之患，速遠之！」

左右有聞其言，以告易牙。豎刁將仲不以鮑為政之事，言於叔牙曰：仲父之相叔所薦也，今仲病，君往問，乃言叔不可以為政，吾意不平焉。鮑笑曰：是乃吾之所以薦仲也，仲忠於國，不私其友，夫使牙為司寇，逐佞人則有餘，若當國為政，即爾等何所容身乎！易牙大慚而退。……《呂氏春秋．貴公》

折衝樽俎於各勢力之間。可設想他要如何說服有霸權之心者，行尊王攘夷之道？

子曰：「富與貴，是人之所欲也；不以其道得之，不處也。貧與賤，是人之所惡也；不以其道得之，不去也。君子去仁，惡乎成名。君子無終食之間違仁，造次必於是，顛沛必於是。」

【簡譯】：孔子說：「富貴是人人所希望擁有的；但如果不是依正當方式得到的，就算給他得到，他也不會去接受。貧賤是人人所厭惡的；但如果不是依正當的方式去之，就不會將貧賤去除掉。君子不依仁道，怎能成為君子之名。君子是時時刻刻不違背仁道的，就算是在倉促之間是如此；在顛仆困頓的時候也是如此。」

人欲與天心常在拔河拉鋸，這在堯舜之前所沒有的，在舜禹之時才浮現出來，堯傳帝位予舜時，堯曰：「**咨！爾舜！天之曆數在爾躬，允執其中！四海困窮，天祿永終。**」堯曰這句「允執其中」傳說是堯傳舜的四字心法，到舜傳帝位予大禹時云：「**人心惟危，道心惟微，惟精惟一，允執厥中。**」尚書．大禹謨這著名的「十六字心傳」，說明二代之間的民心變化。在堯天舜日時，人民含哺而熙，鼓腹而遊，率性自然，與道合一。故不知仁義道德是何物？綱常倫理之教條？一言一行皆出於本性之自然，毫無虛假造作，因此，堯交待舜只需讓百姓「允執其中」即可，依著自性、仁心而為，天下自然大治。到舜晚年時，適天下大水災厄，大禹治水三過家門而不入，是出於為天下之仁心，承接帝位時，舜告之曰：現天下人心有變，為了私欲常與仁心拉鋸，故心陷於危怠不安的情境，以至於合正道之心念微弱許多，因此，禹啊！您要讓百姓們心念純一無染，只應允仁心來作用。

仁心若能常作用，縱使置於生死抉擇的大是大非中，也不會有違天理良心。

子曰：「我未見好仁者，惡不仁者。好仁者，無以尚之；惡不仁者，其為仁矣，不使不仁者加乎其身。有能一日用其力於仁矣乎？我未見力不足者。蓋有之矣，我未之見也。」

【簡譯】：孔子說：「我從未見過以行仁作為慣常之人，也未見過遇到不仁之事會不厭惡的人。好行仁的人，是以行仁為最上，所以沒有更勝於此的德行。會厭惡不仁的人，會不讓不仁的事發生在自己身上，所以如同仁已在他的身上一樣。在一天的時間裡，可以盡力在行仁嗎？我從未見過有能力不足的。或許有吧！但我是從未見過也。」

這章有問題的是這一句「惡不仁者」，單獨解釋問題不大，只是若接「我未見好仁者」，不管是什麼樣的人，見到不仁之人都會厭惡嫌棄的，就像我們看電影，見壞人做出卑鄙之事時，都會燃起憤慨之心，這是因為心中有仁的緣故，所以，怎麼可能未曾見過會厭惡不仁的人呢？且與下句「好仁者」及「惡不仁者」分別二種人沒相對應到。會不會是中間少了幾個字？例如：「我未見好仁者，(見)惡不仁者。」常致力於仁者雖未見過，但常見到對不仁之事而厭惡的人。這樣才符合下句的文意。

接前章之語意，仁德之心是人皆有之，能常行仁是最為殊勝，若不能，但只要見不仁而厭惡之，也表示仁心已現前，只要肯努力將之實踐出來，沒有說我不行，我做不到之事，孔子舉做到一天應該辦得到吧？不是做不到，只在你願不願意做而已。在許多事件中，其實也不用一天來行仁，在某一重大決擇下，選擇了仁，他的人生價值與意義便不一樣了，也有可能影響了無數的人，孔子曰：「何事於仁，必也聖乎！」(雍也二十八)剎那間的博施濟眾的作為，就如同聖人一般，只是差在一般人只能顯現在終食之間，無法同聖人般其心三月不違仁。

孔子說：「我未見力不足者。」其實他晚年時有見到，一位劃地自限的冉求。請參閱(雍也一一)

子曰：「人之過也，各於其黨。觀過，斯知仁矣。」

【簡譯】：孔子說：「人所犯的過錯，與他各自的原生環境養成有關係。若能自覺自己的過失，就知其心中有仁啊。」

這章比較困惑於人的是這句「各於其黨」。主要有二種解釋，一是「各種類型」，不同類型的人，犯不同的過錯。二是「自己所親近、關係密切的人」，所以會因私心而袒護。國家考試曾出過：「什麼類別的人就會犯什麼類別的過失（大前提），只要觀察他所犯的過失（小前提），就可以推知他是什麼類別的人（結論）」是以第一種解釋為主。畢竟一般人很難看見自己的錯誤，而別人有沒有錯，卻是看的很清楚，而且容易因人過錯而燃起怒火，也就是拿別人的過錯來懲罰自己，若能見人過來思己過，才是自己的良知顯現。

「黨」在孔子時代，是指鄉黨，鄰里，屬生活上親近的宗法社會，是一個人從小養成習慣、觀念、認知等等的地方。不同原生環境會有不同的價值觀，所以，對善惡是非的判斷也會有所不同，但不管如何的環境下所成長的人，其天生的仁心是相同的，犯了過錯，不管其過錯標準，是否同於其它鄉黨，自己能自覺有錯，便知此人心中有仁。

這一章與六祖壇經中，六祖的觀點非常符合。

「世人若修道，一切盡不妨，常自見己過，與道即相當。」（般若品）

「常自見己過，不說他人好惡，是自皈依。」（懺悔品）

「吾之所見，常見自心過愆，不見他人是非好惡；是以亦見亦不見。」（機緣品）

佛家常云開悟與見性，有一句話筆者覺得非常好：「開悟見性簡言之便是，發現自己的錯誤是開悟；改正自己的錯誤是見性。」套用到此里仁篇中，有仁心顯現者，是開悟者，能依仁而行者，是見性之人也。若能明白此意，就能明白下一章的情境。

子曰：「朝聞道，夕死可矣。」

【簡譯】：孔子說：「譬如有人早上悟了大道，就算生命不久就結束了，也不會有遺撼的。」

這章道盡了千百年來，多少志士仁人，為法忘軀者，捨去一生的青春歲月，榮華富貴，無非是為了求得一個解脫之道，一但求得便會拳拳服膺，終生不渝。宋‧楊時於程門立雪之精神，得程頤傾囊相授。曾子得道，一生戰競自持，十目所視，十手所指，其嚴乎！五祖弘忍大師至碓坊，見惠能腰石舂米，語曰：「**求道之人，為法忘軀，當如是乎？**」涅槃經記載，釋尊往昔曾為求半偈而願捨身而死。二祖神光斷臂求法，得祖師心印。雪門文偃斷一足而開悟，故而歷代知名禪師，都有「大死一番」的悟道過程。

子曰：「士志於道，而恥惡衣惡食者，未足與議也。」

【簡譯】：孔子說：「立志追求正道的士人，假使對於粗惡的衣服和飲食，仍然感到羞恥難堪，就不足以和他談論道了！」

上一章是從論仁至大道，仁好比天生的本性，人人都俱足，也都能自然流露出來，但能不能依仁而行之，在於各人面對功名利祿，富貴榮華，生死當頭之下，能否予與抗拒，並選擇符合良知良能的行動，若能，便是「道」。

中庸首章：「**天命之謂性，率性之謂道，修道之謂教。**」這份天性是與生俱來的，若能依著這份天性而為之，便是道了。人們因為迷失了，或面臨私利時不依良心而抉擇，就需要一些教法來去除或放下私欲。

這章便是修道的方法，先從安貧樂道來斷除物欲誘惑。

子曰：「君子之於天下也，無適也，無莫也，義之於比。」

【簡譯】：孔子說：「君子對於天下的任何事物，沒有絕對要怎麼做，也沒絕對不可怎麼做，只要與義相合的就要做。」

再來任何事該怎麼做，只要是否符合公理正義來判斷就可以了。君子心中有一把尺、一條道德的底線，不管遇到什麼狀況，也絕對不會超越合於義的這把尺、標準，一定是選擇最適宜的行為。

子曰：「君子懷德，小人懷土；君子懷刑，小人懷惠。」

【簡譯】：孔子說：「君子做什麼事，內心都是懷抱著道德標準，小人則是考慮是否有利可圖；君子若不依道德標準，也會忌憚律法規章，而小人則會以自我益處著眼。」

君子的標準分成了懷德與懷刑，懷德是依道德行事，較為高尚，懷刑則是遵守秩序、規範。小人懷土與懷惠是對比君子的層級，懷土是圖謀私利，不顧倫理道德，懷惠是在律法之下，避開受罰的時候，佔些便宜，例如深夜時闖紅燈，沒警察時不遵守號誌等等。所以，這章強調修道要守規矩及胸懷道德，小利不貪，大利不圖。下一章說明追逐利益的下場是什麼？

子曰：「放於利而行，多怨。」

【簡譯】：孔子說：「縱放自己的欲望追求利益之事，必然招來許多人的怨恨。」

這三章再配合子路二十五子曰：「**君子易事而難說也：說之不以道，不說也；及其使人也，器之。小人難事而易說也；說之雖不以道，說也；及其使人也，求備焉。**」孔子說：「與君子共事是很容易的，但想要討好他是很難的，因為用不合道義的方式去討好取悅，他反而會不高興，君子役使於人，必以能力來妥適安排。小人則相反，很難與之共事，但很容易討好取悅他，就算是不以正道來取悅之，他也會很高興，小人役使人，不管對方能力如何，只會要求要達到他的規定。」從這幾章可知，君子不可以利誘，因為他們心中有一堵道德之牆，規矩之溝，待人處事時，是依於心中這把尺來丈量行事，只要是合於尺度的，怎麼行事都可以，而小人則很容易因利而失了規矩。

子曰：「能以禮讓為國乎，何有？不能以禮讓為國，如禮何？」

【簡譯】：孔子說：「能依禮讓的精神來治國，那還有什麼困難的呢？如果不依禮讓的精神來治國，那禮法制度有什麼用呢？」

在八佾篇：「人而不仁，如禮何？」提到，禮是基於仁的外在表現，這禮的表達精神在於能謙讓。這章的「如禮何」指的是制度，與八佾篇不同。「以禮讓為國」與八佾篇的「仁、禮」精神一致，所以，這章是補充前二章「君子懷刑」，守律法規章固然是好，但也要基於禮仁的精神來遵守，不然，守的是空虛的制度。

子曰：「不患無位，患所以立；不患莫己知，求為可知也。」

【簡譯】：孔子說：「不必憂愁自己沒有官位，要憂愁自己任官的條件是否俱備？不要憂愁沒人知道我，應該要求自己有沒有被人知道的才德。」

在那個年代，出來做官才容易有一展抱負，濟眾淑世的機會。在禮記．儒行篇中，孔子舉了儒者的風範，他們在未做官之前，是如何的自立、備豫、近人、特立、剛毅；做官後也如此的憂思、寬裕、舉賢援能、任舉、特立獨行、規為、交友、尊讓。

到這一章算是論修道之法的總結，下一章進入「仁、道」的核心。

子曰：「參乎！吾道一以貫之。」曾子曰：「唯。」子出。門人問

曰：「何謂也？」曾子曰：「夫子之道，忠恕而已矣。」

【簡譯】：孔子說：「曾參啊！我的心法是基於一個核心來貫通的。」曾子說：「是。」孔子走後，其他學生問：「是指什麼？」曾子說：「老師的心法，就是忠恕之道啊。」

孔子的道是什麼？及如何運用此道貫通一切學問？我們從幾件事來瞭解：孟懿子問孝，孔子說：「不違禮。」樊遲駕車時，孔子告訴他：「孟孫問孝於我，我說：『不違禮』。」樊遲說：「什麼意思？」孔子說：「活著時按禮侍奉；死之後按禮安葬、按禮紀念。」（為政）

宰我問道：「三年的喪服，期限太久了！因為君子三年不行禮，所習的禮一定殘缺；三年不奏樂，所學的樂一定遺忘。何況就天道的週期來說，一年的時間，舊的穀物食用已盡，新的穀物已收割登場，舊的火種已廢棄，新的火種用鑽木取得，一切更新，所以三年之喪其實一年便可以終止了！」孔子說：「只經過一年，便吃著好吃的米糧，穿著華麗的衣服，你能心安嗎？」宰我回答說：「心安。」孔子說：「既然你能心安，就去做吧！君子在居喪期間，吃著美味卻不覺得甘美，聽著音樂卻不覺得快樂，住在室內卻不覺得安適，所以不這樣做。現在你說能心安，那就去做吧！」宰我出去後，孔子說：「宰予真是不仁啊！孩子生下三年後，才能離開父母的懷抱。對父母服三年喪，是天下通行的禮節。宰予啊，他對父母

有三年的愛嗎?」(陽貨二十一)

為政篇這一章樊遲聽到孔子的回答,他的反應是「何謂也」,我們若用當時的情境來觀察,樊遲的表情應該是困惑不解的,所以才直問「是為什麼呢?」後人對孔子的評語中有句「因材施教」,但這句話不是發生在這個時候,二人的對話中,因為孔子的弟子們一直很困擾,相同的問題,不同人會有不同的答案,對弟子而言,沒有一致性的標準答案,是很難去理解及應用的,因此當孔子說「無違」時,樊遲便困惑了,怎麼跟過往的答案又不一樣了?優秀如子貢對評論孔子的「道」是:「夫子的文采詞章境界,可以學得到也聽得懂;但夫子講述到自性與天道之理時,是學不來也聽不懂的。」(公冶長十三)

叔孫武叔在朝庭上對大夫們說:「子貢賢於孔子。」子服景伯把這話告訴子貢,子貢說:「拿圍牆做比喻吧,我的牆齊肩高,站在牆外,就能看到我家裏富麗堂皇;孔子的牆幾丈高,如果不從大門進去,就看不見雄偉壯觀、多姿多彩的景象。進得去門的人太少了,叔孫先生這麼說,也是可以理解的!」(子張二十三)

子貢的聰辯之才,對孔子之道如萬仞宮牆般不可窺測,所以當孔子問他吾道一以貫之時,他不能體悟,孔子才說:「賜不受命」(先進十九)

子貢在經商方面是能嗅出財經趨勢,但卻不能承接他的天命。反而個性憨厚的曾子卻能契入,就好像一個是神秀一個是惠能一般。孔子為什麼相同的問題,回答的會因人而異呢？其實這便是「一以貫之」之道。第二句陽貨篇，孔子與宰我的對話，宰我舉了許多論點及數據，來證明他的觀點，以現代來講，確實沒有一家企業會同意喪假可以放三年之久，也的確做生意的三年不開張，顧客都流失掉了，對士農工商，國家經濟會有影響，孔子對他的論述並沒有反駁，因為他說的都沒有錯，但孔子只問宰我「心會安嗎？」結果宰我並不是用他的良知良能來回答，而是用知識、數據、理論來回答，因此孔子說他「不仁啊！」因為宰我不是用良心應事，而是用識心來辦事。從以上二句可以體會到，孔子的「一以貫之」之道，便是一切都從良心思考，從良知做起，也就是佛家所說的一切不離自性，自性能生萬法。

後面幾章是以悟道者的角度，所會有的言行舉止。

子曰：「君子喻於義，小人喻於利。」

【簡譯】：孔子說：「君子所談的話會以義來引伸譬喻，而小人會以利益角度來著眼。」

現今世界早已不談仁義道德，而是以國家利益為優先，大國常公開向世界及國民宣稱，某政策或決定是符合國家利益的，當國家利益沒有損害的前題下，再從人道角度來作為，所以一旦失去了符合對方利益的條件，就算平常宣稱是如何的友好，說出賣就毫不猶豫的背離。所以現今若有如孔子般的以仁義來治國，恐怕是曲高和寡不為人民所接受，就算是孔子再世也難以有作為，因為相較於春秋現今更難實踐此理想，春秋時人民知識水準不高，他們自知見識不如士人、官長，所以都能順從官長的指令，官長制定的政策，只要能讓百姓好配合及執行，就能做好牧民的工作，沒有必要去設法讓他們能明白施政的用意及道理為何，因為這是很困難的事，也就是「**民可使由之，不可使知之。**」（泰伯九）的道理，現今知識普及，媒體傳播迅速，每個政策都會有不同的意見與觀點，容易各有各的堅持，法律條文已是最大的共識，因此，想以仁義治國、外交，若沒有多數人的認同，是很難有實踐的一天。

雖然時代如此，但做人處事不以利益為先，還是會受到人們的景仰，因為人還是有「仁」，會受義行而感動的，甚至跟隨與襄助，這社會及國際上，不是有很多慈善團體及志工組織嗎？

子曰：「見賢思齊焉；見不賢而內自省也。」

【簡譯】：孔子說：「見到有賢德的人，就向別人學習看齊；見到不賢的、別人不好的方面，自己引以為戒而反省自身。」

修德功夫基礎在先知己過，要察覺自己有什麼過失，可從自覺與他覺二方面求得。自覺者像曾子的每日三省吾身，佛家主要也是採自覺功夫來修行，例如六祖說：「不見他人過，只見自己過。」有人問溈山禪師：「頓悟者是否還要修行？」禪師回：「大開悟者會自覺自己是否還有曠劫以來的習氣。」所以修與不修在自覺也。他覺者如同本章「見賢與見不賢」來對比不足或有過之處，也是三人行必有我師焉的意思。另外像子路聞過則喜也是他覺。

子曰：「事父母幾諫，見志不從，又敬不違，勞而不怨。」

【簡譯】：孔子說：「侍奉父母，如果父母有過失，要委婉的勸諫；父母若不聽從自己的想法，仍要恭敬順從，不可違逆；雖然辛勞苦勸，也不會有怨言。」

這一章如果有疑慮的，可以試把父母替換成子女，見自己的孩子不學好，處處惹事生非，父母想盡辦法使之歸正，但仍無力挽回，其過程必是煎熬痛苦，但不管孩子犯了什麼錯，父母永遠認為其本性不壞，是受了環境、失業、愛情、交友等等因素所影響，錯不在其子，相信總有一天會回頭的。如此替換，相信就很容易體會到，有仁德的悟道者，事父母及教子女的心，是無分別的。下幾章亦是相同的道理。

子曰：「父母在，不遠遊，遊必有方。」

【簡譯】：孔子說：「父母健在時，不往遠處遊學；假使不得已要遠遊時，要有固定的處所及讓父母安心的方法。」

「遊」指的是到一個不固定或不能安定下來的地方。子女出遠門到它方異地，父母的心也會跟著出去，所以，非不得已要離開，就要有讓父母安心的方法。現代最好的方法，就是天天報平安。

台灣開放人道探親時，筆者隨父親回四川老家尋親，父親一直希望還能見到老母親一面，可惜的是，祖母已過逝六年無緣一見，與堂哥談起祖母生平事蹟時，說到一件往事，此事也解了父親多年來的疑問，當年父親隨軍隊大江南北的征伐，一直未能安定於一處，後來駐紮在曲阜孔廟，終於有三個月的時間暫定一處，父親便捎了一封信回家，但一直未收到回信，所以，不知信是否有送達？堂哥回憶，自從父親當兵後，一直是音訊斷絕，祖母以為父親已不在人世，故而每天站在門口，倚著門閭，手背後敲著門柱，邊敲邊哭喊著父親的名字，呼喚著要歸來啊！如此，日復一日，直到收了一封信後才停止。

父母思子之心，數千年來未有改變，無論是否在大時代動盪之中，還是承平之時，這份思子之心是不變的。

子曰：「三年無改於父之道，可謂孝矣。」

【簡譯】：孔子說：「三年對父親的志業不更改，可以稱做孝子了。」

請參閱學而十一篇「父在觀其志」章。這章與學而篇略有不同，放在學而篇是強調學習過程在效法，此篇在發自內心的做為。父親雖已不在世，一直能常思父訓、謹遵母慈，才是真正發自內心的孝順。至於為何是三年？請參閱泰伯十二。

被譽為「史家之絕唱，無韻之離騷」的史記，作者司馬遷，他的父親在過世前交代他要繼承祖業，這篇命子遷的內容，可以明瞭何謂「父之道」？

太史公執遷手而泣曰：「余先周室之太史也。自上世嘗顯功名於虞夏，典天官事。後世中衰，絕於予乎？汝復為太史，則續吾祖矣。今天子接千歲之統，封泰山，而余不得從行，是命也夫，命也夫！余死，汝必為太史；為太史，無忘吾所欲論著矣。且夫孝始於事親，中於事君，終於立身。揚名於後世，以顯父母，此孝之大者。夫天下稱誦周公，言其能論歌文武之德，宣周邵之風，達太王王季之思慮，爰及公劉，以尊后稷也。幽厲之後，王道缺，禮樂衰，孔子脩舊起廢，論詩書，作春秋，則學者至今則之。自獲麟以來四百有餘歲，而諸侯相兼，史記放絕。今漢興，海內一統，明主賢君忠臣死義之士，余為太史而弗論載，廢天下之史文，余甚懼焉，汝其念哉！」遷俯首流涕曰：「小子不敏，請悉論先人所次舊聞，弗敢闕。」

司馬談是以承繼虞夏以來先祖之志業，並將此志業託付給兒子司馬遷，他舉周公、孔子為例，大孝要能因自身揚名於後世，讓父母及先祖之德風得以彰顯。

這章不知孔子是在什麼場合或對什麼人所說的，如同為政篇中對孟孫家父子說孝一樣，可能也是對某諸侯的鼓勵吧！

子曰：「父母之年，不可不知也。一則以喜，一則以懼。」

【簡譯】：孔子說：「父母的年齡，不可以不知道。一方面為父母能享高壽而感到歡喜，一方面為父母日漸衰老而感到憂懼。」

這四章以「孝」曰「仁」請參閱里仁十五。

子曰：「古者言之不出，恥躬之不逮也。」

【簡譯】：孔子說：「古人不輕易把話說出口，是因為怕說出來卻做不到感到可恥啊。」

在憲問二十九子曰：「君子恥其言而過其行。」所以，孔子認為古人普遍有君子風範般的重信然諾，與今人（孔子當時）輕諾寡信大大不同。這章與後二章強調仁者必慎言。

子曰：「以約失之者，鮮矣。」

【簡譯】：孔子說：「對自己有約束身心，卻還有犯錯的人，是很少的啊！」

「約」有二個意思，一是簡樸的生活，二是自我約束。若用安於簡樸生活的人，很少會有過失之事，也是可以的。這裡用自我約束來解釋，比較符合悟道者的修心煉性。像趙州和尚藉掃地，提醒自己塵從外來，那怕一點點也要掃除。[二]

子曰：「君子欲訥於言，而敏於行。」

二 劉相公入院，見師掃地，問：「大善知識，為什麼卻掃塵？」師云：「從外來。」《趙州禪師語錄》

【簡譯】：孔子說：「君子致力於慎重說話而遲緩；而辦事卻很敏捷。」

「欲」指想要或致力於……。「訥」是遲緩、慎重好像說不出口一樣。合起來意思是，因為很慎重自己所說的話，所以，讓人覺得講話很慢，每一句都要想過才說出口，也就是不輕率的發言。這也是對自己的言語，做出自我約束的規範。會這樣的謹言慎行，是基於敬重他人，而不敢有輕浮或隨意的言行舉止。

最後二章，是再次勸勉鼓勵及告誡之意，是訓論文常用的收尾模式。

子曰：「德不孤，必有鄰。」

【簡譯】：孔子說：「有仁德的人是不會孤立的，一定會有同德性的人與他相處。」

子游曰：「事君數，斯辱矣；朋友數，斯疏矣。」

【簡譯】：子游說：「事奉國君過於頻煩瑣碎，臣下就會自取其辱。和朋友交往過於親密煩瑣，朋友的關係就會變得疏遠了！」

事君的「事」是基於本身職責上的義務。如果侍奉的君主，無察納雅言之肚量，做為臣下雖當盡其心的勸諫，但也只能適可而止，退而守身，才能免招恥辱。同樣，所交之友若是不受規勸的，最好是循序漸進的開導之，若還是不能接納，就只好保持淡如水的態度，簡言之，取其中庸即可。子游的話與孔子回答子貢的一樣。**子貢問友。子曰：「忠告而善道之，不可則止，勿自辱焉。」**（顏淵二十三）

在歷史上「事君數，斯辱矣」者的例子不少，有著名的屈原，剖心的比干，獄中裝瘋的箕子及東漢末年袁紹的謀士田豐，這些以生命直諫，但是又無法改變昏君的做為，是因為缺少善導之的才能，善導是一種智慧加上藝術的才能，能巧妙的讓昏君自覺，或投其所好而有所改變心意，例如秦始王（還未統一六國時）的客卿茅焦[四]，清康熙時的蔣伊[五]，而最有名的是晏子嬰，他頭腦機敏，能言善辯，善於反諷譏諫，常讓齊景公認錯改過。孔子讚他：「**晏子能明其所欲，景公能行**

[四] 秦王政因為嫪毐（秦國的假宦官，與秦始皇母親趙姬通姦生子，後欲誅殺秦王政，事敗身死。）之亂，把母親趙姬遷到雍。因禁錮母親有違孝道，眾臣紛紛勸諫，秦王下令求情者，殺之。後有二十七人進諫而被殺。茅焦執意要勸說秦王政，秦王大怒，備烹鼎而等待之。茅焦說幽禁母親損害秦王聲名，不能使天下人信服；殺忠諫大臣，使天下有才能者寒心。會不利於籠絡六國人心、統一天下。秦王聽到不利一統大業的分析，就息怒並採納茅焦的建議，接回太后。茅焦因為這件事被尊為上卿。

[五] 康熙時與三藩戰況激烈，清廷四處徵兵、糧餉，開捐納買官之例。蔣伊於是蒐集民間疾苦，繪製十二幅圖進呈：「難民、刑獄、讀書、春耕夏耘、催科、鬻兒、水災、旱災、觀榜、廢書、暴關、疲驛」，康熙御覽為之動容嗟嘆。

其所善也。」（晏子春秋）如果沒這份才能，就只能瞎瞎運氣了，例如抬棺諫宣帝的欒運[六]，漢成帝的朱雲折檻[七]，運氣最好的當屬魏徵，世人多半知道，他是因為遇到了能察納雅言的唐太宗，而且死後，唐太宗以三面鏡子的比喻來婉惜之，可是少為人知的是，唐太宗竟然在他入土不久，就做出毀墓壞碑的舉動，這不是一代明君會做出來的，可見唐太宗心中積恨已久，才會做出報復洩恨的事來，從這點來看唐太宗的勵精圖治是真的，但虛心納諫則是做給世人看的，朱熹答陳亮書：「**太宗之心，則吾恐其無一不出於人慾也。直以其能假仁假義，以行其私。而當時與之爭者，才能知術既出其下，又不知有仁義之可飭。是以彼善於此，而得以成其功爾。**」所以，魏徵的幸運是遇到謀身後美名的唐太宗，不然他那直板板，又硬又不給顏面的「直諫」，早不知死上幾回了。

六 北周宣帝驕奢暴虐，群臣不敢有勸，欒運抬棺入朝直諫宣帝八過，宣帝大怒處死，幸有內史元巖相勸，若殺之則成其忠臣美名，宣帝怒火才平熄下來。《資治通鑑卷》

七 成帝時，丞相故安昌侯張禹以帝師位特進，甚尊重。雲上書求見，公卿在前。雲曰：「今朝廷大臣上不能匡主，下亡以益民，皆尸位素餐，孔子所謂『鄙夫不可與事君』，『苟患失之，亡所不至』者也。臣願賜尚方斬馬劍，斷佞臣一人以厲其餘。」上問：「誰也？」對曰：「安昌侯張禹。」上大怒，曰：「小臣居下訕上，廷辱師傅，罪死不赦。」御史將雲下，雲攀殿檻，檻折。雲呼曰：「臣得下從龍逢、比干游於地下，足矣！未知聖朝何如耳？」御史遂將雲去。於是左將軍辛慶忌免冠解印綬，叩頭殿下曰：「此臣素著狂直於世。使其言是，不可誅；其言非，固當容之。臣敢以死爭。」慶忌叩頭流血。上意解，然後得已。及後當治檻，上曰：「勿易！因而輯之，以旌直臣。」《漢書．朱雲傳》

（八佾十九）定公問：「君使臣，臣事君，如之何？」孔子對曰：「君使臣以禮，臣事君以忠。」身為臣子的本份之一，便是盡其一片赤膽忠心，所以當君有不正時，為臣子總希望「惟木從繩則正，從諫則聖。」孔子曰：「忠臣之諫君，有五義焉。一曰譎諫，二曰戇諫，三曰降諫，四曰直諫，五曰風諫。唯度主而行之，吾從其諷諫乎。」[八]孔子家語．辨證中孔子提出忠臣之勸諫有五種，五諫之中，孔子最欣賞諷諫。例如晏子嬰及戰國策中的鄒忌諷齊王納諫，孔子則舉了死後還能諷諫的史魚：衛蘧伯玉賢，而靈公不用；彌子瑕不肖，反任之。史魚驟諫而不從。史魚病將卒，命其子曰：「吾在衛朝，不能進蘧伯玉、退彌子瑕，是吾為臣不能正君也。生而不能正君，則死無以成禮。我死，汝置屍牖下，於我畢矣。」其子從之。靈公弔焉，怪而問焉。其子以其父言告公。公愕然失容，曰：「是寡人之過也。」於是命之殯於客位，進蘧伯玉而用之，退彌子瑕而遠之。孔子聞之，曰：「古之列諫之者，死則已矣，未有若史魚死而屍諫，忠感其君者也。可不謂直乎？」（孔子家語．困誓）史魚生時直諫不成，死時以屍諷諫，終使衛靈公警醒，史魚之忠算是死而不已。

八 譎諫：譎有詭詐之意，以婉轉或旁敲側擊方式，試探性的勸戒。在《戰國策》中有許多例子，例如蘇秦欲勸諫孟嘗君赴秦，孟嘗君對靈界事好奇，蘇秦便假託其事而得以勸止。戇諫：「戇」（讀音：壯）急躁、剛直的意思，例如：子路阻孔子赴公孫不狃及佛肸之召請，通常會帶有不悅的口氣。降諫：是有降志低下的態度來勸告，例如用哀求的模式來讓君上心軟而改變決定。

事奉君王、上司、朋友，能勸諫的當然要盡本份去善導之，不能則適可而止。

可言而不言，失人；不可言而言，失言。[九]

九　子曰：「可與言而不與之言，失人；不可與言而與之言，失言。知者不失人，亦不失言。」〈衛靈公八〉

公冶長第五

此篇，列舉了許多孔門弟子及當時代表性人物，他們的德才受人景仰與盛讚，但有些人的「名聲」與事實多有不符，是世人眼光淺短，還是這些人善於謀名或不善於辯解？所謂的名聲，有好有壞，但他們的生平事蹟，留傳不多也不完整，故而有幾章不清楚當時世人對他們的看法是什麼？

子謂公冶長：「可妻也。雖在縲絏之中，非其罪也。」以其子妻之。

【簡譯】：孔子談到公冶長說：「是可以放心把女兒嫁給他的人。雖然他曾坐過牢，但那不是他的罪過啊！」孔子就將自己的女兒嫁給他。

公冶長姓公冶，名長，國語注謂季孫氏旁支，以公冶為氏。一生窮苦，深具才德，傳說能通鳥語：

公冶長從衛還魯，行至二堺上，聞鳥相呼往清溪食死人肉。須臾見一老嫗當道而哭，冶長問之，嫗曰：「兒前日出行，於今不反，當是已死亡，不知所在。」冶長曰：「向聞鳥相呼往清溪食肉，恐是嫗兒也。」嫗往看，即得其兒也，已死。

即嫗告村司，村司問嫗從何得知之，嫗曰：「見冶長道如此。」村官曰：「冶長不殺人，何緣知之？」囚錄冶長付獄主，問冶長何以殺人，冶長曰：「解鳥語，不殺人。」主曰：「當試之，若必解鳥語，便相放也，若不解，當令償死。」駐冶長在獄六十日，卒日有雀子緣獄柵上，相呼嘖嘖雀雀，冶長含笑，吏啟主冶長笑雀語，是似解鳥語。主教問冶長：「雀何所道而笑之？」冶長曰：「雀鳴嘖嘖，白蓮水邊有車翻，覆黍粟，牡牛折角，收斂不盡，相呼往啄。」獄主未信，遣人往看，果如其言。後又解豬及燕語，屢驗，於是得放。（皇侃論語義疏）

公冶長通鳥語，自古以來有人相信也有人不信，且孔子不可能因為他有特異功能，就把女兒嫁給他，可惜史冊闕乏無以為證。第一章就舉了一位做過牢的公冶長，不難想像，世人對他一定懷有偏見，孔子則以嫁女來為其人格證明。

子謂南容：「邦有道，不廢；邦無道，免於刑戮。」以其兄之子妻之。

【簡譯】：孔子說到南容：「當國家政治清明，人才輩出時，他的才能不會被捨棄不用；遇上國家不太平時，他也能免於受牽連而遭殺辱刑罰。」孔子就將兄長的女兒嫁給他為妻。

在先進篇中，「**南容三復白圭，孔子以其兄之子妻之。**」相同的結果（**以其兄之子妻之**）不同的原因，分別放在此篇及先進篇，有不同的含意表示，先進篇是孔子晚年回憶眾弟子的剪影，此章是說明他在世道清明與紊亂之時，都能謹守退藏，至於世人是否對他有什麼偏見，則不清楚。

南容姓南宮，名适，字子容，魯國人。在憲問六篇章中，南宮括問：「羿善於射箭、奡善於水戰，都不得好死；禹、稷都親自種莊稼，卻取得了天下？」孔子不回答。南宮括出去後，孔子說：「此人是君子啊，此人崇尚道德。」南容是賤不義而貴有德，秉性淳厚的有德君子，他的德才特別是在邦有道時，仍然受人景仰而重用，邦無道時，也不會遭人妒忌而陷害，這一點，宋朝大文豪蘇東坡就不如他了，誰執政他都沒有好下場。宰相王安石變法，蘇軾認為變法中有諸多不妥，上書反對，因而得罪變法派而被貶官。數年後王安石倒台，司馬光擔任宰相，欲盡廢除新法，蘇軾認為有一些利於國家，反對全盤否定王安石的變法。又因此得罪舊法派而被貶官，他雖才華洋溢，滿腹詩文，但不知謹守退藏，常以詩文來暗諷政事，因而最後被貶到天涯海角去。

這章可以得見，南容是一位廣受良人與惡人之敬仰。另外一點，若以私心的角度來看，把自己親人的女兒嫁給他，是很安全的。

子謂子賤：「君子哉若人！魯無君子者，斯焉取斯？」

【簡譯】：孔子談到學生子賤說：「這個人，是位君子呀！魯國如果沒有君子，那他又如何去取法君子的行為，而成為君子呢？」

子賤，姓宓，名不齊，字子賤，魯國人。此章盛讚子賤君子之德，同時讚譽魯國多賢德君子，而子賤又能見賢思齊，所以能成其君子之德。宓子賤最有名的事蹟是治理單父，韓詩外傳及說苑都載有：「**宓子賤治單父，身不下堂，彈鳴琴而單父治。**」這等治績，史上只有讚頌堯舜垂拱而天下治。宓子賤之所以同堯舜般，能無為而治，是與先聖相同的任賢用才，例如，舜用禹、稷、契、皋陶、伯益，子賤「**請其耆老賢者而與之共治**。」（說苑）

子賤奉派為單父的縣長，單父於是大治，人民心悅誠服。孔子就問子賤如何治理單父？子賤回答說：「不齊把單父的老人家當成自己的老人家，單父的子女當成自己的子女看待。體恤孤苦的人，慰問有喪事的人家。」孔子說：「很好！但只是注重到小節，一般的小民會來歸附，但還不夠呀！」子賤說：「不齊當成父親事奉的有三人，當成兄長敬事的有五人，當成志同道合的朋友有十一人。」孔子說：「能事奉三人為父母，可以教人民行孝；能事兄長五人，可以教人民行恭敬的悌道；結交志同道合的朋友有十一人，人民就會仿效學習。但這樣做到中等程度，中等程度的人民會歸附，但是還未完善呀！」

子賤接著說：「此地有賢能勝過於我的人有五人，不齊謹慎侍奉，遵照辦理他們教我治理的方法。」孔子讚嘆說：「這才是治理單父最重要的部分。古時堯、舜聽觀天下百姓，求賢若渴，最後得到了賢人，才天下大治。才德兼美的人，那是百福的根源，是神靈的主宰呀！可惜啊，宓子賤管理的地方太小了啊！」（孔子家語）

孔子說侍奉父母行悌道、交益友，能教導人民仿效學習，與為政二十所說的「使民敬、忠以勸」道理是一樣的。子賤的無為而治使民不忍欺，與子產治鄭，民不能欺；西門豹治鄴，民不敢欺。是不同境界的治術，子產善察，所以民不能有欺，西門豹任刑，所以民畏而不敢欺，唯獨子賤任德，所以民不忍有欺，故魏書云：「其以子賤為最賢乎！」子賤做到了「賢賢易色」及「里仁為美」，所以成其賢名。

「孔子謂宓子賤曰：「子治單父，眾悅子，何施而得之也？子語丘所以為之者。」對曰：「不齊之治也，父恤其子，其子恤諸孤而哀喪紀。」孔子曰：「善！小節也，小民附矣，猶未足也。」曰：「不齊所父事者三人，所兄事者五人，所友事者十一人。」孔子曰：「父事三人，可以教孝矣；兄事五人，可以教悌矣；友事十一人，可以舉善矣。中節也，中人附矣，猶未足也。」曰：「此地民有賢於不齊者五人，不齊事之而稟度焉，皆教不齊之道。」孔子嘆曰：「其大者乃於此乎有矣。昔堯、舜聽天下，務求賢以自輔。夫賢者，百福之宗也，神明之主也，惜乎！不齊之以所治者小也。」

子貢問曰：「賜也何如？」子曰：「女，器也。」曰：「何器也？」曰：「瑚璉也。」

【簡譯】：子貢問道：「我這個人怎麼樣？」孔子說：「你是有用的器皿。」子貢又問：「是什麼器皿？」孔子說：「是祭祀盛稷用的瑚璉。」

這一章，短短的二句話，道出子貢的大才。在論語中，子貢出現的篇幅最多，也呈現出他的善問、理事及好比較異同，他善問必窮底溯源，論語中多章可見：

子貢問為政的方法。孔子說：「糧食充足，軍備充足，人民信服政府。」子貢說：「假使在不得以的情形之下，要在這三項裡面去掉一項，應該先去掉那一項呢？」孔子說：「先去掉軍備。」子貢說：「在不得已而要在這兩項裡面去掉一項，應該先去掉那一項呢？」孔子說：「那惟有減掉食糧，信義是斷乎不能缺的；人終有死的一天，假使失信於民，政府便無法存立。」（顏淵七）

一般人只會明瞭那些條件俱足即可了，不會像子貢這樣，想的遠及慮患深，如果條件未俱足時，那個先那個後呢？

子貢問道：「要怎樣才可以稱得一個『士』呢？」孔子說：「自身行事，要有廉恥心；出使四方，能夠不玷辱君命，就可以算得一個『士』了。」子貢又問：「敢問次一等的怎樣？」孔子說：「宗族中的人都稱讚他孝順，鄉里中的人都稱讚他悌做的好。」子貢又問：「敢問再次一等的怎樣？」孔子說：「說話信實，做事有決斷；堅確自守，雖然像個識量淺狹的人，卻也可以算是次一等的了。」子貢末了問：「現在從政的人怎樣？」孔子歎說：「唉！這些鄙小，才短量淺的人，怎麼算得上呢！」（子路二十）

子貢問士，一般人想知道的是最高境界，但子貢卻想明白，不同層次的士的標準，最後還想對時下之士，做比較異同。

子貢問一個貧富無諂驕之境界如何？孔子給了一個更高層次的答案，他在這二個比較異同中，領悟出詩經的含意。（學而十五）這是子貢聰敏之處。子貢善理事，表現在口才、貨殖及推演未來之事，也就是預言精準。

十五年春季，邾隱公前來魯國朝見。子貢觀禮。邾子把玉高高地舉起，他的臉仰著。魯定公謙卑地接受了玉，他的臉向下。子貢說：「用禮來看待這件事，兩位國君都快要死亡了。禮，是死生存亡的主體，一舉一動或左或右，以及揖讓、進退、俯仰，就從這裏來選取它。朝會、祭禮、喪事、征戰，也從這裏來觀察它。現在於正月互相朝見，而都不合法度，兩位國君的心裏已經不存在禮了。朝會不符合禮儀，哪裡能夠長久？高和仰，這是驕傲。低和俯，這是衰頹。驕傲接近動亂，衰頹接近疾病。君王是國家的主人，恐怕會先死去吧！」……夏季，五月二十二日，魯定公死。孔丘說：「賜不幸而說中了，這件事使他成為多嘴的人了。」

[二]子貢除了預測魯定公之死，也預測魯哀公「不得沒於魯」，也就是客死他鄉，後果然死於越國。[三]子貢的預測，皆以觀察主事者於禮上是否有失？然後判斷其下場，當對應到失禮之處。

子貢善比較異同，較量他人長短，品鑒人物，故也展現他過人的識見。子貢問：「子張跟子夏誰比較優秀？」孔子說：「子張行動太過積極，子夏則過於畏縮。」子貢問：「那是子張比子夏好囉？」孔子說：「太超過跟太畏縮都不好。」（先進十六）

子貢問道：「一鄉的人都敬愛他，這個人怎樣？」孔子說：「還不能就相信他是好人。」子貢又問：「一鄉人都憎厭他，這個人又怎樣？」孔子說：「也不能因此相信他就是壞人。倒不如一鄉的好人都敬愛他，而壞人憎惡他，這樣才能斷定他是好人。」（子路二十四）其它參閱憲問及陽貨章。

[二]春，邾隱公來朝。子貢觀焉。邾子執玉高，其容仰。公受玉卑，其容俯。子貢曰：「以禮觀之，二君者，皆有死亡焉。夫禮，死生存亡之體也。將左右周旋，進退俯仰，於是乎取之；朝祀喪戎，於是乎觀之。今正月相朝，而皆不度，心已亡矣。嘉事不體，何以能久？高仰，驕也，卑俯，替也。驕近亂，替近疾。君為主，其先亡乎！」……夏五月壬申，公薨。仲尼曰：「賜不幸言而中，是使賜多言者也。」《春秋左傳．定公十五年》

[三]夏，四月，己丑，孔丘卒，公誄之曰，旻天不弔，不憖遺一老，俾屏余一人以在位，煢煢余在疚，嗚呼，哀哉，尼父無自律，子贛曰，君其不沒於魯乎，夫子之言曰，禮失則昏，名失則愆，失志為昏，失所為愆，生不能用，死而誄之，非禮也，稱一人，非名也，君兩失之。《春秋左傳．哀公十六年》

子貢在外交辭令的表現，史冊記載不少，史記中把他描繪成一位，能憑三寸不爛之舌「救魯、亂齊、亡吳、強晉及霸越」之能人，是否誇大了些？但他卻真的是讓季康子懷念之人，因為，他生前常為魯國折衝於齊、吳強權之間，吳滅後，越欲霸魯，此時子貢已不在人世，季康子窮於應付，乃思憶起子貢：「**若在此，吾不及此夫！**」（左傳）

子貢才華洋溢，口才便給，又是孔門中最富，太史公曰：「**七十子之徒，賜最饒富；結駟連騎，束帛之幣以聘享諸侯，所至國君無不分庭與之抗禮。夫使孔子名布揚於天下者，子貢先後之也。**」子貢富有，但冀求自己能富而不驕，孔子教他要富而好禮，可是富貴顯達的子貢，還是顯露出驕態及無禮。

孔子死後，他的學生原憲隱居在衛國。在衛國當宰相的子貢，坐著駟馬並連的車子，為能至原憲住的陋巷中拜訪，一路清除雜草讓車能前進。原憲整理雖破舊但潔淨的衣冠出門相迎。子貢看到他的穿著，就覺得羞愧的說：「先生生病了是嗎？」原憲回答：「我聽說，沒有錢叫窮，學了道不能實踐的才是病。以原憲我來說，是窮，不是病。」子貢聽了不太高興就離去了，但對自己的失言，而終身愧疚。（史記）[四]

四 孔子卒，原憲遂亡在草澤中。子貢相衛，而結駟連騎，排藜藿入窮閻，過謝原憲。憲攝敝衣冠見子貢。子貢恥之，曰：「夫子豈病乎？」原憲曰：「吾聞之，無財者謂之貧，學道而不能行者謂之病。若憲，貧也，非病也。」子貢不懌而去，終身恥其言之過也。

子貢聰穎過人，在孔門弟子中，除了顏回的聞一知十，是他所不及外，其他人恐難項其背也，而且他也是孔子的知音。例如，學而篇中子禽問子貢：「**夫子至於是邦也，必聞其政，求之與？抑與之與？**」子貢體察到孔子是以溫、良、恭、儉、讓以得之。

孔子說：「君子所應具備的德行有三項，但我都做不到：有仁德的人不憂愁；有智慧的人不疑惑；有勇氣的人不膽懼。」子貢聽了就說：「夫子在說他自己啊！」（原憲二十八）

冉有說：「夫子會幫助衛出公嗎？」子貢說：「是啊！我去問看看。」子貢就進去問孔子：「伯夷、叔齊是怎樣的人呢？」孔子說：「是古代的賢人。」子貢再問：「他們兄弟兩人會不會後悔一切的抉擇呢？」孔子說：「他們依著自己的良心，又做了符合良心的決定，有什麼好後悔的？」子貢便走出來對冉有說：「夫子是不會幫助衛出公的。」（述而十四）

子貢不直接問，而以古人之志，來探詢夫子之志，正是因為他熟知孔子的心意。

子貢雖是孔子知音，也深受孔子之器重，可惜未能領悟到孔子之道，這一句「賜不受命」隱含了多少的婉惜。

或曰：「雍也，仁而不佞。」子曰：「焉用佞？禦人以口給，屢憎

於人。不知其仁，焉用佞？」

【簡譯】：有人評論說：「雍啊有仁德但口才不好。」孔子聽了說：「為何要口才好呢？為了要反駁對方而口才便給，然後屢遭人憎恨。我是不知道他是否有仁德，但何必口才要好呢？」

雍，姓冉，名雍，字仲弓。與顏回、閔子騫、冉伯牛同列德性科。在論語及其它的史冊中，皆是盛讚他的修養造詣、德業深厚。這一章談到當時世人，對冉雍的評價是口才不佳，但眾人皆認同冉雍有仁，冉雍之仁是如何得見呢？請參閱雍也篇。佞，在現代是負面的含意，表示用巧詐的言辭來討好他人，若為臣子則是一位善阿諛奉承主上的佞臣，例如深受乾隆皇帝寵幸的和珅。在孔子時代，佞有言語文辭上的才能，左傳．成公十三年：「君若不施大惠，寡人不佞，其不能諸侯退矣。」所以自謙稱不佞，說人佞是指有口說之才，這章孔子為冉雍辯解，證明了冉雍真的是口才不佳的人，但也反應出有「佞」並不一定是好才能，因為用機智辯駁來屈折對方，使之啞口無言，對旁人而言是很精彩讚嘆的，但對當事人而言是會埋下怨恨的種子。

子使漆雕開仕。對曰：「吾斯之未能信。」子說。

【簡譯】：孔子欲使弟子漆彫開做官。漆彫開回孔子：「我對於做官治人之事，沒有自信。」孔子聽了很高興。

漆彫開，名啟，字子開，魯國人，孔子弟子。他專研於禮傳於後代，陶淵明稱他是恭儉莊敬的儒者。是孔子之後的八儒之一[五]，其風格尚義勇，不畏諸侯，不受爵祿所動，篤志務實，故而學不到位則不樂於仕。

子曰：「道不行，乘桴浮于海。從我者，其由與？」子路聞之喜。子曰：「由也好勇過我，無所取材。」

【簡譯】：孔子說：「我的道無法行於世，乾脆就乘木筏遠渡海外。能跟隨我一起去的，大概只有子路吧？」子路聽了非常高興。孔子又說：「子路，你的勇氣比我還大，但也沒有其它長才。」

五 儒學八派：子張之儒、子思之儒、顏氏之儒、孟氏之儒、漆雕氏之儒、仲良氏之儒、孫氏之儒、樂正氏之儒。

這章看似揶揄子路，但表達出對子路之勇，有無限的敬佩。能夠不懼茫茫不可知的未來，毅然而然的抱道奉行，這份大勇不懼的精神，在眾弟子中，孔子只認同子路做得到。子路是真的志學於道之人，那裡有道他便毅然從之，這份向道精神，孔子也自覺不如他。其它好學風範請參閱學而篇之首章。

孟武伯問：「子路仁乎？」子曰：「不知也。」又問。子曰：「由也，千乘之國，可使治其賦也，不知其仁也。」「求也何如？」子曰：「求也，千室之邑，百乘之家，可使為之宰也，不知其仁也。」「赤也何如？」子曰：「赤也，束帶立於朝，可使與賓客言也，不知其仁也。」

【簡譯】：孟武伯請問孔子：「子路是位仁者嗎？」孔子答：「不清楚！」孟武伯又問子路有何專長，孔子答：「仲由在擁有一千輛兵車的大國，可以派他治理出兵車、給繇役的重任，至於他行仁的程度就不清楚了！」孟武伯再問：「冉求又是如何呢？」孔子答說：「冉求在擁有千戶的食邑，百輛兵車的卿大夫家，可以派他擔任家宰，至於行仁的程度就不清楚了！」孟武伯又問：「公西赤又是如何呢？」孔子說：「公西赤整束衣帶穿著禮服立在朝廷上，可以派任他接待賓客、和賓客談話，都能恰如其分，至於行仁的程度就不清楚了！」

孔子，對自己的弟子，有仁德還是無仁德，不可能不知道，他都能知道顏回三月不違仁，其他弟子日月至而已。怎會在非常清楚這三位高足的政事能力，而不知道他們有仁否？三問三回不清楚，是不是暗示孟武伯不清楚何謂仁？

孟武伯是孟懿子的兒子，孟懿子曾奉父親（孟僖子）之命，求教於孔子，算是孔子的弟子，也是魯國三桓中最敬重孔子的望族。孟武伯問這三人，一說是為了要用人求才，可是，孔子於西元前四八四年回魯，前四八一年孟武伯襲父爵，此年亦是顏回逝去，而此時的子路在衛，冉求在季孫家為宰，所以，已是各有其主了，不可能是為求才而來，因此，他求教孔子仁之定義，以這三位尚在之高徒為例，孔子三回不清楚，但又言他們的從政能力，是否提示他仁政之關係？先從其它事蹟來瞭解孟武伯為人：

六月，公至自越。季康子、孟武伯逆於五梧。郭重仆，見二子，曰：「惡言多矣，君請盡之。」公宴於五梧，武伯為祝，惡郭重，曰：「何肥也！」季孫曰：「請飲彘也。以魯國之密邇仇讎，臣是以不獲從君，克免於大行，又謂重也肥。」公曰：「是食言多矣，能無肥乎？」飲酒不樂，公與大夫始有惡。（左傳．哀公二十五年）

這事件也是「食言而肥」的典故由來，魯哀公自越歸國，季、孟二家迎接於五梧，跟隨哀公奔波的郭重，請哀公小心他們二人，孟武伯也不喜歡他，在宴席上故意開郭重的玩笑，季康子要武伯因失言罰酒，此時，哀公也趁機酸他平常不守信用。由此可知，孟武伯是個沒有信用的人，他為政易失信於民，還會有仁嗎？文中「彘」是孟武伯之名，世稱仲孫彘。「從」是從之古字。

作者將此章放入此篇中，若不是再次強調子路及冉求之才，就可能是舉出公西赤的賓相之才。

公西赤的行止，儀表端莊肅穆，志向通達好禮，擔任兩位國君會面的儐相，厚重文雅而有節度。孔子曾對公西赤說：「禮經三百可以勉力做到，至於細微的三千威儀，就顯得困難了。」公西赤聽了，請問老師困難何在？孔子說：「容貌要根據禮的要求做不同的改變，言語也要依著禮的等級，有不同的選擇，非常複雜細膩，能辦到是相當困難的。」公西赤如此深入學習請問，之後，孔子告訴門人想學賓客之禮，就屬公西赤了！[六]

赤，姓公西，名赤，字子華。在孔門中以知禮見長，故孔子之喪，赤任「為志」職事：**孔子之喪公西赤為志焉：飾棺、墻，置翣設披，周也；設崇，殷也；綢練設旐，夏也。**（禮記）

孔門中多孝子與貧士，而公西華家境頗富，年輕時便任官出使大國「乘肥馬，衣輕裘」。在孝親上不若曾子、子路及閔子般憂苦：「**故公西華之養親也，若與朋**

[六] 齋莊而能肅，志通而好禮，儐相兩君之事，篤雅有節，是公西赤之行也。子曰：『禮經三百，可勉能也；威儀三千，則難也。』公西赤問曰：『何謂也？』子曰：『貌以儐禮，禮以儐辭，是謂難焉；眾人聞之，以為成也。』孔子語人曰：『當賓客之事，則達矣。』謂門人曰：『二三子之欲學賓客之禮者，其於赤也。』《孔子家語》

友處；曾參之養親也，若事嚴主烈君……」（淮南子）他事母如同朋友相處一般，可以想見母子二人和樂融融。

子謂子貢曰：「女與回也，孰愈？」對曰：「賜也，何敢望回？回也，聞一以知十；賜也，聞一以知二。」子曰：「弗如也；吾與女，弗如也。」

【簡譯】：孔子對子貢說：「你和顏回相比，誰更好些？」子貢答說：「我怎麼敢跟顏回比較呢！顏回可以聽一道理，而通曉十件道理；我聽一件道理，最多通曉出二件道理。」孔子乃說：「這樣你的確不如他，我跟你也都不如他。」

這裡子貢用「知十」來表示顏回的聰慧，「十」這個數字是「多」或大約之數，論語中多處可見，例如：子曰：「吾十有五而志於學，三十而立，四十而不惑，五十而知天命，六十而耳順，七十而從心所欲，不踰矩。」（為政）子張問：「……十世可知也？……」（為政）「……崔子殺齊君，陳文子有馬十乘，棄而違之。……」（公冶長）子曰：「十室之邑，必有忠信如丘者焉，不如丘之好學也。」（公冶長）「……方六七十，如五六十……」（先進）「……自諸侯出，蓋十世希不失矣……」（季氏）。這章說明了顏回聞理後又能發明義理，在為政篇中就有提到了，他與子貢不同，子貢善問並追根究底，顏回少問但會退而省其思，在自覺道理的根由後，將之義理闡發出來。這能力子貢也自知不如也，但是他能知不足也是一樣「才能」。

宰予晝寢。子曰：「朽木不可雕也，糞土之牆不可杇也，於予與何誅。」子曰：「始吾於人也，聽其言而信其行；今吾於人也，聽其言而觀其行。於予與改是。」

【簡譯】：宰予白天睡覺。孔子說：「他像朽木一樣無法雕琢，像糞土牆一樣無法粉刷，對宰予這樣的人該怎麼來責罵？」孔子又說：「以前我看人，他論述之理，我就相信他的為人；現在我看人，聽他說的話，還要再看他做出來的是否一致。因為宰予的原故，我改了做法。」

宰予晝寢，一般解釋都是指孔子在責罵宰予，唯有南懷瑾大師認為宰予身體不好，孔子要他多休息把身子養好，不然華麗的文章，在殘弱的身子骨上是可惜的，請大家不要訶責他。這章在字面上，解釋孔子嚴厲責罵宰予是符合字義的，但不解的是睡個午覺就罵成這樣，有這麼嚴重嗎？可能也是因為這樣不合理？所以南懷瑾大師根據自己與學生的相處經驗，才有另一種看法與解釋。筆者也是一直有無法圓說的疑竇，直到一次日本之遊才解開了這個困惑。

遊日期間，導遊經常分享他與日本結下的因緣及感想。他是台灣人、日本女婿，初遷居日本時，不知日本的習俗文化，有一次午睡時被大伯叫醒，要他跪坐聽訓，一訓就是二個小時之久，他才知道日本年輕人是不能睡午覺的，因為年輕人要有朝氣、志氣、堅毅、努力向上的精神與活力，如果睡午覺會被認為將來不可能有成就的人。聽了導遊這一經歷，頓時讓我恍然大悟，日本相較於中國或台灣，其實是保留古中國傳統文化與習俗最完整的國家，包括佛經在內，其實中國歷千年來的三藏經典，早已毀於太平天國之火，現在的經典多半來自日本的大正藏，其它如茶道、禪寺、庭院等等文化，只有日本有保留下來。因此，年輕人睡午覺，孔子會厲聲責罵，可從導遊被伯父責罵的原由來理解。

在發生宰予晝寢這件事之前，孔子對於他人是聽其言而信其行，堯曰三有句「不知言，無以知人也。」那個時代，一個人的言論，是反映出他的志向與抱負，像憲問六南宮适問了有關羿、奡、禹、稷之事，孔子就稱讚他是一位尚德君子。

子曰：「吾未見剛者。」或對曰：「申棖。」子曰：「棖也慾，焉得剛？」

【簡譯】：孔子說：「我還沒見過剛毅不屈的人。」有人回說：「申棖有剛毅。」

孔子說：「申棖有慾望，怎麼能剛毅不屈呢？」

剛毅不屈是自己的原則，不受外力、脅迫、誘惑而有變。慾，是有所冀求、嗜好之事物，這事物很容易成為人性上的弱點，所以一但被人掌握住，就很容易放棄自己所堅持的原則。

申棖，史冊無可考，其名多變，或申儻、黨、堂、績、續，唐宋以來認為申棖與申黨是不同之人，而共同配祀孔廟，至明朝才撤申黨，留存申棖為祀。這一章也不知他有何「慾」，弟子們不知而孔子知焉？還是他的慾很隱微，只有孔子察覺得到？

子貢曰：「我不欲人之加諸我也，吾亦欲無加諸人。」子曰：「賜也，非爾所及也。」

【簡譯】：孔子的學生子貢說：「我不願別人施加在我身上的事，我也不會施加在別人身上。」孔子聽了以後，說：「端木賜啊！這是你無法辦到的事。」

這章意思也出現在衛靈公二十四子貢問曰：「有一言而可以終身行之者乎？」子曰：「其恕乎！己所不欲，勿施於人。」這二次的對話時間先後無法得知，衛靈公篇是他請教孔子終身可奉行的，這章是他自訴自己的修為境界，同樣的孔子都認為他做不到，也表示是他的一大缺點。因為孔子的教導是「因材施教」，是針對弟子的不足而提出學習的方向，子貢請示可終身學習的，孔子認為他有「己不欲而加諸於人」，我們可以從一些地方來看，子貢是不是有此缺失，請參閱前面第四章，子貢好比方人物、較論長短，（例如：評論子張與子夏）然後論自己，例如：「富而無驕」（學而十五），如有博施於民而能濟眾，何如？可謂仁乎？（雍也二十九）這二章便知子貢以富者心態來求問，認為自己無驕、近仁，但孔子以堯舜都覺得做不到，來回諷他。另外，孔子去世後，他拜訪同學原憲時，他雖是「富而好禮」的去拜訪，卻以原憲的貧窮為恥，故知富有的子貢，必不喜人家有恥於他而他卻恥於人也。

子貢曰：「夫子之文章，可得而聞也；夫子之言性與天道，不可得而聞也。」

【簡譯】：子貢說：「老師所傳授的禮樂制度，可以聽得懂學得到；至於老師所談論的天性和天道，卻是無法聽得懂做得到。」

文章，現代指著作，古時有禮樂制度，鐘鼎上雋刻的花紋，車服旌旗等意思。

孔子首開私塾傳授六藝，這六藝便是與禮樂制度有關。性與天道在論語中，未見相關的章句，不知孔子談了那些與天性及天道有關的論述？在下一篇雍也中有一章：子曰：「中人以上，可以語上也；中人以下，不可以語上也。」有提到，孔子講學有分層次，程度不夠高的無法與之言道。在學而及八佾篇中，也有因子貢及子夏能舉一反三而可以進階談論詩經。唯一有提到的是這一句「吾道一以貫之」，但這一句只是表示，他所「語上」之言的核心。直到大學及中庸時，才有提到「大學之道」及「天命、率性」之章句，可見這「性與天道」一直只在程度高的弟子間傳衍下去。

子路有聞，未之能行，唯恐有聞。

【簡譯】：子路聽聞到道理會切身去實踐，如果還未有把握做得到，會害怕又有新的道理聽到而未能實踐。

這章真的讓人欽佩，子路的真功實善、好學不輟，與一般人聽聞默記不同，而是身體力行、貫徹實踐。要想改變自己的習氣毛病，不是件容易的事，但子路是一刀一斧，雕琢出君子的典範，後世的楷模。

子貢問曰：「孔文子何以謂之『文』也？」子曰：「敏而好學，不恥下問，是以謂之『文』也。」

【簡譯】：子貢問孔子：「孔文子為什麼諡號為『文』呢？」孔子回答：「他做事敏捷又好學，向地位低下的人求教，不會感覺是恥辱，所以諡號為『文』的原由是也。」

從這章開始，討論當時代幾位著名人物的「名聲」。這章提到的是衛國大夫孔圉（仲叔圉），他輔佐衛靈公，掌外交，俱有實權之人，他與衛靈公一樣，都是家庭紊亂之人[七]，子貢善於品鑑人物，所以，對他死後得「文」之諡號而不解，在憲問篇：子言衛靈公之無道也，康子曰：「夫如是，奚而不喪？」孔子曰：「仲叔圉治賓客，祝鮀治宗廟，王孫賈治軍旅；夫如是，奚其喪？」就同時提到了，

七　冬，衛大叔疾出奔宋。初，疾娶于宋子朝，其娣嬖。子朝出。孔文子使疾出其妻而妻之。疾使侍人誘其初妻之娣，置于犁，而為之一宮，如二妻。文子怒，欲攻之。仲尼止之。遂奪其妻。《左傳．哀公十一年》

冬天，衛國太叔疾逃到宋國。當初，太叔疾娶了宋國子朝的女兒，她的妹妹隨嫁。後來，子朝因故逃出宋國。孔文子就讓太叔疾休了子朝的女兒，然後把自己的女兒孔姞嫁給了太叔疾。但太叔疾卻派人把他前妻的妹妹引誘出來，安置在「犁」這個地方，還為給修了一所宮殿，就好像他的第二個妻子。孔文子為此事大為惱怒，準備派兵攻打太叔疾。孔子勸說孔文子打消念頭。最後孔文子把女兒強行要了回來。

衛靈公家庭紊亂而不喪國的原因，其中，就是有重用仲叔圉掌外交，使衛國在強國中，保有受尊崇之地位。

子謂子產：「有君子之道四焉：其行己也恭，其事上也敬，其養民也惠，其使民也義。」

【簡譯】：孔子評論子產：「具有君子的四種品德：行為舉止態度謙遜，做事情會尊敬長上，治理百姓常施恩惠，役使人們必合情合理。」

子產，姬姓，國氏，名僑，字子產，又字子美，諡成，其事蹟與孔子所說的君子之道，可參閱下文。

……子產使都鄙有章，上下有服，田有封洫，廬井有伍，大人之忠儉者，從而與之，泰侈者因而斃之，豐卷將祭，請田焉，弗許，曰，唯君用鮮，眾給而已，子張怒，退而徵役，子產奔晉，子皮止之[八]，而逐豐卷，豐卷奔晉，子產請其田里，三年而復之，反其田里，及其入焉，從政一年，輿人誦之曰，取我衣冠而褚之，取我田疇而伍之，孰殺子產，吾其與之，及三年，又誦之曰，我有子弟，子

八 鄭國上卿。讓賢於子產，並答應做子產的後盾。

產誨之，我有田疇，子產殖之，子產而死，誰其嗣之。（左傳）

……子產讓城市和鄉村有所區別，上下尊卑各有職責，田土四界有水溝，廬舍和耕地能互相適應。對卿大夫中忠誠儉樸的，聽從他，親近他；驕傲奢侈的，推翻他。豐卷準備祭祀，請求獵取祭品。子產不答應，說：「只有國君祭祀才用新獵取的野獸，一般人只要大致足夠就可以了。」豐卷生氣，退出以後就召集士兵。子產準備逃亡到晉國，子皮阻止他而驅逐了豐卷。豐卷逃亡到晉國，子產請求不要沒收他的田地住宅，三年以後讓豐卷回國復位，把他的田地住宅和一切收入都退還給他。子產參與政事一年，人們歌唱道：「計算我的家產而收財物稅，丈量我的耕地而徵收田稅。誰殺死子產，我就幫助他。」到了三年，又歌唱道：「我有子弟，子產教誨；我有土田，子產使之增產。萬一子產逝世誰來接替他呢？」

子產死後果然後繼無人，終於走上衰亡。文中的子皮，姬姓，罕氏，名虎，字子皮，鄭國的當國正卿，他知人善用，讓子產治國，他則做他的靠山，子產才得以在公子世家繁多，且相互爭鬥的政局中一展長才，他死後鄭國如喪考妣，「夫婦巷哭，三月不聞竽琴之聲。」有「眾民之母」之美譽。

子曰：「晏平仲善與人交，久而敬之。」

【簡譯】：孔子說：「晏平仲善於交友，時間愈久朋友更加敬重他。」

孔子稱讚齊國大夫晏嬰，認為他善與人為善，並能久不怠慢，不失禮數，故能受人更加的敬重。晏嬰，字仲，諡平，習慣上多稱晏平仲，亦稱晏子。晏平仲事蹟不少，例如「晏子使楚」有機智及善辯；多次勸諫景公，不直言以犯，卻巧妙引藉事物而使之改正，孔子讚他：「**晏子能明其所欲，景公能行其所善也。**」晏子春秋下文正好可以看出他的謙恭態度：

晏嬰當齊國的宰相，有一天坐車外出，車夫的妻子從門縫偷偷看著丈夫。看到她的丈夫替宰相駕車，頭頂上有大的車蓋，鞭打著四匹馬，一副很得意樣子。等到車夫駕車回家，他的妻子請求離去。丈夫問她原因。妻子回答說：「晏嬰身高不到六尺，官拜齊國宰相，名聲顯揚各國。今天我看他外出，思慮很深，時常有謙虛卑遜的風度。現在你身高八尺，卻替人作僕役駕車馬，然而你卻自認為很滿足，我因此請求離開。」從此以後車夫謙恭自抑，不敢自大。晏嬰覺的很奇怪便問他，車夫按實情回答。於是晏嬰推薦他做了大夫。（史記．管晏列傳）[九]

這文中可由車夫之妻的角度，一窺晏嬰平時的態度，故可瞭解他與人交，長

九 晏子為齊相，出，其御之妻從門閒而窺其夫。其夫為相御，擁大蓋，策駟馬，意氣揚揚，甚自得也。既而歸，其妻請去。夫問其故。妻曰：「晏子長不滿六尺，身相齊國，名顯諸侯。今者妾觀其出，志念深矣，常有以自下者。今子長八尺，乃為人仆御，然子之意自以為足，妾是以求去也。」其後夫自抑損。晏子怪而問之，御以實對。晏子薦以為大夫。

久能敬，非表面功夫耳！

子曰：「臧文仲居蔡，山節藻梲，何如其知也？」

【簡譯】：孔子說：「臧文仲收藏卜卦之用的大龜，雕琢裝飾收藏大龜屋宇。做這樣事的人，如何稱得上是個智者呢？」

臧文仲，姓臧孫，名辰，字仲，諡文。魯國大夫，歷仕魯莊公、閔公、僖公、文公四位君王。曾廢關卡，利經商，時人以為智者。這位也是諡號為「文」，根據逸周書．諡法解：「**經緯天地曰文。道德博厚曰文。勤學好問曰文。慈惠愛民曰文。愍民惠禮曰文。錫民爵位曰文。**」前幾章孔文子因「敏而好學」，孔子認為諡「文」合理，臧文仲為何也能諡文，可能跟他生平留下許多金玉良言有關，也就是有「立言」之功。國語：**魯先大夫臧文仲，其身歿矣，其言立于後世，此之謂死而不朽**。孔子並沒有否定他的立言，而是認為他有三不仁及三不智，春秋左傳**仲尼曰，臧文仲其不仁者三，不知者三，下展禽，廢六關，妾織蒲，三不仁也，作虛器，縱逆祀，祀爰居，三不知也**。其中一不仁是未重用柳下惠＋（見衛靈公篇），三不智中都跟祭祀有關，簡單說是過度迷信。「居蔡」，是收藏卜噬用

＋柳下惠，姬姓，展氏，名獲，字禽。「柳下」是他的食邑，「惠」則是他的諡號，所以後人稱他「柳下惠」。

的大烏龜，因蔡地出大龜，故以蔡代稱大龜。「山節藻梲」，是指房柱木樑，雕琢山案，水草圖紋，也就是為了養這些大龜，而修一棟豪宅給烏龜住，好像供養神靈一樣。但卜卦之用的大龜及山節藻梲，是諸侯的禮器、廟堂，所以，他過於迷信而越禮。「縱逆祀」，指閔公與僖公祭祀位次問題，因三桓之亂，閔公在位僅一年，他與僖公同為兄弟，文公時為尊其父，而將僖公位閔公之前，臧文仲他放任逆祀而不諫（見八佾十章）。「爰居」，為海鳥，國語：「爰居止於魯東門之外三日，臧文仲命國人祭之。」一隻海邊飛來的海鳥（魯國在內地），以為是祥瑞徵兆，自己拜還覺得誠心不夠，竟要國人來膜拜，之後才知道是海邊氣候異常，海鳥向內陸避難而來。

子張問曰：「令尹子文三仕為令尹，無喜色；三已之，無慍色。舊令尹之政，必以告新令尹。何如？」子曰：「忠矣。」曰：「仁矣乎？」曰：「未知，焉得仁？」

【簡譯】：子張問道：「楚國的令尹子文，三次做令尹的官，沒見他有喜色；三次被革職，也沒有不高興；他在當令尹時的政事，一定告訴新來接替的令尹；像他這樣的人怎樣呢？」孔子說：「可算得忠了！」子張又問：「符合仁嗎？」孔子說：「智都談不上，哪裡有仁呢？」

子文，姓鬪，名穀於菟，字子文。令尹是官名，相當於宰相。子文曾經舉薦成得臣[12]，帶兵出戰晉國，結果楚國被打敗，成得臣自殺身亡。後人評論子文缺乏智慧，舉薦失當。

「崔子殺齊君，陳文子有馬十乘，棄而違之。至於他邦，則曰，『猶吾大夫崔子也。』違之；之一邦，則又曰：『猶吾大夫崔子也。』違之。何如？」子曰：「清矣。」曰：「仁矣乎？」曰：「未知，焉得仁？」

【簡譯】：子張又問：「齊國的大夫崔杼弒齊莊公，那時齊國大夫陳文子，放棄了他的封邑離開齊國到了他國。該國執政的人也和崔杼差不多，於是又離去；又到另一國，見到的仍是些叛逆的情形，終於又離去了。這人又怎樣呢？」孔子說：「可以算得清高的了。」子張又問：「符合仁嗎？」孔子說：「智都談不上，哪裡有仁呢？」

陳文子，媯姓，田氏，名須無，諡文，亦稱田文子。齊莊公昏庸，陳文子不

---

[12] 芈姓，成氏，名得臣，字子玉。楚成王時令尹，楚晉城濮之戰時戰敗，率殘部歸國途中受責，於連谷引咎自殺。

能勸諫；崔杼弒君，他也無法阻止，是智慧不足，無法防範於未然。

「崔杼弒其君」與「趙盾弒其君」在左傳中有精彩的鋪陳、敘述，齊莊公伐衛時，也有意攻打當時的盟主國晉，崔杼勸諫，莊公弗聽。陳文子見崔杼問他要對莊公如何？他從崔杼的對話中，知道崔杼心中無君，但他也無法阻止，任事情演變及發生。

陳文子有馬十乘，一般人翻譯成有四十匹馬，可是放棄四十匹馬有什麼不得了的？陳文子是上大夫，馬十乘指的是百室之邑，也就是食邑封地。前幾章子曰：「求也，千室之邑，百乘之家，可使為之宰也，不知其仁也。」這是世襲卿大夫家的等級，管仲有駢邑三百戶，也可以說是有馬三十乘。這些有封地的諸侯、大夫遇戰事時，要出相等的兵車士卒給國家。

季文子三思而後行。子聞之，曰：「再，斯可矣。」

【簡譯】：季文子事事都要思考再三才行動。孔子聽到有人這樣說季文子，便回說：「其實他不用想太多就可以了。」

姬姓，季孫氏，名行父，謚文。左傳有一段記載：「……秋，季文子將聘于晉，使求遭喪之禮以行。其人曰：『將焉用之？』文子曰：『備豫不虞，古之善教也。求而無之，實難，過求何害？』」……秋季，季文子準備到晉國聘問，讓人代他請求如果剛好遇到（晉襄公）喪事的禮節，得到應得的禮儀後才動身前往。隨行的人說：「準備了做什麼用？」文子說：「預備好意外的事，這是古代傳下來的好方法。臨時去請求而沒有得到，會有不知如何應對的麻煩。所得雖然一時用不著，又有什麼害處呢？」

從這段明瞭，季文子行事前都會先設想周到，所以，後人評論他是設想太周延的人。因為季文子的年代，孔子尚未出生，所以不可能評論時人時事，而是聽到有人對季文子的看法與評論時，他才說出自己的看法。這文中三思，不是真的想三次，「再」也不是指二次或再想一次，三思是想的很周延、深遠、仔細，一點也沒有遺漏什麼細節的意思，「再」則是有該注意的環節，有考慮到就好了，不要太鑽牛角尖。

子曰：「甯武子，邦有道，則知；邦無道，則愚。其知可及也，其愚不可及也。」

【簡譯】：孔子說：「甯武子，在國家上軌道的時候，他的才智全發揮出來；在國家紊亂的時候，就顯得很愚笨。他的才智是別人也做得到的，但是他的愚笨，卻是別人做不到的。」

前面幾章都是在評論謚號「文」的名人，這章是謚號「武」的甯俞。當衛成公歸國復位後，想勵精圖治，甯武子輔佐建樹頗多。但邦無道時，邢昺・疏：「若遇邦國有道，則顯其知謀；若遇無道，則韜藏其知而佯愚。」愚除了智能上的愚笨外，另有二種含意，一是做別人不願意做的事，也就是在邦無道時，還能不避艱險的力挽狂瀾；二是如老子說的，「大智若愚」，明哲保身，不做出頭鳥，如邢昺・疏。朱熹的註解在於「不避艱險」與「沈晦」之間[十二]，也就是指在昏君亂臣中，費心的周旋又能不強出頭、顯才幹而得罪人或遭忌。這種「愚」真的是尋常人所做不到的。「愚不可及」這句成語，現在是罵人笨到無可救藥的意思，跟甯武子之愚差別極大。但，如果是為了行善助人，像前章的令尹子文曾做過的「毀家紓難」[十三]，那就不是無可救藥的笨，是真的「愚不可及」（少有人能做到）。

子在陳，曰：「歸與！歸與！吾黨之小子狂簡，斐然成章，不知所

[十二] 甯武子，衛大夫，名俞。按春秋傳，武子仕衛，當文公、成公之時。文公有道，而武子無事可見，此其知之可及也。成公無道，至於失國，而武子周旋其間，不避艱險。凡其所處，皆智巧之士所深避而不肯為者，而能卒保其身以濟其君，此其愚之不可及也。程子曰：「邦無道能沈晦以免患，故曰不可及也，亦有不當愚者，比干是也。」

[十三] 《左傳・莊公三十年》：「鬥穀於菟為令尹，自毀其家以紓楚國之難。」

以裁之。」

【簡譯】：孔子在陳國，說：「回去吧！回去吧！家鄉的學生們智識，有過人及不足之處，學問文辭華麗有章法，但不知該怎樣取捨應用。」

孔子第一次到陳國：五月，魯司鐸失火，殃及公宮及桓、僖之廟，「孔子在陳，聞火」。秋，季桓子病，囑康子「必召仲尼」；季康子繼位欲召，公之魚勸召冉求。孔子聞訊，生思歸之念，子貢誡冉求：「即用，以孔子為招。」（左傳）到孔子真正被季康子以「幣迎」[十四]回歸魯國，已經過了約九年（西元前四九二—四八四）。留在魯國的學生們，在沒有孔子的指導之下，有些已經智識、學問、立論及臧否時事，頗有見地，但又有過由不及的情況，孔子認為他們不知道如何去做修飾、取捨、應用，但，這可能只是一個藉口吧！因為，一開口加重語氣的說歸與！歸與！是已有不如歸去的感慨，畢竟前五年遇到不少險厄之事，宋司馬桓魋的「拔樹」；匡、蒲之厄；鄭國的「喪家之狗」，現又聽到季康子，本要奉父遺命召孔子回，心中自然興起回鄉之嘆。

這一章與前後章節不同，並沒有品鑑人物，或說特定人物，可能要強調的是

[十四]《孔子世家》……會季康子逐公華、公賓、公林，以幣迎孔子，孔子歸魯。（幣，古人用作禮物贈送的絲織品。）

「狂簡」是因為不知「所以裁之」。狂是過頭或過份地；簡是太粗略，不夠細緻，或沒掌握到重點。他不是學問不足，也不是議論粗淺，是不知如何取捨、整理、鋪排、引用、舉證等等，像前幾章談到的臧文仲，他善用比喻及舉證來強調觀點，因而留下許多金玉良言[十五]，成為模範。

子曰：「伯夷、叔齊不念舊惡，怨是用希。」

【簡譯】：伯夷及叔齊兩兄弟，之前對他們不好的人，他們都不會掛在心上，所以，很少與人結怨。

接下來三章雖是品鑑伯夷、叔齊、微生高及左丘明，但強調的是直率無偽的品德。會與人結惡，必是在大是大非中，觀點有異做法不一，所以會直言相諍，

十五　宋襄公欲合諸侯，臧文仲：「以欲從人，則可；以人從欲，鮮濟。」臧文仲曰，宋其興乎，禹湯罪己，其興也悖焉，桀紂罪人，其亡也忽焉，且列國有凶，稱孤禮也，言懼而名禮，其庶乎。

公卑邾，不設備而禦之。臧文仲曰，國無小，不可易也，無備雖眾，不可恃也。詩曰：「戰戰兢兢，如臨深淵，如履薄冰」，又曰：「敬之敬之，天惟顯思，命不易哉」，先王之明德，猶無不難也，無不懼也，況我小國乎，君其無謂邾小，蜂蠆有毒，而況國乎，弗聽。

觸怒他人，因此，不太容易放下不去計較，甚至可能遭受到責難及報復，伯夷、叔齊因內心直率，對過去的事就讓它過去，不會記在心上，如此率直的人，別人也漸漸會釋懷，將怨恨看淡及逝去。

子曰：「孰謂微生高直？或乞醯焉，乞諸其鄰而與之。」

【簡譯】：孔子說：「誰說微生高是直的人？有人向他要些醋時，他去向鄰居要來再轉給那人。」

孔子的第一句話就說明了，當時世人都認為微生高是一個「直」人，可是孔子從小地方發現，他其實並沒有像世人說的那樣「直」，原因居然是，別人向他借醋時，他雖沒有醋可借，但也沒有只回答：「我沒有。」而是說：「我沒有，但我可以幫您去要？」為什麼呢？筆者想起小時候，母親煮菜有時候煮到一半時，才發現少鹽、少醋，就會叫筆者快去向鄰居阿姨要一些回來，這算是有點緊急的狀況，鄰居也都有此經驗，所以都會趕快的取一些給我，並交待快點拿回去。因此，微生高知道別人當下很急，遂幫人家去借，這動作是很正常的啊！也是很好心的啊！

我們可能要從他生平事蹟來瞭解，他直在那裡？微生高是死於水厄[十六]，原因是他與人相約在橋下碰面，結果發大水時，他不肯離開避難，只是抱著柱子任水沖，最後被淹死，世人會說他「直」。這直不是剛正不阿的直，是死板板不知變通的直，白話一點就是死腦筋（台語：條直），但他是為了守信而死，用直這個字給他，是比較恰當的，因此，回過頭來看，有人向他借醋時，他如果一如大家所說的直，會直說「沒有」，然後就沒下文了！借的人只好自己去再想辦法。所以，孔子認為他其實是懂得變通的。

子曰：「巧言、令色、足恭，左丘明恥之，丘亦恥之。匿怨而友其人，左丘明恥之，丘亦恥之。」

【簡譯】：孔子說：說諂佞的話、虛假的臉色、過份謙恭的態度，左丘明認為是可恥的，我也認為是可恥的。明明就有怨恨於對方，卻隱瞞而與之交友，左丘明認為是可恥的，我也認為是可恥的。

這章更明顯，不率直的人是左丘明所不恥，孔子也有所不恥的，明明不喜歡

十六《國策・燕策》：「信如微生，期而不來，抱果柱而死。」

這人，還虛情假意的與之交往，還做出巧言、令色、足恭的討好姿態，就算在現代，這種人也是會讓人覺得做噁的，會如此不知羞恥，一定有其算計及目的。

孔子與左丘明是同時代人，又同為魯國人，孔子作春秋以微言大義記載魯史，這微言大義少有人能明白孔子的用意，左丘明知其意而據春秋作左傳，來說明事件背後的綱常失序、倫理相悖之原由。孟子．滕文公下：「**世衰道微，邪說暴行有作，臣弒其君者有之，子弒其父者有之。孔子懼，作春秋。**」例如：「**隱公元年『夏，五月，鄭伯克段于鄢。』**」孔子以六個字「**鄭伯克段于鄢**」交代了當時鄭國所發生的人倫悲劇。事件中的主角有鄭莊公，母親武姜及弟弟段，母親不喜莊公，偏愛及幫助段，讓他為所欲為及最後聚兵叛變，為兄的不及早阻止放任憾事發展，到最後還是與弟弟兵戎相見及囚禁母親。孔子作春秋後有言：「**知我者其惟春秋乎！罪我者其惟春秋乎！**」想知道他對歷史上一些事件的評論，可從春秋中知曉，但因為他不是史官，卻撰史評論也僭越了份際。可能也是因為如此，他只以微言述之，大義隱含於用字遣辭中。「**鄭伯克段于鄢**」[十七]，鄭伯是鄭莊公，「伯」是爵位，孔子不書莊公而稱「伯」是指他失教於弟，「段」是他的弟弟共叔段，弟弟叛亂所以不書「弟」，暗示無兄弟之倫，用克不用平亂，是說鄭伯放任弟弟勢力做大，與他爭君位，有二君相爭的意思，鄭伯後爭贏，好像是說

[十七]《春秋左傳．隱公元年》段另有庶長兄原繁，所以他行叔，從鄢出奔至共國，故稱為共叔段。公羊及穀梁傳記載，段敗死於鄢。

想殺一個人，卻苦無藉口，只好放任他做大叛亂，再名正言順的除之。朱子治家格言：「匿怨而用暗箭，禍延子孫。」會選擇匿怨而友其人，必是明著奈何不了對方，只好暗中謀算，以等待時機。鄭莊公之後的鄭國出現了二十年的內亂，他四個兒子相繼出任國君，幾次君位爭奪，國勢大衰，正如格言所說：「禍延子孫」。

孔子作春秋，若沒有像左丘明等知曉並為之注，恐世人難以得知，所以孔子與左丘明有相同的道德觀，故言左丘明恥之，丘亦恥之。

顏淵、季路侍。子曰：「盍各言爾志？」子路曰：「願車馬、衣輕裘，與朋友共，敝之而無憾。」顏淵曰：「願無伐善，無施勞。」子路曰：「願聞子之志。」子曰：「老者安之，朋友信之，少者懷之。」

【簡譯】：顏回與子路隨侍在孔子身邊。孔子說：「何不說說你們的志向好了？」子路說：「希望我能做到，所駕的馬車及所穿輕暖的皮衣，讓朋友一同使用，用壞了也不會有悔恨。」顏回說：「希望我能做到，不自誇優點及張揚功勞。」子路問：「希望能聽聽夫子的志願。」孔子說：「希望能給老者安穩餘生，讓朋友相互信任，年少者能受到關懷依靠。」

孔子問弟子的志向，在論語中有二處，另在孔子家語中有一處，這三處記載都有子路，此章子路的回答，不同於另二次，應是入孔門初期的時候，子路學，志在君子之學，孔子曾引「不忮不求，何用不臧」來讚美他，他也終身誦之，所以，其志不在享受榮華富貴，而是當有一天擁有富貴之時，不忘貧賤、患難時所交之友，這是他胸襟開闊的原因。顏回與子路相比，恰似內外、文武之別，顏回重內在修養，子路重外在表現；顏回欲以仁德化天下，子路則欲以軍旅戰陣之勇來治國。而孔子之志，一直懷有大同安康之世界，在先進篇中，他說他讚許曾點的志願，那是天下太平時才有的優閒，這一章也是社會安康時，才可能無子扶養或因戰爭而不在身邊奉養的老者，有安穩的餘生；年少失怙的，有人且能有餘力去關懷照顧，朋友之間也不會，因有利害關係或立場不同，而致使不能相互信任。

這章孔子問志，子路及顏回答「願……」，所以，見了前面許多先賢德範，也問問自己「願」以何為志？這是本章的宗旨用意。最後二章是收尾之文，通常是總結易犯之弊病及勉勵加行。

子曰：「已矣乎！吾未見能見其過，而內自訟者也。」

【簡譯】：孔子說：「算了吧！我還沒見過，發現自己有過錯，會自我慚愧檢討的人。」

這章強調的是，內見其過，能做檢討改正的功夫，說完前面所舉的古人風範，做不到或做的不完善的原因，是不是在於不能改也？反之，若能改必能有成。

聖人與凡人，一般人觀念是聖人是完美無過錯之人，其實聖人也是人，難免會有過，但不同的是聖人會思過、改錯，凡人也會但程度不一樣，例如說：與人談話時，惹到對方傷心難過，一般人都會反省自己是否講錯話？檢視是否講錯、不實、誇浮？如果都沒有，那就是沒有「錯」呀！然後就認定己無過，接著幫對方「反省」，是否肚量、心胸太狹隘？這就是之所以為凡人，甚至是小人之格局。聖人會基於對方已受傷害來自訟，是否太過直白，沒有婉轉以告之？然後深切悔之，故君子欲訥於言之道理。所以，欲成為聖人並不難，難在能否自訟己過並改之！

子曰：「十室之邑，必有忠信如丘者焉，不如丘之好學也。」

【簡譯】：孔子說：「在幾戶的小村落中，一定有忠信如同我的人，但沒有像我樣好學的。」

我們與孔子差別不大，只差在好學而已，故尾章勉勿自卑、勿自絀，勤於學必有成。

此篇清楚的說明，好學到某些境地，就會有相對的聲名，是智、是文、清、忠、剛還是勇，這些成就，是要透過學，而學的基礎，是能自見己過及內自訟。成長過程中，還要虛心的知所裁之，更要有未知能行，唯恐有聞的精神。個人資質上，雖不能聞一知十，但也要能知其二，不要為達目的而用佞、巧言、令色、足恭，縱然不如意或為人誤解，「也非其罪也」。

雍也第六

前一篇公冶長，主要舉一些孔子的弟子及著名人物，來品評他們是否有「言過其實」或有誤解之處，篇中多章是「子謂……」便是以孔子的評斷來引述，首先就舉弟子公冶長，時人可能對他曾坐過牢，而覺得德性是否有缺？孔子用嫁女來證明「非其罪也」。雍也仁而不佞，孔子為其反駁；宰予口才縱橫，孔子卻要觀其行；時人覺得申棖有剛，孔子認為有慾不得剛。再來舉了諡號為「文」的，是否名過其實？子貢懷疑孔文子當得「文」乎？孔子解釋家亂但好學，不損其名；臧文仲有立言但不智；令尹子文，忠但不智；陳文子有清但未有智；微生高不是不知變通，孔子從小地方為其說項。

這一篇與前篇相似，大多也是讚頌有品德者的風範，但這些風範都是力學而來，故全篇中心在冉求之力不足章。

子曰：「雍也可使南面。」仲弓問子桑伯子。子曰：「可也簡。」仲弓曰：「居敬而行簡，以臨其民，不亦可乎？居簡而行簡，無乃大簡乎？」子曰：「雍之言然。」

【簡譯】：孔子說：「冉雍的德性可居人君牧民之位。」（為什麼呢？因為）冉雍問子桑伯子這個人如何。孔子回答：「他符合簡約。」冉雍問：「處事謹慎，而施政清簡不煩雜，不是可以嗎？若是處事隨便馬虎，而施政也隨便馬虎，不是太過簡略了嗎？」孔子說：「雍，你的話很對。」

子桑，是複姓；名伯子。魯國隱士或說是秦國大夫，若是秦國大夫，孔子是如何相見得到？若是魯國隱士，也就沒有以臨其民的問題？說苑．脩文：

> 孔子曰可也簡。簡者，易野也，易野者，無禮文也。孔子見子桑伯子，子桑伯子不衣冠而處，弟子曰：「夫子何為見此人乎？」曰：「其質美而無文，吾欲說而文之。」孔子去，子桑伯子門人不說，曰：「何為見孔子乎？」曰：「其質美而文繁，吾欲說而去其文。」故曰，文質脩者謂之君子，有質而無文謂之易野，子桑伯子易野，欲同人道於牛馬，故仲弓曰太簡。上無明天子，下無賢方伯，天下為無道，臣弒其君，子弒其父，力能討之，討之可也。當孔子之時，上無明天子也，故言雍也可使南面，南面者天子也，雍之所以得稱南面者，問子桑伯子於孔子，孔子曰：「可也簡。」仲弓曰：「居敬而行簡以道民，不亦可乎？居簡而行簡，無乃太簡乎？」子曰：「雍之言然！」仲弓通於化術，孔子明於王道，而無以加仲弓之言。

劉向的說苑．脩文是解釋這一章的原委，子桑伯子的簡在於「不衣冠而處」，那個年代不太可能有人敢裸身見客，這已不是簡了，是無羞恥之心也！不衣冠是指不依禮節制度，見什麼人該服什麼衣冠，佩帶什麼裝飾，持什麼器物，而是只著簡便的服飾，換句話說，是不理會繁文縟節，很隨興的穿著。所以，孔子認為可以算是「簡」。當然也要這個人質美，孔子才會想見他，不然只是個村野鄙夫而已。在禮記儒行篇中：「**儒有一畝之宮，環堵之室，華門圭窬，蓬戶甕牖；易衣而出，并日而食，上答之不敢以疑，上不答不敢以諂。其仕有如此者。**」這有一句「**易衣而出**」，當時的仕者，不管家境如何的差，一定備有合禮之衣冠，家人穿出門去訪友或辦事，自己就不得外出辦事，必須等到家人回來，再換上出門。前面一篇有提到子貢拜訪原憲：「**憲攝敝衣冠見子貢**」，再窮困的原憲也有見客之衣冠。

這章一開頭說「雍也可使南面。」然後接仲弓之問，有人認為是不同的二章，因為二句間好像關聯不強，只不過是同一人，所以放在一塊。如果反過來看，其實是同一命題，冉雍問孔子有關子桑伯子的為人，然後提出不同於孔子的見解，孔子非常認同，也認為他的居敬行簡論，非常適合成為一位牧民之君，所以說「雍也可使南面。」（請參閱白話文解釋）以倒敘手法，先說這個人可以如何，然後說明原因在後。

接下來要探討「居敬行簡」的人，就真的可以南面為君嗎？首先要知道，坐北朝南現代指皇帝之大位，在當時是天子、諸侯、邦主的意思，也就是國家或領土的君王，或主政的相、令尹、卿大夫，是國家最高領導人，其意志才由其他輔臣來協助執行，若國君是志在勵精圖志，則輔佐他的人，自然會朝這方面來努力，如果國君想的是霸諸侯，則來協助的，都是往這方面來獻計，當時沒有諸侯想要以仁道治國，所以孔子一直未能受到重用。不管國君的意志是那一方面，施政的方式，才是能否達成的重點，如果國君只是希望這樣，然後交由信任的臣子去執行，自己只等著驗收成果，不行再換人，然後喜歡什麼人，就給他權柄，這樣不是「居敬」，居是處在、站在、擁有某一態度、認知、地位、境地，所以，居敬是一種對人對事隨時戰戰兢兢，好像雙手捧著敬慎、不輕視的態度，來處理所面對的，大大小小人、事、物，也就是孔子對仲弓說的「**出門如見大賓，使民如承大祭。**」當國君有這種認知及作為時，臣子也會敬慎小心的行事。再來是行政時，人民最怕煩雜及侵擾的政令，因為過於謹慎的情況下，很容易產生煩雜的手續，孔子曾說過：「**禮，與其奢也寧簡；喪，與其易也，寧戚。**」現代人也不喜歡公家單位的煩雜手續，政府順應民意將手續簡化，這便是便民措施。公部門敬於事，便會放下本位主義，以便民為上，這就是行簡，也是自古認為最好的施政是「政簡刑輕」。

哀公問：「弟子孰為好學？」孔子對曰：「有顏回者好學，不遷怒，不貳過。不幸短命死矣，今也則亡，未聞好學者也。」

【簡譯】：魯哀公問孔子：「你的弟子中誰最好學？」孔子回答：「有一位顏回很好學，他學到生氣時不隨便怪其他人或物品，心中不起惡念及行惡事。很不幸壽命短已經過世了，現在好學的已經沒有了，沒聽到還有那一位是好學的。」

這章是讚嘆顏回的好學，也明白「好學」不是指很用功的學，是學的正確做的好，也就是努力修正自己的脾氣、缺點，達到良好的修為及品格。

不遷怒，字面來看是生氣時，把氣出在不相關的人事物上，深一層來看，一般人遇到不好的事，會怪東怪西，怪下屬、上級、社會、他人、朋友、師長，甚至怪父母，怪自己生錯家庭、國家……。也就是說，自己的不幸，是外在因素帶來的，跟自己無關。現今學佛法的人，是先明白然後進而相信一切皆是因果、業力使然，真的「好學」的人，就會自我懺悔、感恩，絕不敢遷怒於外。

不貳過，一般解釋是，曾犯過的錯不會再犯第二次，這修正的功夫不簡單，但對孔門弟子來說，應當不是難事，這裡是根據後面「其心三月不違仁」章，及曾聽聞一位大德解釋：「起心動念是一過，依念而行是二過。顏回不貳過，是因為不起心動念，故無此貳過也。」所以，顏回的好學在於能認思己過，進而不起欲念及不踐履其欲。

子華使於齊，冉子為其母請粟。子曰：「與之釜。」請益。曰：「與之庾。」冉子與之粟五秉。子曰：「赤之適齊也，乘肥馬，衣輕裘。吾聞之也：君子周急不繼富。」

【簡譯】：子華出使到齊國去，冉求為子華的母親求濟些糧食，孔子說：「給她一釜[一]。」冉求覺得不夠而再請示增加，孔子說：「給她一庾。」結果冉求給了五秉之多。孔子說：「赤在齊國，坐豪華車，穿名牌衣，我聽說過：『君子只救濟在急用，而不是讓人添加財富。』」

子華就是公西赤，很年輕就通達宗廟之禮、會同章甫，他大約在孔子任司寇時，外派出使齊國，由文中可知他家境頗豐，所以能乘肥馬，衣輕裘，但為何冉求要代他求粟予赤母？孔子後面有提到「周急不繼富」，可能是因公西華剛做官出使，該有的年俸尚未撥下，而他在齊國乘肥馬，衣輕裘，也是顧及國家之體面，或另有公費配給，例如現代外交使館，人只需赴任，該有的外交禮節配置，衣食住行等用度之物，皆已按律妥善。而公西華的母親或家裡是沒有的，且依禮制，做什麼樣的官，家裡會安置適當的傭人、管家、護院，這些都要由自己來開支，

一 一釜是六斗四升，一庾是十六斗，一秉是十六斛，十斗為一斛。

可能一時間負擔不起，冉求才會代求粟，而孔子也未反對。

再來是孔子先與之釜，冉求認為不夠，希望再多一些，孔子又說與之庾，庾比釜多了快二倍，結果冉求給了五秉，一下子多了十倍。這裡有二個問題，一是冉求為何不按孔子所說而給予？如果孔子是主其事者，那冉求沒按上級批示來辦，就涉及貪贓枉法，所以看起來，主其事者是冉求而不是孔子，冉求只是徵詢意見，然後自己決定做法。第二點，他們談的應該是月俸或短期所需，跟後面一章原思為孔子宰，孔子給他九百年俸，九百是九百斗，好幾千斤的小米，所以一釜不可能用一年，五秉為月俸就接近原思之年俸，原思都覺得太多了，可見冉求出手真大方，難怪孔子說這是在繼富。在衛靈公篇，衛靈公給孔子年俸，相同於魯國司寇的六萬。孔子大司寇代相之職，就是代理宰相之位，但其俸祿一定遠比不上世襲的卿大夫。

左傳成公十七年

初，鮑國去鮑氏而來為施孝叔臣。施氏卜宰，匡句須吉。施氏之宰有百室之邑。與匡句須邑，使為宰。以讓鮑國，而致邑焉。施孝叔曰：「子實吉。」對曰：「能與忠良，吉孰大焉！」鮑國相施氏忠，故齊人取以為鮑氏後。二

二 魯成公十七年初，齊國的鮑國，離開鮑氏家族，來到魯國做施孝叔的家臣。施孝叔要選人做總管就用卜卦方式，結果是匡句須大吉。施家的總管俸給有百室之邑。施孝叔就給他這個俸祿當總管。匡句須將這個俸祿及食邑的位子讓給鮑國。施孝叔說「卜卦是你吉。」他回說：「能讓給忠良的人，那個比較吉！」鮑國忠心耿耿

左傳記載魯國世襲的施孝叔（姬姓，施氏，謚孝），他的家宰就有百室之邑。跟陳文子的十乘百室相當，可以想見，原思為孔子宰，俸九百雖不到百室之邑，但能濟鄰里鄉黨，應該數十室也有吧？

原思為之宰，與之粟九百，辭。子曰：「毋！以與爾鄰里鄉黨乎！」

【簡譯】：原思任孔子家的總管，孔子給他小米九百斗作俸祿，原思覺得太多，推辭不受。孔子說：「不要推辭！把多餘的送給你的鄉鄰們吧！」

這二章提到俸祿的問題，也對應子華富原思貧，孔子不繼富但周貧。自古以來能出仕任官，除了能一展抱負，還能光宗耀祖，順帶衣食無缺，甚至既富且貴。前一章與本章重點在於孔子濟貧的仁心，與原思的不貪，論語中多次強調為學與好學，好學不是用功的學，而是學的好、學的正確，學的好才不會迷失，食祿自然會上門。

襄助施氏，名聲傳回齊國，齊人要他回國接下鮑氏封地。

註：陽虎逃到齊國後，曾勸齊侯三次攻打魯國，齊侯心動欲出兵，是鮑國勸諫才打消此意。

子謂仲弓，曰：「犁牛之子騂且角，雖欲勿用，山川其舍諸？」

【簡譯】：孔子談到冉雍時說：「耕牛生的小牛，毛色純赤，而且牛角端正。即使祭祀不打算取用它，山川的神靈難道會捨棄它嗎？」

這章又回到冉雍身上，依然是強調他的品德修養好，只是未受人賞識重用，可能與他的出生有關？犁牛是耕田之牛，與專門祭祀用的牲牛不同，一個在田中做粗重的工作，另一個在廟堂上受人細心照顧，表示身份地位有差別。牲牛主要用在「太牢」[三]，屬天子專用之祭禮，後來天子羸弱，諸侯僭越也用此禮。

牲牛一定要完好無缺陷，傳：「色純白曰犧，體完曰牷，牛羊豕曰牲，器實曰用。」說文解字．牛部：「牷，牛純色。」禮．明堂位：「夏后氏牲尚黑，殷白牡，周騂剛。」疏：「騂，赤色。剛，壯也。」根據古藉，孔子形容冉雍，是周朝所喜好的純紅色牛，雖出生自雜色犁牛，但必受山川神明所喜愛，意謂冉雍之德，必受天下人所喜愛。

子曰：「回也，其心三月不違仁，其餘則日月至焉而已矣。」

[三]《禮記・王制》：「天子社稷皆大牢，諸侯社稷皆少牢。」大牢牛羊豕三牲，少牢羊豕二牲。

【簡譯】：孔子說：「顏回啊！他可以做到三個月之久，都不起違背良心的念頭，其他弟子最多維持一天或一個月而已。」

一個人的念頭有無善惡，應該是只有當事人知道，但若從佛教心性修行來看，只有開悟的人，才知道自己的念頭有沒有偏差，一般人往往察覺不到自己的邪思偏見。孔子應該也沒有他心通，怎麼會知道，顏回的心念是否有差？這只有見性之人，才能體察到對方的「念行」，開悟的人會常思己過，一點點過錯、邪念[四]，會感覺到非常明顯難受，像是洞山禪師說，住在不冷不熱的地方是：「那裏冷會凍死你，熱會烤死你。」所以自己一有偏邪之念，會混身不自在。孔子可能因此知道，顏回因常保自在灑脫的念行，所以未有違仁之心。

季康子問：「仲由可使從政也與？」子曰：「由也果，於從政乎何有？」曰：「賜也，可使從政也與？」曰：「賜也達，於從政乎何有？」曰：「求也可使從政也與？」曰：「求也藝，於從政乎何有？」

四 禪宗時所說的「邪」，是指不正確的念頭或做法，與現代說的歪邪、邪魔，不一樣意思。

【簡譯】：季康子問孔子：「仲由可以讓他從政做官嗎？」孔子說：「由做事果斷，從政做官有什麼難的？」季康子再問：「端木賜可以讓他從政做官嗎？」孔子說：「賜通達政事，從政做官有什麼難的？」季康子又問：「冉求可以讓他從政做官嗎？孔子說：「冉求多才多藝，從政做官有什麼難的？」

「於從政乎何有？」這句話有不同版本的解釋，南懷瑾大師的解釋是：「不太適合做官」，因為孔子不欲這三人為季氏效力，所以故意推辭掉。孔子被「幣迎」回魯之前，冉求已在季康子家中任家臣多年，子路與子貢是跟隨孔子一起回國的，季康子問這三人可否從政，是問在朝為政，也就是做大夫，而非大夫之家臣。所以採用肯定他們的才幹，也希望他們能從政為國的解釋版本。

這章藉孔子之言，表彰了這三人的才幹與能力。子路的果敢與能力在顏淵篇，**子曰：「片言可以折獄者，其由也與！」**在易經豐卦大象傳辭：「**雷電皆至，君子以折獄致刑。**」折獄就是審案斷刑，在春秋時代，一個縣城人口不多，也很少有刑事案件，所以大多是民事上的糾紛，像是誰家的牛吃了某家的穀物，這家主人為了趕走牠，打了一棍而把牛給驚了，牛主人見狀便跟人起了爭執……之類誰也不讓誰的事，子路所宰的是多壯士的蒲邑，民風驃悍，子路的原生環境與之相近，也是從社會底層生活、成長來的，故更能明白鄉民對事件的對錯，不是分不清，而是「感受」產生了失去理智的事來，跟現代一些社會事件很像，例如：路上開車被人按喇叭，明明是自己不當行駛，被人示警或提醒，結果理智線一斷，就做出危險的情事來。又例如：在疫情期間，搭大眾交通工具時，被人提醒口罩未戴，結果不但不戴，最後鬧到被警察強制帶離。這些人不是不知道規則，只是被某種「感受」所引發的，像是沒面子、被羞辱等等。子路能明白雙方爭執因由，所以能很快的解開彼此心結，使倆造都能放下，所以是「片言」之意。

季氏使閔子騫為費宰。閔子騫曰：「善為我辭焉！如有復我者，則吾必在汶上矣。」

【簡譯】：季氏想派閔子騫去管理費邑。閔子騫對傳話的人說：「請回去好好幫我推辭掉！如果再找人來問我的話，我一定離開這裡到魯與齊邊界的汶水，不回來了。」

閔子騫，名損，字子騫。太使公說閔子騫「不仕大夫，不食汙君之祿。」費邑是季氏的封地之一，孔子為大司寇攝相事，進行「墮三都」；三都就是季孫氏的費邑、叔孫氏的郈邑、孟孫氏的成邑。當時的邑宰是公山不狃，公山不狃叛亂，後被孔子打敗，他先逃到齊國，後又逃往吳國。費邑是季氏的重兵之處，且城牆厚實堅固，以前季氏家臣南蒯據此作亂，季桓子就打了三年，才因費邑民心歸季，得以趕走南蒯。魯穆公元年（約孔子去世後六十餘年），魯國實行改革，公儀休為魯相，逐漸收回政權，解決了三桓把持國政的問題。季氏則以封地費邑、卞及東野獨立成費國，最後亡於秦。由此可知，費邑是季氏家之重地，也就是說能擔任費宰的人，必須要是季孫氏信任的人，這就說明了閔子騫的德行與才能，是深受肯定的，不然不會把算是季氏家的命脈交給他。但閔子騫不仕大夫，不食汙君之祿的志向，拒絕做其家臣。

伯牛有疾，子問之，自牖執其手，曰：「亡之，命矣夫！斯人也，而有斯疾也！斯人也，而有斯疾也！」

【簡譯】：冉伯牛生病，孔子去慰問，從窗口握著他的手，說：「你快要死了，是命該如此嗎？這樣的人竟然會得這樣的病！這樣的人竟然會得這樣的病！」

冉伯牛，姓冉，名耕，字伯牛。因其名耕字伯牛，所以傳說他是冉雍的父親（耕牛之子），也是列名德性科的弟子。冉伯牛生平事蹟不多，只知孔子將他列在德性好的弟子，所以，應該是一位品性良好的人，而好人卻沒有好報，故孔子為其造化弄人而難過。這一章有人在探討，冉伯牛生什麼病，孔子為何是隔窗握其手？現代人的觀念，可能是傳染病，所以要隔離在室內，淮南子·精神訓：「夫顏回、季路、子夏、冉伯牛，孔子之通學也，然顏淵夭死，季路菹于衛，子夏失明，冉伯牛為厲。」厲就是惡疾，突發的重症，類似痲瘋或免疫力下降而誘發水痘疱疹，可能因此，孔子只能在室外隔著窗慰問他，因為這些病，有見不得風的說法，筆者是支持這種說法，因為本人也有此經驗。

自古以來人均壽約只有現代的一半，像民國制定的刑法，有期徒刑上限是二十年，是根據當時人均壽的一半而定的，唐宋盛世，人均壽應該較高，據所有皇帝的壽命，平均不到五十歲，那平民就更低了，宋朝女子到了十五歲時，一定要開始找婆家，若未嫁，父母會坐牢[五]，這是為了人口考量而用法律規定之。人均壽與現代相比少很多，主要在嬰兒早夭、營養不良、醫藥不發達、戰爭等因素，孔子時代，不會有人均壽的統計概念，所以扣掉嬰兒早夭及戰爭、婦女難產等因素，當時人們的概念上，能活到六十歲左右算是得壽，如果像孔子這樣，超過七十是古來稀，所以，顏回約四十餘歲過世，孔子說他是早死。

前言有提到，本篇的重心在冉求的「力不足」，而本章談疾，下章說窮，然後不疾又不窮卻說力不足，是小人儒也，然後看什麼是君子儒？行不由徑，不衿誇，不恃佞口美色，正道而出，文質彬彬，直而不罔，樂於學，這些道理是中人以下不可知也。再之後是另一命題，與知有關。

五　《宋書·周朗傳》記載：「女子十五不嫁，家人坐之。」

子曰：「賢哉，回也！一簞食，一瓢飲，在陋巷，人不堪其憂，回也不改其樂。賢哉，回也！」

【簡譯】：孔子說：「賢德啊！顏回！吃的是一碗飯，喝的是一瓢水，住在窮陋的小巷裡，別人受不了這種困苦，顏回卻一點也不改變他樂道之心。賢德啊顏回！」

簞，是一節竹筒，瓢是匏瓜或葫蘆剖半製成的勺子。簞食瓢飲是指吃食非常簡單，在陋巷指住的環境很差。在禮記．儒行篇中，孔子有提到：「儒有居處齊難」，「一畝之宮，環堵之室，蓽門圭窬，蓬戶甕牖」，真儒者是安於此，而待於有舉之日，所以還是有所期待，或認為這些苦日子只是暫時的。但顏回是不改其樂，在心境上是不同的層級，有待者，將此視為修心煉性的過程，無所等待者，又能安於此，若不是樂於此，如何能堪其憂？顏回為何會樂於此？必是已有「朝聞道夕死可以」的境界，身外之樂已不如自性覺醒之樂，所以，孔子讚曰賢哉！

冉求曰：「非不說子之道，力不足也。」子曰：「力不足者，中道而廢。今女畫。」

【簡譯】：冉求說：「我不是不高興老師說的道理，而是能力不足啊！」孔子說：「說能力不足就半途而廢，是你自己畫地自限啊！」

冉求多才多藝，在從政能力上，孔子認為他跟子路一樣，只不過二人在性格上，剛好相反。這章可以看得出來，孔子應該是多次跟他規勸，要他去影響季孫家的行事做風，但冉求覺得自己人小言輕，力有不逮，孔子反而覺得是他不夠努力，或有勸說但不積極，所以才中道而廢，為他的多才多藝，卻不能用於正途，真是可惜了。

子謂子夏曰：「女為君子儒！無為小人儒！」

【簡譯】：孔子對子夏說：「你要做一個君子風範的儒者，不要做一個只重名聲的儒者。」

接前幾章之意，君子在夭壽窮通之際，仍能好學（學正確）不倦，小人亦有學，但以自身利益為重，前一章冉求為保有自身名祿，明知主上有過，卻不敢力勸到底，所以一身才華是被名利所使喚，非君子德風所召。在里仁篇的前言有分析了，君子與小人的差別，這一章則指儒中君子與小人，儒在字形上表示「人需」，例如儒效，儒之效用；有通某些術數之士，例如通天地之理；儒也通懦，表示外柔，但不表示內也弱，例如儒俠；其定義在禮記·儒行篇中，孔子有詳細的說明，孔子舉了儒者十六種風範，都是君子儒，大致來說，是第一句話：「儒有席上之珍以待聘，夙夜強學以待問，懷忠信以待舉，力行以待取，其自立有如此者。」及最後的結論：「儒有不隕穫於貧賤，不充詘於富貴，不慁君王，不累長上，不閔有司，故曰儒。」「儒者就像宴席上的美食，讓人垂涎不已般的想聘請，他們日夜不斷的在充實自己的學問，以備將來有人請教求問，內修忠信之胸懷以等待有人推荐他，他們是如此的，自我決心樹立楷模。」「儒者不會因為貧賤而憂悶不安，也不會因為富貴而得意忘形失去操守；不因君主的羞辱而失道，不因長官的牽制而失志，不因群吏的詬病而失常；所以稱為儒者。」

君子儒懷有行道之志，憂懷天下，無私貢獻所學，不以個人的進退為慮，簡單來說，是將黎民、社稷，置個人榮辱之前。

孔子死後，子夏居西河教授講學，門下學風鼎盛，後為魏文候師，其學派成為孔子後的八儒之一。子夏喪子，曾子弔云：「吾與汝事夫子於洙泗之間，退而老於西河之上，使西河之民疑汝於夫子，爾罪一也。」西河之人把子夏當成孔子一樣，故知其學風、人望之興盛。

子游為武城宰。子曰：「女得人焉爾乎？」曰：「有澹臺滅明者，行不由徑，非公事，未嘗至於偃之室也。」

【簡譯】：子游做武城的邑宰。孔子問他：「你是得到賢能的人協助嗎？」子游答說：「有，名叫澹臺滅明，他行為光明正大，走路不走捷徑；不是有公事，從不到我的內室裡來。」

子游與子夏同列文學科，姓言，名偃，字子游。澹臺滅明，姓澹臺，名滅明，字子羽。古人修養自持，常顯現於外在的行徑，例如高柴（子羔）逢衛亂，出城逃難時，還堅持君子不踰、不隧。禮記．儒行篇中，「儒有居處齊難，其坐起恭敬」家徒四壁什麼都匱乏，但起住坐臥，好像家有貴賓般的謹慎小心、禮節周到。

在美國有一位曾經創下四項世界紀錄的汽車銷售員，喬吉拉德（Joe Girard），有一天早上，他還在睡覺時，突然從床上跳了起來，然後穿西裝打領帶，把自己打扮得整整齊齊，然後恭恭敬敬的去把電話拿過來，因為和客戶約好這個時候要通電話。雖然客戶根本看不到他的衣裝，而他如同面對客戶般的非常恭敬，並且在客戶提問題的時候，都很恭敬的點頭說「是」。最後兩人的事情談完了，把電話輕輕的放下去，然後脫掉西裝領帶，回到自己的床上睡覺。他的妻子看到，眼睛瞪了很大，說：「你是不是發瘋了，怎麼為了打一個電話都要穿西裝打領帶的？」

喬吉拉德跟他的妻子說：「當我穿得這麼正式的時候，我的內心對客戶也是那麼的尊重，我的用心和真誠，可以讓電話的那頭，感受到我對他有那一份尊敬心，同時也會影響著，客戶與我之間的關係」。所以一個成功的人，需要養成從內到外一致的態度，不會因為環境而有所鬆懈，故而知道澹臺滅明走路不抄捷徑，是體現君子不由小道；非公事不入長官私人處所，是公私分明，也不做諂媚的交情，所以是一位志學君子，有守有為的人。

孔子問子游時可能是在這之後：子之武城，聞弦歌之聲，夫子莞爾而笑曰：「割雞焉用牛刀？」子游對曰：「昔者，偃也聞諸夫子曰：『君子學道則愛人；小人學道則易使也。』」子曰：「二三子！偃之言是也。前言戲之耳！」（陽貨四）

子游治理小城邑，用到治天下的禮樂大道，所以孔子才莞爾一笑，認為他有點大才小用了。當然也表示武城治理的很好，在孔子家語．辯政裡孔子見單邑大治而問宓子賤治方，最後問到關鍵是有賢人之輔，故此章亦是。在論語多章也透露了這個要點，除了宓子賤治單，子游治武城，其它例如衛靈公為何不喪，因為會用人，微子篇殷為何會亡，因為有三仁而不用，周為何會興，因為有八士之輔。本章的用意很明顯，要學會知人並善用，也是學而篇最後一章的重點「患不知人也」。

子曰：「孟之反不伐，奔而殿，將入門，策其馬，曰：『非敢後也，

馬不進也。』」

【簡譯】：孔子說：「孟之反不誇自己的功勞；當軍隊戰敗，他在後面抵抗敵兵，以掩護魯兵撤退，而不以自己能護軍為功，等到將進城門，才用馬鞭策馬車，對人說：『我並不敢落後，只因為馬不肯前進罷了。』」

孟之反不伐，「伐」，就是顏回說的不伐善，不誇耀自己的功績。舉孟之反駕馬車（當時還沒有騎馬技術傳入），暗示臨生死大節之際，能不懼死、不逃避，有作有為，不敢居功，雖有禍必能遇難呈祥。（齊魯郎之戰，冉求與樊遲也在這場戰事中）

子曰：「不有祝鮀之佞，而有宋朝之美，難乎免於今之世矣。」

【簡譯】：孔子說：「如果沒有祝鮀那樣好的口才，或宋朝那樣的美貌，要想在現在的時代免除禍害，實在不容易啊！」

祝，是掌管宗廟祭祀的官名，鮀字子魚，在論語中孔子有提到此人：

子言衛靈公之無道也，康子曰：「夫如是，奚而不喪？」孔子曰：「仲叔圉治賓客，祝鮀治宗廟，王孫賈治軍旅；夫如是，奚其喪？」（憲問二十）孔子說衛靈公無道但又能不喪國，主要是用這三人治國，因此可知，孔子對他們的才能是正面評價的，而鮀的口才是如何為人稱道呢？在左傳有一段記載：……衛子行敬子言於靈公曰，會同難，嘖有煩言，莫之治也，其使祝佗從，公曰善，乃使子魚，子魚辭曰……衛侯使祝佗私於萇弘曰，聞諸道路，不知信否，若聞蔡將先衛，信乎，萇弘曰，信，蔡叔，康叔之兄也，先衛，不亦可乎，子魚曰，以先王觀之，則尚德也，昔武王克商，成王定之，選建明德，以藩屏周，故周公相王室以尹天下，於周為睦……。

大意是劉國國君文公，乘吳王闔閭攻打楚國之際，與萇弘、范獻子謀劃攻打楚國，在召陵會合多國諸侯，衛國擔心人多意見難統合，就想找口才好的鮀子魚一同前往，鮀子魚私會萇弘會談，以流利的口才分析，讓衛國得以先蔡國行歃血之盟。

宋朝，宋國公子朝，衛國大夫，以美貌著稱，受衛靈公的寵幸，又與衛靈公嫡母襄夫人宣姜和夫人南子有染。後來他和齊豹、北宮喜、褚師圃一同作亂，把靈公趕出衛國。後來衛靈公復國，宋朝逃亡到晉[六]。二十多年後，衛靈公因為南子思念宋朝的緣故，再次把他召了回來。有一次衛國太子蒯聵獻盂地予齊，經過

六 《左傳・昭公二十年》公子朝通於襄夫人宣姜，懼，而欲以作亂。故齊豹、北宮喜、褚師圃、公子朝作亂。

宋國，鄉下人向他唱道：「**既定爾婁豬，盍歸吾艾豭？**」意思是說，你們那隻母豬（南子）已經得到了滿足，為什麼還不歸還我們漂亮的公豬（宋朝）？這也就是成語「婁豬艾豭」的由來。[七]宋朝就是這樣，憑其美色作亂而不受死。

子曰：「誰能出不由戶？何莫由斯道也？」

【簡譯】：孔子說：「誰能夠不從門戶出入，為什麼立身處世，反而不依從正道去做呢？」

這章要跟上一章合起來講，縱然有鮀的口才，朝之美貌，做人做事還是要依

七《左傳・定公十四年》衛侯為夫人南子召宋朝，會於洮。大子蒯聵獻盂於齊，過宋野。野人歌之曰：「既定爾婁豬，盍歸吾艾豭。」大子羞之，謂戲陽速曰：「從我而朝少君，少君見我，我顧，乃殺之。」速曰：「諾。」乃朝夫人。夫人見大子，大子三顧，速不進。夫人見其色，啼而走，曰：「蒯聵將殺余。」公執其手以登臺。大子奔宋，盡逐其黨。故公孟彄出奔鄭，自鄭奔齊。

衛靈公為了夫人南子召見宋朝。在洮地會見。太子蒯聵把盂地獻給齊國，路過宋國野外。野外的人唱歌說：「已經滿足了你們的母豬，何不歸還我們那漂亮的公豬？」太子感到羞恥，對戲陽速說：「跟著我去朝見夫人，夫人接見我，我一回頭看你，你就殺死她。」戲陽速說：「是。」於是就去朝見夫人。夫人接見太子，太子回頭看了三次，戲陽速不肯向前。夫人看到了太子的臉色，號哭著逃走，說：「蒯聵將要殺死我。」衛靈公拉著她的手登上高臺。太子逃亡到宋國，衛靈公把太子的黨羽都趕走，所以公孟彄逃亡到鄭國，從鄭國逃亡到齊國。

著正道，不然必有災殃臨身，能逃之者鮮矣。

子曰：「質勝文則野，文勝質則史。文質彬彬，然後君子。」

【簡譯】：孔子說：「本質樸實勝過文采，便和鄉野人差不多，文采勝過了樸實，便會像那掌文書的小吏；必須文采和本質相配均勻，方能像個君子。」

「文質」請參閱學而六。「史」指像刀筆之吏，雖熟稔一切典章制度，文牘卷宗，對上知道要說什麼話，怎麼辦事才能討好上司，但施於民時卻深文周納，讓人有「小鬼難纏」的感慨，反之內心淳厚之人，因不善於運用文采表達與修飾，其言鄙拙俚語；動作粗俗簡陋。「彬彬」，萃集文雅的樣子，兼具文跟質者，才像一個有禮的君子。

子曰：「人之生也直，罔之生也幸而免。」

【簡譯】：孔子說：「人生下來本來就是正直的；至於不正直的人也能活著，那只是倖免於難罷了。」

這章是從祝鮀之佞開始的論述小結，人若不行正道，心性不直，必有災禍臨身，能幸免的是極其少數。

子曰：「知之者不如好之者，好之者不如樂之者。」

【簡譯】：孔子說：「知道學的人不如喜好學的人，喜好學的人不如樂在其中的人。」

知之者的「知之」，不同於為政十七的「誨女知之」，該章的「知之為知之」是名詞，知道、明瞭某些道理或事情的緣由，這章是知之這個「之」為主體，之是代名詞，知道，指代某些事物，以論語篇章中談論最多的是學，所以，可如簡譯所說的。如果指的是君子，則譯為知道要成為君子；不如喜歡做個君子；喜歡做個君子；更不如以成為君子為榮。以學做君子來說，可以參考子路志學君子之道。若是指修道，可見顏回從「退而省其私」，到「拳拳服膺」，最後是「不改其樂也」。

所以，這裡的「之」，可以是一般的學問、知識、禮節、技藝、君子、聖人及性與天道，若意於此道者，不能只是學習而已，更要悠游於其中，因為有些不是學得來的，是要親身去歷煉及體悟出來，若沒有樂在其中，是品嚐不出其滋味的。

子曰：「中人以上，可以語上也；中人以下，不可以語上也。」

【簡譯】：孔子說：「資質在中等以上的，可以談論形而上的道理；資質在中等以下的，就不可以談論形而上的道理了。」

「中人」的定義，可分成二種，一種是指與生俱來的天賦，另一種是程度。與生俱來的有其領悟上的難度在，而程度只要透過循序漸進的學習，自然會提升到較高的層級，不同程度當然要有不同的教法。例如：子貢因領悟而說出「切磋琢磨」時孔子才讓他進階學詩經，子夏的「禮後乎」，也是得到孔子的進階教學。孔子曾說過：「不憤不啟，不悱不發。」及「有鄙夫問，會叩其兩端而竭焉」，所以，孔子對每個有心問學者，他都會誨而不倦的。

如果孔子指的是天賦上的呢？就會有可說與不可說的差別性教學，王陽明對此的說法：「**不是聖人終不與語，聖人的心憂不得人人都做聖人，只是人的資質不同，施教不可躐等。中人以下的人，便與他說性、說命，他也不省得，也須慢慢琢磨他起來。**」（傳習錄）因此，不能說孔子教學有歧視天資不足者，實在是說了反而有害，因為天賦不是指聰明、智商的高低，不然聰明如子貢之人，為什麼會不若魯直的曾子呢？因此，若對中人以下語上，反而會使其鑽牛角尖，想太多，複雜化及過度玄妙解。

樊遲問知。子曰：「務民之義，敬鬼神而遠之，可謂知矣。」問仁。曰：「仁者先難而後獲，可謂仁矣。」

【簡譯】：樊遲問「智」的道理。孔子說：「專心致力在人民所宜的事物上；至於不可知的鬼神，應該敬重而不可迷信；這樣便算有智慧了。」樊遲又問「仁」的道理。孔子說：「真正仁人會先做難做然後才有收獲的事，便算得是仁了。」

「務民」指在與人民有關的事物上服務，這些事物除了要專心致力外，還要做的很恰當適宜，而鬼神這種形而上之事，人民各有不同的信仰，不要去排斥或過度干預，也不可執之而入於迷，尊重但保持距離，這才是有智慧的做法。若要有仁，只要是對人民好的事，那怕是不輕鬆，很麻煩的善事，也要勉力去做，這就接近於仁了。

孔子時期宗教派門尚未成形，主要是巫覡信仰，沒有一定的儀軌教義，人民對一切的禍福災殃，寄托於茫然不可知的鬼神感召，生活上充滿著鬼神禁忌與祭祀，人心也很容易受其左右，若涉入過深，政令也會受其影響，像西門豹治鄴，他知道政令無法制止河伯娶妻[八]的習俗，就很有智慧的處理，讓風俗導正。

樊遲問「仁」，仁的義理很難一言以蔽之，樊遲年少又入門不久，孔子以仁者的表徵來引導他，仁者在利益人民事物上，是不問有利於己否，而是以百姓為憂，萬方為念，勤而不辭自然功績卓著，聲名遠揚。

子曰：「知者樂水，仁者樂山。知者動，仁者靜。知者樂，仁者壽。」

【簡譯】：孔子說：「明智的人喜流動的水，仁德的人，喜安靜的山，明智的人善於依形勢而變化處事，仁德的人內在仁心穩固不受外力而影響。故明智的人所以快樂，仁德的人所以長壽。」

慢慢的，從山水動靜之中，能觀察到應世的智慧與仁德的顯現，有智慧的人常處於真樂之中，有仁德的人能恆久不衰，受後世人的景仰，故曰：「死而不亡者壽」。

周代分封，諸候需向天子述職，說苑：「……齊之所以不如魯者，太公之賢不如伯禽，伯禽與太公俱受封，而各之國三年，太公來朝，周公問曰：『何治之

八 《史記．滑稽列傳》河伯娶婦。

疾也？』對曰：『尊賢，先疏後親，先義後仁也。』周公曰：『太公之澤及五世。』五年伯禽來朝，周公問曰：『何治之難？』對曰：『親親者，先內後外，先仁後義也。』此王者之跡也。周公曰：『魯之澤及十世。』……」太公治齊用道術，善奇智，所以能比伯禽早國治，伯禽以仁心治國，雖慢國治，但其能長治久安。齊國用霸術，其士多智好經術，立國以來一直是以強國自居，但到戰國初期，田成子殺齊簡公後，姜齊被田齊取代，姜齊宗廟遂絕祀。

子曰：「齊一變，至於魯；魯一變，至於道。」

【簡譯】：孔子說：「齊國的霸道改變一下，可像魯國一樣的重禮教。魯國改變一下，就可到達先王仁政的地步了。」

這章是接續前一章，齊國雖強於魯，但好急於功利，而不重禮，例如：齊國與魯國在夾谷會盟時，不依該有的外交禮節，而用東夷（萊人）威逼、戲子奏宮廷之樂，被尊禮的孔子給訓斥，齊景公因而感到羞愧。因此，面對以禮為基的弱魯，也只能灰頭土臉的收場，齊國上下不好禮請參閱述而十三。齊國若能改變一下，就能像魯國一樣好禮樂，但魯國的禮樂卻不用於正道之上，八佾篇提到的三家僭禮，讓孔子說了「是可忍也；孰不可忍也」的重話。

子曰：「觚不觚，觚哉！觚哉！」

【簡譯】：孔子說：「觚已不再像觚，怎能還稱它做觚呢？怎能還稱它做觚呢？」

前幾章談到，學習依程度而有次第修習，重要的是要能改正，如果只重外在不修內涵，就會空有其形而無有其質。如此還能算有學嗎？

觚，是種八方稜角形狀的酒杯漢書・卷二五・郊祀志下：「甘泉泰畤紫壇，八觚宣通象八方。」說文解字・角部：「觚，鄉飲酒之爵也。」觚不觚，指原本的形狀已經改變了，意思是失去了象徵性的含意，就像筷子，筷身圓夾取食物，握柄方手執之，其形取天圓地方；其意指外圓內方。憑物來內省，師法古道之用，所以當形不在其形時，象徵的意義也不存在了，故孔子憂古道不存，其風喪矣！

宰我問曰：「仁者，雖告之曰，『井有仁焉。』其從之也？」子曰：「何為其然也？君子可逝也，不可陷也；可欺也，不可罔也。」

【簡譯】：宰我問孔子：「一個仁人，如果有人告訴他說：『井裡有仁可追求』他會不會為了實踐仁道而跳下井去呢？」孔子說：「何必要這樣做呢？君子是會容易相信這話而前往的，但不會使自己陷入錯誤中；君子可能會被人欺騙，但不可能被欺騙去做不合天理的事來。」

內外兼備的仁德君子，不受橫逆欺瞞而左右其志節。

這章可見宰予，對於孔子立義太深的道理感到不耐，而用嘲諷的語句來反問孔子。學道的過程本易感枯燥乏味，對聖人之道更是難以體會，對急於有成者，要他們紮實的按步就班，日將月就，是很不容易的，那該怎麼辦呢？後面幾章對此做一總結。

子曰：「君子博學於文，約之以禮，亦可以弗畔矣夫！」

【簡譯】：孔子說：「君子廣博於文學，遵循禮教規範，也就可以不背於正道了。」

只要多學，注意約束身心，至少不離正道之路。

子見南子，子路不說。夫子矢之曰：「予所否者，天厭之！天厭之！」

【簡譯】：孔子去見南子，子路很不高興。孔子發誓說：「我如果是如你所想的那樣，天會厭惡我！天會厭惡我！」

縱使別人不了解我的心志，但上天一定能夠明瞭，只要我們是對得起天理良心。

世人對孔子禮繁所以有時自陷其難，像回禮於陽虎而途中相遇，不得不應諾又失信於他，這次見無婦德的南子，受弟子的懷疑，還得向天發誓自清。

子曰：「中庸之為德也，其至矣乎！民鮮久矣。」

【簡譯】：孔子說：「不偏不倚的德行，是最好的境界啊！可是世人缺乏這種德行，已經是很久了！」

能做到中庸是最高境界，但這不是容易做到的。

子貢曰：「如有博施於民而能濟眾，何如？可謂仁乎？」子曰：「何事於仁！必也聖乎！堯舜其猶病諸！夫仁者，己欲立而立人，己欲達而達人。能近取譬，可謂仁之方也已。」

【簡譯】：子貢問孔子：「如有人廣施恩澤給人民，而能使大眾都得到救濟，怎麼樣？可以算做『仁』嗎？」孔子說：「這何止於『仁』呢？恐怕只有聖人才能夠的吧？可是，就像堯、舜之聖，也尚且對此有所不足呢！講到『仁』是自己想要有所成就，也希望他人能有所成就；自己想要求通達，也希望他人能通達。自己能成為他人效法的譬喻，可以說是仁者所呈現的樣子了。」

最後勉勵修仁者，若有朝能己立己達時，勿忘立人達人，便是通達仁者之境地。

述而第七

本篇主要是講述孔子的好學、樂學及教學態度，這三十七章可以分成幾段文，概述如下：

孔子生平好古道，自比為老子及彭祖，強記及學不厭倦，並將所學教導學生，自我修德、講學、行義及改惡向善。

平日在家雖過的適意愉悅，但也為周公所制禮樂不興而憂愁，他立志於大道，遵照道德規範，行事依著仁心而做，以悠游於藝的文采來發揮，並將此來教導學生，他雖有教無類收徒沒什麼條件，但會根據學生的能力來因材施教。

孔子遇有喪事會感同身受而真情流露，雖未獲明主所識，也不必有求，求仁而得仁無怨矣！能安於閒雲野鶴的生活，他視富貴如浮雲，但終生好學不倦，不知老之將至，敏於學但不觸怪力亂神事，會觀察於人的優缺點並學其優及改己之過，不畏強權暴力相逼。

教授門徒從不藏私，以文、行、忠、恕四個重點來教學，只要終生落實所學的道理，必能體悟老師所言之道。

孔子就是這樣一位坦蕩蕩的君子，給人的感覺是溫和但嚴厲不可欺，威嚴時又不讓人覺得太強烈，恭敬於人時不會讓人有所不安的。

這篇是除了鄉黨外，最多以側寫的方式，來描述孔子的日居、言談、教授及仁心。

子曰：「述而不作，信而好古，竊比於我老彭。」

【簡譯】：孔子說：「講述解釋但不作修改或創新，深信及喜好古聖先賢之道，我好像老子、彭祖一般。（一說是殷賢大夫）

孔子自言深信古聖之道是正確的，所以，只講述古人之道而不另做看法或新解，這樣的原則，他認為跟老子及彭祖一樣。自古以來，對老彭是指一人或二人，是老子與彭咸或彭祖，有不同的看法，現在已不可考了。孔子晚年刪詩書、訂禮樂、贊周易及做春秋[一]，詩經三千餘篇，他刪去重複及可施於禮義的，而成三百零五篇，這三百餘篇的精髓，孔子說：「一言以蔽之，曰思無邪。」訂禮樂，是恢復已逸失的古禮樂章，微子九有說到，魯的樂師從大師、少師、亞飯到四飯、鼓師等等都離魯而去，過去吳國公子季札訪問魯國，所聽的周朝各種雅樂（請參

一 古者詩三千餘篇，及至孔子，去其重，取可施於禮義，上采契后稷，中述殷周之盛，至幽厲之缺，始於衽席，故曰「關雎之亂以為風始，鹿鳴為小雅始，文王為大雅始，清廟為頌始」。三百五篇孔子皆弦歌之，以求合韶武雅頌之音。禮樂自此可得而述，以備王道，成六藝。《史記．孔子世家》

閱述而十三），已不復完整，孔子回魯後，才樂正、雅頌各得其所。贊周易，孔子做十翼[二]不在卜筮祈福之倡導，而是贊言修德積福及人生哲理的實踐。最後是春秋一書，這不是古人留下來的，他一生雖不受用於世，但以措辭委婉的「春秋筆法」、「微言大義」來警惕亂臣賊子。

子曰：「默而識之，學而不厭，誨人不倦，何有於我哉？」

【簡譯】：孔子說：「默記所學且瞭解它，研究學問不會感到厭煩，教導人家不會感到疲倦，這些對我而言有什麼難呢？」

孔子的默識（博學）能力，在述而二十的說明可見一斑，另外從八佾九可知，在典籍不足的情況下，他還能知道殷、夏之禮。學而不厭在論語多章可以得證，有句成語「韋編三絕」[三]就是他好學的寫照。

古人對「何有於我哉」有不同的看法，認為孔子應該是自謙之辭：「我哪裡

二《十翼》是指《易傳》十篇：〈彖上傳〉、〈彖下傳〉、〈象上傳〉、〈象下傳〉、〈繫辭上傳〉、〈繫辭下傳〉、〈文言傳〉、〈序卦傳〉、〈說卦傳〉、〈雜卦傳〉。

三《史記．卷四七．孔子世家》：「孔子晚而喜《易》，序〈彖〉、〈繫〉、〈象〉、〈說卦〉、〈文言〉。讀《易》，韋編三絕。」

做得到這些呢？」考證論語各編章中，孔子對聖與仁則吾豈敢，不敢自居外，好學、誨人則常以此自許，如同孟子．公孫丑：子貢問於孔子曰：「夫子聖矣乎。」孔子曰：「聖則吾不能，我學不厭而教不倦也。」

子曰：「德之不修，學之不講，聞義不能徙，不善不能改，是吾憂也。」

【簡譯】：孔子說：「德行不修治，學問不講求，聽到了義理不能遵從，有了過失不能悔改，這都是我所擔憂的。」

子之燕居，申申如也，夭夭如也。

【簡譯】：孔子在閒居時，容態泰然舒適，神色怡然和悅。

子曰：「甚矣吾衰也！久矣吾不復夢見周公！」

【簡譯】：孔子說：「我真的是無能為力了，很久了我已不再夢見與周公討論禮樂之制。」

這二章反差極大！先是閒居無事時，神態自若、無煩無惱，其實內心卻不是如此，若中接一章憲問三十九「子擊磬於衛」，就能明白，孔子閒居時，常憂懷天下，擔心禮崩樂壞，天下危怠不安，但天下之亂已甚矣！（太嚴重了）而自嘆年歲已大，無能為力了，然後又感嘆好像有一段時間了，沒有夢到與周公談論禮樂之美，因為日有所思夜有所夢，若已不再有夢，是否表示也已不在掛懷或已放棄了呢？雖然看似意志消沉，但也見到一位勇者的風範，前面曾說到一位真正的勇者，並不是無所畏懼的樣子，而是在恐懼、害怕，甚至顫抖中，還能為正義而邁向前去。孔子選擇了寧知不可為而為之，甘願遭遇橫逆與險阻，雖多次向上天祝禱，感嘆吾道不行，幾番思鄉欲歸與！但始終還能以神色怡然，泰然舒適的姿態，帶領弟子們向不可能的未來前進。

子曰：「志於道，據於德，依於仁，游於藝。」

【簡譯】：孔子說：「以大道為志向，以德性為準則，行事依著仁心，以各種才藝來發揮。」

志道據德是學之精神，依仁游藝即文質彬彬。（參閱雍也十七）

道與德；仁與藝，兩者相同，名詞及境界不同而已。道或仁是人內心真誠的善心善念，表現於外時是德行，藝是德行以最佳的方式呈現，志是心慕嚮往而樂學，依據正道而應有的作為是為德行，以中庸來說即「修道是謂教。」依仁是已能率其性，游藝是已能運用善法來示導他人。

子曰：「自行束脩以上，吾未嘗無誨焉。」

【簡譯】：孔子說：「有帶拜師之禮前來的，我從來沒有拒絕教誨他。」

束脩，有幾種解釋，一是肉乾一串。有點像一條醃漬臘肉，在當時算不上貴重禮物；二是男子十五歲。古時有十五入太學之說，如果孔子指的是年齡，就表示他不收童生，在述而二十六章：「互鄉難與言，童子見，門人惑。」先進二十六章：「冠者五六人，童子六七人，浴乎沂，風乎舞雩，詠而歸。」憲問四十四章：「闕黨童子將命。」這幾篇章都有提到未成年的童子，是否都是滿十五呢？則不清楚；三是指有整肅儀容者。若是指這點，那子路可能不合格，另外束脩以上，是只要有束脩的要求以上，所以整肅儀容還有什麼以上的標準呢？因此，一串肉乾或年齡十五以上的都有可能。若不是指年齡，從這「冠者五六人，童子六七人」來推斷，說這話時他的弟子們，未成年的比成年的還多，例如公西華在孔子為官前，曾與子路、曾點一同「各言爾志」，孔子為官後他也當官出使齊國，一般記載他小孔子四十二歲，（有點不合理，未成年就能當公使？）所以他是童子時就入孔門的。另外在衛靈公三十九有補充，孔子收徒是「有教無類」，這精神與釋迦牟尼佛的弟子是不論「種姓」一樣，雖然是不論出生背景，但教學方式是因人而異，請參閱下一章。

子曰：「不憤不啟，不悱不發。舉一隅不以三隅反，則不復也。」

【簡譯】：孔子說：「如果沒有想要求解的態度，則不給他一些啟示。如果沒有理出道理且無法歸納敘述的，則不幫他闡發出來。舉了一個要點而無法自行通達其它觀點，則不繼續深入指導。」

這章是孔子的教學方式，學生若沒有達到某一程度，孔子就不會教他更深層次的學問，這就是因材施教的意思。在學而的子貢及八佾的子夏，都是達到能舉一反三的層次，孔子才教他們詩經的道理。是否一定要舉「一」反「三」呢？這裡舉一隅是指桌子的一個角，三隅指另外三個角，表示舉部份而能知全貌者，並不是數字上的意思。

子食於有喪者之側，未嘗飽也。子於是日哭，則不歌。

【簡譯】：孔子在有喪事的人旁邊進食，從沒有像平日那樣的飽足。孔子如在這天弔喪哭了，當日就不再歌唱。

孟子曰：「惻隱之心人皆有之，仁之端也。」筆者多年前祖父母輩過世時，當時採用的客家喪禮，在出殯前一晚請法師誦經作功德，其中會安排戲劇演唱，有三藏取經等戲碼，由於是戲劇表演，喪家及眾人都看得津津有味，但一到某些橋段時，例如牽亡要過奈何橋等等，遺眷自然而然的哭成一團，好像煞有介事一般，這便是真情流露，觀想而投射出親人歸地府，真的就要天人永別了，傷心難過，不捨又希望先人能平安渡過，就這樣多次的收起眼淚觀看劇情，又投入其中悲慟不已，旁人受此氛圍，也同感哀戚。這章表達的是孔子的惻隱之心與真情流露。

子謂顏淵曰：「用之則行，舍之則藏，惟我與爾有是夫！」子路曰：「子行三軍，則誰與？」子曰：「暴虎馮河，死而無悔者，吾不與也。

必也臨事而懼，好謀而成者也。」

【簡譯】：孔子對顏淵說：「君主肯重用則出來盡力去做，不願重用就退隱自持；只有我和你有這樣的心志吧！」子路問：「如果夫子統率三軍出征，那要和誰同去呢？」孔子說：「敢空手與虎搏鬥，徒步涉水過河，就算死了也不會後悔的人，我是不會跟他一起的。必須是臨事會小心畏懼犯錯的，善長事先謀劃好並按計畫執行的人。」

朱子引用范氏的說法很得我心：「君子未嘗不欲仕也，又惡不由其道。士之待禮，猶玉之待賈也。若伊尹之耕於野，伯夷、太公之居於海濱，世無成湯、文王，則終焉而已。必不枉道以從人，衒玉而求售也。」「用行」跟「舍藏」之間，看似相對同等，實際上重心在能被「用」，若無法受用才選擇隱藏起來，所以，還是冀望有明主出世的一天。

孔子有時會提到二三子……，也有時問某弟子後，這位弟子出再換另一弟子入，由這些現象來看，在沒有公開講課時，平時只會有少數幾位弟子在身旁，例如有幾次要弟子們各言爾志時，就真的只有二三子在場，這章應該也是，在場的可能只有顏回與子路，與顏回談論什麼情況可出仕任官，什麼情況不可？最後結論顏回與他想法一致，而且他所知道的弟子中，也只有顏回一位，子路聽了想知道，如果孔子是帶兵打戰時，會想帶誰協助他呢？因為顏回不善於行軍戰陣之事，孔子知道他只是個愚勇匹夫，不給予認同。子路常被孔子這樣很直接又當眾的責罵，但未見他有不滿或氣憤的表現，不然孔子不會採用直接對他表示意見的方式，會像對宰予那樣，等他離開後才說宰予不仁，可見得子路生性直率，被孔子數落時他可能不好意思的笑笑而已，這樣性格的人，筆者就曾見過幾位。

子曰：「富而可求也；雖執鞭之士，吾亦為之。如不可求，從吾所好」。

【簡譯】：孔子說：「富貴，如果是可正當求得的，雖只擔任執鞭的小職務，我也願意去做；假使不是正當才可求得的，那只好依從我的正道選擇。」

「富而可求也」，是指有個機會可以得到富貴，而且是符合正當途徑的，就算是很小的職位，也是會心安理得的去做。要理解這句話意思，舉個例子來比方會比較好明白，例如現在有個職缺，職位低但薪資報酬很高，像某一企業急需口譯人才，這人才極少又急需要用，所以開出天價來招聘。這就是正當求得的。如果職位不高，待遇很好，例如詐騙集團，暴力討債等等，就不符合正當原則。這句話有較深的意味在，因為有句話：「富貴險中求。」一般人要想成為富貴之人，除了家世祖產，長時間的經營事業，並遇到好的時運來促成，再來是做大事或做大官者，不然就得挺而走險，謀取暴利。一個小職位如何會有暴利可圖呢？因此，孔子這一句話隱含著，只要是尋正途來圖利，是都可以去做的。

「執鞭之士」，周禮中有「條狼氏」[四]的小官吏，走在道路，執鞭趨避行人，為王公貴族開道。孔子年輕時，曾擔任過「委吏」，類似會計工作；也做過「乘田」，主管畜牧的小官，雖職位卑賤，但他都做得很稱職。

子之所慎：齊，戰，疾。

【簡譯】：孔子非常慎重的事：齋戒，戰事，疾病。

慎重不能輕忽，是基於會影響深遠。古人會行齋戒，是在對某一事件，表示出他對此事的至誠之敬，例如告祭天地、神明，祭拜山川、祖先，舉行國家大典，新君登基，征戰前的登壇拜將等等，例如憲問篇：**陳成子弒簡公。孔子沐浴而朝，告於哀公曰：「陳恆弒其君，請討之。」**孔子齋戒沐浴，請國君發動討伐征戰，便是表示對此事的慎重。

四《周禮．秋官．條狼氏》：「掌執鞭以趨辟，王出入則八人夾道，公則六人，侯、伯則四人，男、子則二人。」

春秋時諸侯間戰事不斷，孔子並沒有反對戰爭，子路篇：子曰：「善人教民七年，亦可以即戎矣。」教民要備戰。墮三都時期公山弗擾率軍攻打魯國國都，孔子派申句須、樂頎率軍擊敗弗擾。孔子對亂臣賊子，叛逆弒君之徒是會倡議動兵，如果不是則反對動武，季氏篇：季氏將伐顓臾。顓臾自古以來是魯國的附庸國，位在季孫氏的封邑費的附近，孔子反對藉著除後患實則奪人土地的無義行為。孔子在周遊列國時，衛靈公及孔文子也有問他戰陣之事，他都選擇迴避並立刻離開：

衛靈公問陳於孔子。孔子對曰：「俎豆之事，則嘗聞之矣；軍旅之事，未之學也。」明日遂行。（衛靈公一）

衛孔文子使太叔疾出其妻，而以其女妻之。疾誘其初妻之娣，為之立宮，與文子女，如二妻之禮。文子怒，將攻之。孔子舍璩伯玉之家，文子就而訪焉。孔子曰：「簠簋之事，則嘗聞學之矣。兵甲之事，未之聞也。」退而命駕而行，曰：「鳥則擇木，木豈能擇鳥乎？」文子遽自止之，曰：「圉也豈敢度其私哉？度謀亦訪衛國之難也。」（孔子家語）

衛侯聞孔子之來，喜而於郊迎之。問伐蒲，對曰：「可哉！」公曰：「吾大夫以為蒲者，衛之所以恃晉楚也，伐之無乃不可乎？」孔子曰：「其男子有死之志，吾之所伐者，不過四五人矣。」公曰：「善。」卒不果伐。（孔子家語）

疾，皇侃解釋是「宜將養制節飲食。以時人不慎，而孔子慎之也。」之後各家的注釋，都不離這個範圍，在鄉黨篇中：「君賜腥，必熟而薦之」；「魚餒而肉敗，不食。色惡，不食。臭惡，不食。失飪，不食。不時，不食。割不正，不食。不得其醬，不食。」確實可以看到他在飲食衛生上的注重，另外可從述而三十四：「子疾病，子路請禱。」看出，古人對疾病常束手無策，只能祝禱蒼天，冥冥不可知的力量。

子在齊聞韶，三月不知肉味，曰：「不圖為樂之至於斯也。」

【簡譯】：孔子在齊國聽到韶樂，三個月之久樂音在腦海中迴盪著，以至於美食在口，也不覺得有滋味，孔子感歎說：「實在無法想像此樂，是這般美妙之至啊！」

魯昭公二十五年，魯國因鬥雞事件而演變成內亂[五]，三桓一起攻打昭公。昭公不敵，被趕出魯國，輾轉齊國、晉國，最後在晉國病逝。孔子見內亂也不願留在國內，遂離魯至齊。

[五] 季平子喜鬥雞，常與貴族郈昭伯相鬥，季平子因未曾有贏，遂在雞上作弊而勝，郈昭伯發現後也在雞上安刀片作手腳，季平子大怒出兵攻打郈昭伯，郈昭伯勸魯昭公伐季孫氏，初勝季氏後因三桓一同出兵抵抗，魯昭公不敵而逃至齊國。

韶樂傳說是虞舜時所做[六]，其樂優雅和諧，曾引百鳥來賀。立周以來韶樂成為宗廟大樂，孔子在魯為何沒聽過呢？在孔子年代之前，吳國公子季札訪問魯國，聽了周朝的各種雅樂，對詩經十五國風中的十三國風、小雅、大雅、周頌以及「六舞」中的大武、韶濩、大夏和韶筋，都讚揚備至，但對鄶風和曹風則不加評議，所以魯國是有韶樂的。當時樂有分雅樂及俗樂二大類，雅樂奏於宗廟等正式場合，俗樂則唱於一般宴飲之中，所以比較容易傳唱，曲調也比較愉悅輕鬆，就像現今的流行歌曲一樣。齊景公愛好犬馬聲色，沉迷於飲酒歌舞之中，君臣座次，不拘禮法，孔子見景公時說：「君君，臣臣，父父，子子。」所以，孔子在高昭子家中觀賞齊韶後，由衷贊嘆「不圖為樂之至於斯也。」孔子聞韶樂，感嘆景公好俗樂，三月之中不能重用孔子（因為晏嬰阻擋），直到待孔子曰：「若季氏則吾不能；以季、孟之間待之。」曰：「吾老矣！不能用也。」孔子行。（微子三）齊景公說自己老矣，孔子至齊時約西元前五一七年，景公生年不詳，在位五十八年，逝於西元前四九〇年，也就是說，自言老矣時，是在逝世前約二十七年，不可能是垂垂老矣之嘆，更何況約十七年後，他還活躍於齊魯的夾谷會盟，因此，自古以來有一種解釋，是因為齊景公怕有人要害孔子而暗示他儘快離去。畢竟在那個時代，世襲權貴往往有一股，連國君也撼動不了的勢力，孟子．盡心下：孟子曰：「孔子之去魯，曰遲遲吾行也，去父母國之道也。去齊，接淅而行，去他

六《竹書紀年》載：「有虞氏舜作《大韶》之樂。」

國之道也」。意思是說，孔子離開魯國時，因眷戀家鄉，一路走得很慢；離開齊國時，將洗好的米撈起就走，行色匆忙。

冉有曰：「夫子為衛君乎？」子貢曰：「諾；吾將問之。」入，曰：「伯夷、叔齊何人也？」曰：「古之賢人也。」曰：「怨乎？」曰：「求仁而得仁，又何怨？」出，曰：「夫子不為也。」

【簡譯】：冉有請問子貢：「老師會幫助衛國的國君嗎？」子貢說：「嗯！我現在就去問看看。」子貢進入屋內，見孔子，問道：「伯夷和叔齊是怎樣的人？」孔子答：「這兩位都是古代有德行、有才能的人。」子貢接著問：「他們心中有怨恨嗎？」孔子說：「他們追求仁道，也得到了仁道，這樣又有何怨恨呢？」子貢問完，出來就對冉有說：「老師不會幫助衛國的國君了。」

「衛君」，指的是衛出公，名輒。當時衛國的局勢緊張，他的父親，也是靈公的太子蒯聵，想要從晉國回來與兒子爭位。兒子派兵阻擋父親，蒯聵只好入宿地而自保，居此地長達十二年，形成父子爭國的局勢。此時孔子和眾弟子正住在衛國，冉有不知老師有何作為才是最恰當的。衛出公非常敬重孔子，但孔子並不想藉此而得勢，因為名不正也！對應前面「富而可求」章，這本是一個難得的機運，只要他願意，是可以受衛君重用，甚至一展平生之抱負，無奈不合於禮，孔子只能「吾從所好」。這章是子貢藉伯夷、叔齊來旁敲側擊孔子的意向，孔子回答「求仁而得仁，又何怨？」子貢便知孔子不為也，子貢的口才能力在另一篇章子罕十二「有美玉於斯」章，也是用此問法。孔子有機會但不為，是因為他有一堵道德底線，只要是不符合此道德規範，再大的機會他也不會去求之的。參閱子罕十二說明。

子曰：「飯疏食飲水，曲肱而枕之，樂亦在其中矣。不義而富且貴，於我如浮雲。」

【簡譯】：孔子說：「吃粗糙的飯和水，彎曲手臂當枕頭來睡覺，快樂的原因就在其中了。不義所得到的財富及尊貴，對我來說，就像天上的浮雲一般與我無關。」

這章的重點在「樂亦在其中矣」，為什麼過清苦的生活，有什麼樂在清苦生活中呢？所以這章要反過來看，面對有富及貴的機會時，但是要行不義之舉才能得到，此時他寧願放棄這機會，而且不會有後悔的感覺，因此在清苦的生活，他很高興他做出了正確的選擇，他樂的就是這個。

子曰：「加我數年，五十以學易，可以無大過矣。」

【簡譯】：孔子說：「如果讓我早幾年，例如五十開始學易，則不會犯大的過錯了。」

這章的歧異解釋很多，例如：「孔子七十學易，希望能再多活幾年來學至究竟。」[七]「孔子是在四十五、六歲時說的，到五十歲時可以學成。」[八]這裡用無奈的口語，是所謂的「早知道……就好了！」因為，孔子不是那種會祈求富貴長壽之人，孔子有做十翼來注解易經，所以從中領悟到許多人生哲理，也能讓人省察到，過去曾做過那些不當之事，如果當時有學易，則可能不會犯錯等等。聖人認為有「過」與我們一般人的有「過」，認知不一樣，我們認為沒什麼大不了的事，對聖人而言可能是不得了的大事。所以，這章說明了聖人多過的含意。

古人對孔子何年學易，看法莫衷一是，從孔子與弟子之言談中，未見有引述自易之卦象辭，若三十五歲自齊返魯，退修詩書，或近天命之年時學易，為何在周遊列國，困頓之途中，未有用易之辭句來代其心志？若又是六十八歲歸魯後，韋編三絕；作十翼，因未有成，故少以言？似乎較為合理，但從殷商至周，卜筮問卦是國之大事，孔子通古博今，不可能未學易也？

[七] 史記：「假我數年，若是，我於《易》則彬彬矣。」

[八] 皇侃《義疏》：「當孔子爾時，年已四十五六，故云：『加我數年，五十而學易也』。」

子所雅言，詩、書、執禮，皆雅言也。

【簡譯】：孔子用官方語言，是在誦讀詩經、書經和執行禮節儀式時，都是用標準語言。

「雅言」，是指西周時官方通用的語言。中國最古老的字典爾雅，傳說是周公所作，是一本訓詁文字之書，其「雅」便是雅言也。孔子時代與我們現代，甚至世界各地區相同語系之中，也都存在著相異的語言次系統，也就是所謂的「方言」。但也都會訂有一種或少數通用的「國語」，在台灣就叫國語，大陸稱普通話，其它地區稱它為華語，雖然都是指同一種語言，但不同地方的口音也會有所不同。其它相同語言，但口音差異極大的也有，例如：客家話，可分成四縣，海豐，饒平腔等等。

孔子居於魯，所以平時與人談話必用魯語，但談到詩、書及執行祭禮或儐禮等正式場合時，必用周朝官方雅言來發音。因為這些字詞，音若不正，義便不全，韻更有差，例如吟詩誦詞，若發音不正韻腳不齊，優美的詩詞也難以入耳。更糟糕的是傳到後代時，可能語意產生根本上的差異，例如一首兒歌：「城門城門雞蛋糕，三十六把刀，騎白馬帶把刀，走進城門摔一跤。」這兒歌所敍述的事件，毫無道理可言，如果原意是：「城門城門幾丈高，三十六丈高，騎白馬帶把丈，走進城門摔一跤。」是不是比較有道理？其它更難理解的，例如：「蘇州賣鴨蛋。」表示死亡，它的原意是什麼？有人認為「蘇州」可能是禮記・檀弓上：「狐死正丘首，仁也。」或戰國・楚・屈原九章・涉江：「鳥飛反故鄉兮，狐死必首丘。」的「首丘」諧音？「賣鴨蛋」是諧音「是愛戀」或想念的意思？對故鄉的思念一直到死？這些傳唱的詩歌、民謠會隨著口音不同而產生變化，因此，詩經、書經及重要禮節，在讀誦及解釋時，一定要用標準語言來說。

前例舉的是傳唱歌謠容易隨時代、地域的改變而變化，若已書寫於文字上呢？還會有誤嗎？應該會的，例如古人書寫文字時是不加句逗的，後人讀時若斷句不同，意思便會有差，如果發音有其一定章法，才不會有斷句不同的情形。像詩詞有韻腳，字數有定則，但一般的文章呢？長短不一，亦無韻腳，所以，可能有其特定讀法，依此讀法便不易有差。

葉公問孔子於子路，子路不對。子曰：「女奚不曰：『其為人也，發憤忘食，樂以忘憂，不知老之將至云爾。』」

【簡譯】：葉公向子路請問孔子的事情，子路沒有回答。孔子聽到後，就對子路說：「你怎麼不這樣回答：『老師的為人，一發憤振作起來，即使飢餓也忘了吃飯；

一快樂起來，就忘記憂愁；甚至不知道自己將已年老力衰，如此罷了。』」

這一章對一般人不會覺得有什麼特別，因為自己也可能是那種專心在一件事情上時，常忘了吃飯、睡覺，高興時便忘了剛才的不如意事，也常常忘了自己已不年輕，卻還做出身體會吃不消的舉動。孔子為何要子路這樣回答葉公？而且葉公問子路時，子路為何不做回答？

「葉公」，姓沈，名諸梁，字子高，是楚國的大夫，被封在葉縣（今河南葉縣）。成語「葉公好龍」是從漢朝劉向所著新序·雜事中演繹而來，故事中描述：葉子高喜歡龍，家裡全用龍來雕飾，天上的龍得知此事，特地到葉公家的窗口窺視，葉公見了真龍，卻嚇得魂飛魄散。後人以「葉公好龍」比喻一個人言行似是而非，表裡不一。但真實的葉公卻是楚國一代賢臣，曾為楚國平定叛亂，救出惠王，因功受封為令尹兼司馬，集楚國軍政大權於一身，輔政期間，楚國重振雄威，隔年在位極人臣之時，他不戀棧權位，選擇讓賢[九]，回到葉地養老(魯哀公十七年，西元前四七八年）。孔子見葉公時，是在楚國內亂前十年（西元前四八九年），在子路篇中有二章是孔子回答葉公的對話，一是問政，一是問直，其中問直的對答中，二人看法不同：**葉公語孔子曰：「吾黨有直躬者，其父攘羊，而子證之。」**

九 《春秋左氏傳·哀公十七年》：王與葉公枚卜子良以為令尹。沈尹朱曰：「吉，過於其志。」葉公曰：「王子而相國，過將何為？」他日，改卜子國而使為令尹。

孔子曰：「吾黨之直者異於是。父為子隱，子為父隱，直在其中矣。」葉公傾向於法家思想，一是一；二是二的正直行為，孔子則是仁道思想，親情間的天性顯露。可能是彼此觀念不同，所以孔子沒多久就離開葉，回到蔡國去。葉公與孔子對話不投契，但想知道名聞天下的孔子，是怎樣的一個人？於是私下問子路，而子路在一位治績卓著但又與孔子觀點不同之人的探詢下，竟不知要如何回答才是恰當，若從後人杜撰的「葉公好龍」來理解，子路可能認為葉公是表裡不一的人，所以不欲回答他的問話。孔子自答了一個，他只是個樸實好學又一點也不虛偽的人，似有反嘲葉公的意思。

這章作者應該不是為了反諷葉公而置入的，只是強調孔子的至情至性，好學忘憂的精神。

子曰：「我非生而知之者，好古，敏以求之者也。」

【簡譯】：孔子說：「我並非一出生就知曉一切學問，我是樂好古聖人的學問，勤勤懇懇學習求來的。」

這章與上一章正好相似，強調孔子的好學精神與態度。

子不語怪，力，亂，神。

【簡譯】：孔子不說怪異、勇力、悖亂以及鬼神的事。

這章作者說孔子不說怪，力，亂，神等超自然或違背綱常倫理之事，例如論語中子路問死後世界及樊遲問鬼神之事，孔子都不回答，對子路說：生的時候該做什麼都不知道，還問死之後如何？對樊遲回答：敬鬼神而遠之。也是說孔子不反對有鬼神之事，但不希望弟子們去碰觸這個議題。孔子真的都不語怪，力，亂，神之事嗎？孔子在陳國時聽聞魯國宗廟失火，孔子預測應該是魯桓公及僖公廟失火[十]，這神準的預測不是很神奇嗎？孔子認為魯國之亂起於這二位君主，所以天降其災是符合天理，因此可知，孔子是相信有鬼神在主宰著世間。另外在孔子家語的辯物第十六記載著許多孔子談論怪異之事：他回答季桓子的缶中之羊[十一]，盡

[十] 孔子在陳，陳侯就之燕遊焉。行路之人云：「魯司鐸災司驛官名及宗廟。」以告孔子。子曰：「所及者，其桓僖之廟。」陳侯曰：「何以知之？」子曰：「禮，祖有功而宗有德，故不毀其廟焉。今桓僖之親盡矣，又功德不足以存其廟，而魯不毀，是以天災加之。」三日，魯使至，問焉則桓僖也。陳侯謂子貢曰：「吾乃今知聖人之可貴。」對曰：「君之知之可矣，未若專其道而行其化之善也。」

[十一] 季桓子穿井，獲如玉缶，其中有羊焉，使使問孔子曰：「吾穿井於費，而於井中得一狗，何也？」孔子曰：「丘之所聞者，羊也，丘聞之木石之怪夔魍魎，水之怪龍罔象，土之怪羵羊也。」

是鄉野怪談。回答吳王使者有關大骨之事[十二]，更是不可思議事。以現代角度來看，可能只是恐龍化石？他可能是熟讀古籍，所以才會依據典籍來推敲。再來是孔子晚年時，叔孫氏的士兵，狩獵到一隻奇怪的野獸，孔子見了掩面而泣，說是不該在亂世現身的麒麟[十三]，也自道自己將不久於世，以現代來看，基因突變的動物，雖不常見但也不是不可能，只能說孔子一生懷大志而不見容於世，是故見奇物而自傷其懷也。

孔子在教導學生時，確實是避談鬼神之事，只是在觸動憂鬱之心時，才寄情天地鬼神之間，例如生病時回答子路：「吾禱久矣！」他是不是相信，這一切都是上天在給他試煉？如同孟子所說的「天將降大任於斯人也」？

回到這章，作者可能的用意，在信仰世界，通常透過神蹟、顯化，確實很容

十二 吳伐越，隳會稽。吳子使來聘於魯，且問之孔子，命使者曰：「無以吾命也。」賓既將事，乃發幣於大夫及孔子，賜大夫及孔子，孔子爵之，飲酒既徹俎而燕客，執骨而問曰：「敢問骨何如為大？」孔子曰：「丘聞之昔禹致群臣於會稽之山，防風後至，禹殺而戮之，其骨專車焉，此為大矣。」客曰：「敢問誰守為神？」孔子曰：「山川之靈，足以紀綱天下者，其守為神。諸侯社稷之守為公侯，山川之祀者為諸侯，皆屬於王。」客曰：「防風何守？」孔子曰：「汪芒氏之君守封嵎山者，為添姓，在虞夏商為汪芒氏，於周為長瞿氏，今曰大人。」有客曰：「人長之極，幾何？」孔子曰：「焦僥氏長三尺，短之至也，長者不過十，數之極也。」

十三 叔孫氏之車士，曰子鉏商，採薪於大野，獲麟焉；折其前左足，載以歸。叔孫以為不祥，棄之於郭外，使人告孔子曰：「有麇而角者何也？」孔子往觀之，曰：「麟也。胡為來哉？胡為來哉？」反袂拭面，涕泣沾衿。叔孫聞之，然後取之。子貢問曰：「夫子何泣爾？」孔子曰：「麟之至，為明王也。出非其時而見害，吾是以傷焉。」

易吸引人皈信，但皈信的心理，是祈福、避禍、消災、死後有依託等等，所做所為均是為此目的而為之，並不是為了只求心安理得！孔子所教，依於仁、行於禮，不管結果如何，只要不愧於天，便是求仁而得仁也。

子曰：「三人行，必有我師焉：擇其善者而從之，其不善者而改之。」

【簡譯】：孔子說：「三個人同行，其中必有可作為我師法學習的地方。將他們的好處優點，做為我遵循的榜樣，將他們的壞處缺點，做為我反省改過的地方。」

三人行，不一定指三個人，也不是一同行走的意思。三人指眾人，在與不同人一起共事、交往、為友，可以在他們身上找到優點及缺點，好的就效法，壞的就省思自己是否也有，若有則改之。

在人生的過程中，一定會與許許多多個性、修為、態度不同人相處，與眾人相處時，可以在這些形形色色的人身上，觀察到不同的優缺點，或者是不同的人格特質，這些都可以做為我們自己鏡子，主要是看自己的缺點，別人是怎麼去克服的，他人有那些優點是自己做不到的，如果有不善者是怎麼形成的，所以若遇有三樂者則多多親近，有三損者則要小心避之。**孔子曰：「益者三樂，損者三樂。樂節禮樂，樂道人之善，樂多賢友，益矣。樂驕樂，樂佚游，樂宴樂，損矣。」**

（季氏五）在其中，可成為賢友者，則對我們有益，要善與之交往。**孔子曰：「益者三友，損者三友。友直，友諒，友多聞，益矣；友便辟，友善柔，友便佞，損矣。」**（季氏四）如果其中有善以小施小惠來討好他人，甚至藉此想與他人結為朋友，但平時行事做風並不合道義者，則不可與之深交，能避則避。**子曰：「羣居終日，言不及義，好行小慧，難矣哉！」**（衛靈公十六）

有一種現象，通常是下小雨的時候比較容易淋溼，還是下大雨的時候？答案是下小雨的時候，為什麼呢？因為小下雨的時候，人們總會想，快到家了，不想停下來穿雨衣，所以，常看見細雨中，不穿雨衣不打傘的人很多，反之大雨時，人們一定停下腳步，換上雨具或躲在雨遮下等雨停，反而不會淋溼。這現象說明，自己在大的缺點上一定很清楚，但在小的毛病處則往往察覺不到，反而要旁觀者才看得清。有時在不自覺的情況下得罪了人，往往思索不出，到底是那裡做錯了？這時候只有旁觀者看得一清二楚，因此，我們與他人共事時，藉著觀察出別人的毛病，來省思自己是否也有一樣的問題？他人的優點，我有嗎？若沒有，應該要學他怎麼做。所以，他人視為一面鏡子，可以返照出自己的優缺點。

有一個故事，說有一人掉了斧頭，他懷疑是鄰居的小孩偷去的，但又沒有證據，他每次看到這個小孩不管他說什麼或做什麼，他都覺得這小孩是賊頭賊腦的，有一天他找到了他遺失的斧頭，才想起是自己忘了放在別處了，這之後他再看到這個小孩，就覺得他是很天真可愛的。這故事是說：我們身邊認識的人之中，

一定會有喜歡我們的，也難免會有討厭我們的人，喜歡我們的，會只注意到我們好的一面，而討厭者不管我們怎麼做，也只會挑我們的毛病與缺失，所以省思自己受人討厭的原因，可以修正我們的缺失，若只沉浸在喜歡我們的讚美之中，反而是很危險的，如果能做到好人喜歡我，壞人討厭我，就少過也。(子路二十四)

子曰：「天生德於予，桓魋其如予何？」

【簡譯】：孔子說：「上天把德授與了我，桓魋他又能對我如何呢？」

這章所述孔子在宋遇難之事，在史記[十四]及孟子[十五]都有提及，史記所述的與論

十四《史記．孔子世家》：孔子去曹適宋，與弟子習禮大樹下。宋司馬桓魋欲殺孔子，拔其樹。孔子去。弟子曰：「可以速矣。」孔子曰：「天生德於予，桓魋其如予何！」

十五 萬章問曰：「或謂孔子於衛主癰疽，於齊主侍人瘠環，有諸乎？」孟子曰：「否，不然也。好事者為之也。於衛主顏讎由。彌子之妻與子路之妻，兄弟也。彌子謂子路曰：『孔子主我，衛卿可得也。』子路以告。孔子曰：『有命。』孔子進以禮，退以義，得之不得曰『有命』。而主癰疽與侍人瘠環，是無義無命也。孔子悅於魯衛，遭宋桓司馬將要而殺之，微服而過宋。是時孔子當阨，主司城貞子，為陳侯周臣。吾聞觀近臣，以其所為主；觀遠臣，以其所主。若孔子主癰疽與侍人瘠環，何以為孔子？」」

萬章問孟子說：「有人說孔子，在衛國住在治癰的醫生家裡；在齊國住在太監瘠環家裡，有這樣的事嗎？」

孟子說：「沒有的事，不是那樣的，是喜歡生事的人捏造出來的。孔子在衛國是住在賢大夫顏讎由家裡。衛君寵

語相似，而孟子提到的是孔子微服而過宋，沒有強調孔子有講這句話。

這一章有人認為，孔子可能在安撫眾弟子們的恐懼，而故做鎮定。也有人認為，孔子對自己非常有自信，相信邪人是害不了他的。從孟子所說的，孔子以變裝悄悄的離開到陳國去，這有點不合他那一句充滿自信的言論，而且孔子與弟子一行人，目標這麼顯著，不是孔子換了衣裳，就能躲過桓魋的耳目。

桓魋是宋國掌兵權的司馬，家中兄弟五人，其中一位司馬牛是孔子的弟子，兄弟五人是貴族世胄，只因桓魋一人而紛紛逃離宋國。桓魋受宋景公的寵愛，勢力很大，一些不得勢的宋公子及大臣們，為求自保而逃到蕭地，因此，朝中大權幾乎在桓魋家族手中。孔子離開衛國欲到宋國來，宋景公聽聞想迎請孔子，因為朝中許多人都跑了，孔子又有聖人之美譽，擔任過魯國大司寇及攝行相事，桓魋擔心他的地位會受到影響，便瞞著宋景公出兵去阻擾孔子。從史記中所述，桓魋若欲殺孔子，以他一位掌兵權的司馬，不可能殺不了，而且拔掉他們習禮時的大

臣彌子瑕的妻子，和子路的妻子是姊妹。彌子瑕對子路說：『孔子如果住在我家裡，衛國的卿位就可以取得了。』子路就把這話告訴孔子。孔子說：『得失有命。』孔子進仕與否是按著禮，退隱與否也是循著義；得與不得，但說有命。假使說他會住在癰疽或侍人的家裡，而求他們引進，那是不合義，不知命的了。孔子不喜歡住在魯國衛國，將去宋國，又遇著司馬桓魋，想在半路上截殺他，孔子換了便服，纔逃出宋國到陳國去。這時，孔子正當困危之中，還能揀選住在賢大夫司城貞子的家裡，貞子是陳侯周的臣子。我聽說觀察在朝的近臣的好壞，祇需看寄宿他家的賓客就可知道；觀察遠方來仕的臣子的好壞，祇需看他所寄宿人家的主人就可知道；如果孔子會住在治癰的醫生和侍人瘠環的家裡，又何能成為至聖的孔子呢！」

樹，這舉動不像是要殺人，反倒像是在嚇唬人，如果桓魋不是真的要殺孔子，只是想嚇走他，那孔子說的這一句話就有意思了：「天生德於予，桓魋其如予何？」孔子不是出於自大，因為他周遊列國期間，雖不受重用，但都能受到禮遇，聖名厚德譽滿諸國，所以，桓魋不敢冒天下之大不韙，敢對孔子有所不利。孔子明白桓魋的用意，但在弟子的苦勸下，他才同意離開宋國。

這一章的意涵再深入下去，「天生德於予」並不是孔子才特有的，是天下人都與生俱足的，是人之本性自然，只是有人隱有人顯之不同，孔子認為「我欲仁斯仁至矣！」既然是天下人都有的自然之性，孔子有信心，處處顯其德便能感召相應，私心私利者便不會加害於他。

子曰：「二三子以我為隱乎？吾無隱乎爾。吾無行而不與二三子者，是丘也。」

【簡譯】：孔子說：「你們以為我有隱藏嗎？我沒有隱藏啊！我沒有任何言行，不顯示而教給你們，這就是我孔丘呀！」

這章可以對照季氏十三篇，陳亢問伯魚「子亦有異聞乎？」，他想知道孔子是否對自己的兒子，有特別的教導？孔子弟子中聰慧過人的子貢，也對孔子言性與天道而不得其要旨，而深感孔子之學問如同萬仞宮牆般，不可窺見。當孔子對曾子說「吾道一以貫之」時，曾子答諾，孔子一離開，眾弟子就趕緊圍上來問，是什麼？本章孔子提到二三子，可以知道應該只有幾位弟子在場，是新進的還是比較核心的弟子，就不得而知，他們對孔子所述及的「中人以上」之學而不能明瞭，故而懷疑孔子是否有藏私？或留有一手？這種不明大道之奧妙而懷疑的，不只是孔子的弟子，禪宗時代亦是如此。在六祖壇經及一些公案中，可見當時候的學人，常懷疑禪師是否有什麼密語或密意，而且是不輕易示人的。這個「吾無隱乎爾」公案一直到黃庭堅與黃龍禪師才解開：

晦堂木樨香

黃山谷銳志參求，既依晦堂，乞指徑捷處。

堂曰：「只如仲尼道：『二三子以我為隱乎？吾無隱乎爾者。』太史居常如何理論？」

公擬對，堂曰：「不是、不是。」

公迷悶不已。

一日同堂山行次，時岩桂盛開，堂曰：「聞木樨花香麼？」

公曰：「聞。」

堂曰：「吾無隱乎爾。」

公釋然，即拜之曰：「和尚得恁麼老婆心切？」

堂笑曰：「只要公到家耳。」

黃庭堅與黃龍禪師是方外之友，黃龍禪師舉這一章，問黃庭堅要如何解釋？黃庭堅每欲開口，黃龍便說不是這樣。話都未出，怎麼就不是？黃庭堅不知黃龍禪師用意為何？直到有一次二人在山間行走，黃龍見滿山桂花，問他有沒有聞到桂花香？黃庭堅回答有。黃龍禪師點出之前所問的關鍵，「**吾無隱乎爾。**」

之前要黃庭堅回答問題，他欲有答，皆不許，因為所答的皆是出於識見，在山間黃庭堅很自然的聞到花香，有聞到但未作識想，黃龍禪師點出的便是，一切法都自然而現，若執於法則陷於識見，所以自然之道是無隱於人的，禪師說法也是無隱藏的，處處直指人心，黃庭堅體悟後也才明白禪師的用心。

其實孔子已告訴弟子們答案了，「吾無行而不與二三子者」，他在行住坐臥中，處處皆示現他所說的道理，道理是要去實踐的，在力行過程中，能讓我們不受利益、誘惑、威逼等等內外偏邪力量所干擾，孔子不是一直都在「回答」嗎？

子以四教：文，行，忠，信。

【簡譯】：孔子教導學生有四個重點：研讀典籍，實踐道理，盡忠負責，講求信用。

子以四教，意指孔子教學大致可歸納成四個重點。文，在前面篇章有提到，是將質樸的內涵，用華麗的言詞動作給表現出來，所以研讀經典，瞭解經典所述的道德意旨，將之內化映照自性之德，最後才用較合宜適當的方式來應對進退。因此，文不是狹隘的學問、字詞之風采，而是體現文以載道之精髓。例如子貢體會到「切磋琢磨」；子夏領悟了「禮後乎」；南容「三復白圭」，這些都是藉經典之文而悟出做人處事的道理。行，指知道就要去做，將所知所學發揮出來，不能託辭力有未逮，中道而廢，要「行」的道理就在入孝出悌、事君致其身、與朋友交言而有信，當這些基本的倫常關係做到了，再來學文。衛靈公五篇章：子張問行。子曰：「言忠信，行篤敬，雖蠻貊之邦行矣；言不忠信，行不篤敬，雖州里行乎哉？立，則見其參於前也；在輿，則見期倚於衡也；夫然後行！」子張書諸紳。孔子告之行忠信篤敬，而且不管是站著或坐車，它都好像出現面前，不想照著做也不行。子貢問曰：「有一言而可以終身行之者乎？」子曰：「其恕乎！己所不欲，勿施於人。」只要一生落實一個道理就足矣！

這四教與曾子所感受的不一樣，曾子覺得是忠恕之道，不過在論語中確實是以這四教為主，曾子說的忠恕之道境界較高，是以孔子的核心思想來講（忠恕是為人不為己，文行忠信有為人也有為己），作者認為的四教，是孔子教學的表象。

子曰：「聖人，吾不得而見之矣；得見君子者，斯可矣。」子曰：

「善人，吾不得而見之矣；得見有恆者，斯可矣。亡而為有，虛而為盈，約而為泰，難乎有恆矣。」

【簡譯】：孔子說：「聖人，我是沒機會見到了；能遇見君子，就算可以了。」孔子又說：「善人，我是沒機會見到了；能遇見有恆之人，就算可以了。本來是沒有的，卻裝作有；本來是空虛的，卻裝作充實飽滿，本來是貧乏的，卻裝作豐盛的。這種人是很難做到有恆的。」

這一章是接續上一章，孔子的教導在四個重點，學人只要有恆的力行一點，就足矣！

本章孔子對世風日下，人心已不古而感傷，對去聖日遠，哲人已萎（泰山其頹乎？梁木其壞乎？哲人其萎乎？）連志學君子而能有恆者，亦不多見。處處可見的是虛而不實，假充博學通達之人，好於此者必走小徑，不能有恆於正道。所以孔子感嘆，還能見到有恆之人，算不錯了。

這章提到「善人」與現今的意思不太一樣，善人一般指好心腸或常做好事的人。孔子口中的善人，在論語中另有四章可見：

子張問善人之道。子曰：「不踐跡，亦不入於室。」（先進十八）

子曰：「『善人為邦百年，亦可以勝殘去殺矣。』誠哉是言也！」（子路十一）

子曰：「善人教民七年，亦可以即戎矣。」（子路二十九）

堯曰：「咨！爾舜！天之曆數在爾躬，允執其中！四海困窮，天祿永終。」舜亦以命禹。曰：「予小子履，敢用玄牡，敢昭告于皇皇后帝：有罪不敢赦，帝臣不蔽，簡在帝心！朕躬有罪，無以萬方；萬方有罪，罪在朕躬。」「周有大賚，善人是富。」「雖有周親，不如仁人；百姓有過，在予一人。」謹權量，審法度，修廢官，四方之政行焉。興滅國，繼絕世，舉逸民，天下之民歸心焉。所重：民、食、喪、祭。寬則得眾，信則民任焉。敏則有功，公則說。（堯曰五）

子張直問善人的做為，孔子的意思是不按世俗規範而作，也到不了聖人境地，也就是說，能做一些有利於民之事，但不按沿襲下來的規則來做。像是一些有才能者，若要請他出來，就必須依著他的脾氣、觀點、辦法來行事。堯曰中提到的「周有大賚，善人是富。」周初之時受天所賜，得到很多的善人來相助，像是微子篇的「周有八士」，這些有才能的人，雖品德修為到不了聖人境地，但善於在紊亂的世局中，開創出一個穩定、安全的新局面，算是奇人異士吧！

子釣而不綱，弋不射宿。

【簡譯】：孔子只釣魚，而不用大網捕魚；用綁線的箭射飛鳥，但不射棲止在巢中的鳥。

「綱」是提舉網的總繩，撒網時要抓的大繩，韓非子．外儲說右下：「善張網者引其綱，不一一攝萬目而後得。」

「弋」是用帶有繩子的箭射獵。「宿」是棲止的意思，指白天鳥兒棲止在巢中，有時是為了孵蛋，或者哺育雛鳥。所以古人有首詩說：「勸君莫打三春鳥，子在巢中待母歸。」心懷仁慈，就怕錯殺。

狩獵在古代除了是貴族們的娛樂外，也是為了祭祀及宴請賓客表示誠敬之心。商湯的網開一面，顯示了狩獵活動是一種「禮節」，但仁心之人也不忍於殺生害命之事，因此設法在不失「禮」的情況下，為生靈謀一個逃生之路。例如：一年三狩，每次限三驅。

孔子的弟子中高柴也有此心懷，孔子家語記載：「**高柴自見孔子，出入於戶，未嘗越禮。往來過之，足不履影。啟蟄不殺，方長不折，執親之喪，未嘗見齒，是高柴之行也。**」高柴（子羔）與人經過時，會避開踩到對方的影子，節氣驚蟄[十六]期間，不殺剛出土的昆蟲及採折新生的嫩枝綠葉。不去踩踏他人的影子，是心中對人禮敬的投射行為，就像南容三復白珪一樣，剛復甦的蟲子及植物不忍折損是仁厚之心的顯現。易經也有此種思惟：「天地之大德曰生」，天地能如此廣大，

[十六] 陽曆三月五或六日，動物昆蟲自入冬以來即藏伏土中，不飲不食，稱為「蟄」；到了這時天氣轉暖，大地春雷，而「驚蟄」即昆蟲因雷聲驚醒而結束冬眠。

是其德能使萬物生生不息。故這章用意在於強調孔子的宅心仁厚，契合天地之德。

子曰：「蓋有不知而作之者，我無是也。多聞，擇其善者而從之；多見而識之；知之次也。」

【簡譯】：孔子說：「有些人對事理不知其全貌，而論述作著，我是不會這樣做的。多聽各方的說法，選擇最佳的為依據；多看而且記下來知識材料；這樣也就可算是知的次等了。」

在為政十七孔子對子路說：「知之為知之；不知為不知，是真知也。」知之的「知」是明白、瞭解。「之」是代名詞，指代某些人、事、物，對某些人，某件事，某個物品的全貌能清楚瞭解。這章的「知」指事物，例如前面提到殷、夏禮節，一些資料不足，不易考究之事物。孔子的做法，如同現今發表學術論文之嚴謹模式，要有可靠的參考資料及合乎邏輯的推論。筆者在讀研究所時，有一位教授，他可以在很短的時間內發表論文，他說他平時見到什麼資料，不管有沒有用，都先收集起來，因為將來可能用得到。

「知之次也」孔子在季氏九：「生而知之者，上也，學而知之者，次也。」生而知之一般解釋為天資聰穎，生來就知道的（人生來就知道的，與聰明愚笨關

係不大），除了本能天性外，聰穎與一般人差異在，他知道要上進，會察顏觀色，懂得如何與人相處，自重自愛，自動自發，不用人教，不用人講，也不用人罵，就曉得應該要去做的。

這章的多聞、多見與學而知之相同，有一點差異是學而知之，是知識來源較為充份，甚至不需要去思考正確與否，跟現代的學校教育一樣，多聞多見則含有考據、求證的意涵。

互鄉難與言，童子見，門人惑。子曰：「與其進也，不與其退也，唯何甚？人潔己以進，與其潔也，不保其往也。」

【簡譯】：互鄉這個地方的人，很難和他們講道理，其中有位童子來求見孔子，孔子接見了他，孔子的學生卻感到疑惑。孔子就對學生們說：「我肯定上進的，不肯定退步的人。為何要太拒人於外？一個人為了想潔淨自身而進前求教，正是肯定他的潔身上進的作為。至於以後是否能聽他的話去做，就不能保證了！」

這章句讀不同會有不同的意思，一是指互鄉這個地方的民情（觀念），是不講道理的（或善惡不分的），另一是指互鄉這個地方，有一個素行不良，名聲不好的童子。「**不保其往也**」這句話也有不同的解釋，一是不計較「過往」的劣行，另一是指「之後」，若以佛家觀點，當起自潔之念（善念），過往的不潔（不善）便滅去了（不再保有過往的習性）。

中華民國首任教育總長蔡元培（一八六八—一九四〇），他有一次去德國時，傅斯年（一八九六—一九五〇）與幾個同學自告奮勇要接待蔡元培。有一個出了名性情荒謬的同學要來看他。傅斯年與其他同學商量後，告訴蔡元培並建議他謝絕接見。蔡元培說：「論語上有幾句話，『與其進也，不與其退也，唯何甚？人潔己以進，與其潔也，不保其往也。』這樣拒人於千里之外，他能改了他的荒謬性情嗎？」

再來探討「互鄉人難以言」這句話，論語．陽貨十三：「鄉愿，德之賊也。」鄉愿一詞多解釋立場不一，昧於是非，二面討好的人。筆者認為此一解釋與德扯不上關係，德之賊就像家賊難防意思相似，這賊是生活在有信任關係的團體中，讓人不易察覺得到，因此筆者認為鄉愿是指其所持之觀念及作為，認知上是對的，不易去接受別人的糾正，例如日本三一一大地震時，仙台市陷入一片火海中，後來有人認為該市有一相傳以久的習俗，每年在海灣屠殺大量的海豚，海灣一片血海恰似一片火海，多年來環保愛心人士積極的勸說，希望他們能改掉此陋習，但當地人堅持這是祖先留下來的優良傳統，他們有義務去保存與傳承，認為保存先民的傳統，是正確的善德，這便是所謂的鄉愿，不能接受別人的觀點，便是基於根深蒂固觀念，使人「難以言」的意思。

這章的用意，只有一絲的可能，一毫的希望，也要把握住，能拉他一把的機會是契機，這跟佛家所說的「一闡提人皆有佛性」是一樣的道理。

子曰：「仁遠乎哉？我欲仁，斯仁至矣。」

【簡譯】：孔子說：「仁離我很遙遠嗎？我想要行仁，仁就到了！」

仁德之心人人俱足，差別在於能行與不能行。有些人貌似尋常人，貪利畏難，但在大義當前時，卻選擇了捨生就義，所以，不是無仁心而是能行或不能行而已。這章強調出，也許一般人，平時讓人不會覺得他是有仁義的，好像仁義對他而言是遙不可及之事，但一朝臨事之際，只要能服膺於良心，並勇敢行出來，仁便現前了。這章的意思有點像佛家的觀點：「西天雖遠傾刻到」。

在西元一九九〇年有一架英航班機，在高空時機長因駕駛艙一片玻璃爆裂，除了一隻腳勾住椅子外，上半身則被吸出機艙外，雖被趕過來的機務人員拉住，但在強風之下無法拉回機內，眼見機內氧氣有耗盡危險，必須決定是否放棄機長，將之丟出機外並將破洞補住，機務人員不敢決定，只好請所有的乘客表決，當乘客一個一個舉手讚成到即將過半時，開始一個一個又把手放下來，最後機長就這樣掛在機外直到飛機落地。這事件反應出人性的本質，一開始當有人因貪生怕死而舉手時，其他抱著相同想法的人也開始附和著，直到真的要決定他人生死時，良心的作用也開始強烈呼應著，沒人敢做那最後一位決定著，也不願意活著卻要背負一輩子的良心譴責，他們聽到了良心的呼喊也願意順從著，做出超越死亡恐懼的決定。這就是「我欲仁，斯仁至矣。」事後得知若把機長丟出機外，他會被吸入引擎反而導至飛機的墜毀，他們是自己救了自己，也救了自己的靈魂。

陳司敗問昭公知禮乎，孔子曰：「知禮。」孔子退，揖巫馬期而進之，曰：「吾聞君子不黨，君子亦黨乎？君取於吳，為同姓，謂之吳孟子。君而知禮，孰不知禮？」巫馬期以告。子曰：「丘也幸，苟有過，人必知之。」

【簡譯】：陳國司敗請問孔子：「貴國國君昭公知禮嗎？」孔子說：「知禮。」孔子告退後，陳司敗向巫馬期拱手行禮，請他進前一步，然後說：「我聽聞君子是不會結黨營私，互相掩飾過錯的，難道君子也會結黨營私嗎？魯國國君昭公娶吳國女子為夫人，是同姓通婚，故稱吳孟子，已經違背同姓不通婚的禮制，這樣的國君還算是知禮的話，那還有誰不知禮呢？」巫馬期把陳司敗的話稟告孔子，孔子聽了以後說：「丘實在幸運呀！如果自己真有過錯，他人一定知道的。」

這是孔子周遊列國時，來到陳國所發生的事。「吳孟子」吳國的長女，吳國與魯國同是姬姓。周朝禮制，禁止同姓通婚。魯昭公娶吳國的女子，違背了禮制，當時各國都知道此事，魯昭公也知道，所以不稱吳姬而稱吳孟子。這段話在季氏十四有補充。**邦君之妻，君稱之曰夫人，夫人自稱曰小童；邦人稱之曰君夫人，稱諸異邦曰寡小君；異邦人稱之亦曰君夫人。**諸侯國君的妻子，國君稱她叫「夫人」；夫人對國君自稱「小童」；國人稱國君的妻子叫「君夫人」；對別國的人，稱自己國君的妻子叫「寡小君」；別國的人稱自己國君的妻子，也叫「君夫人」。這章說明，魯昭公不敢給自己的妻子正名，國人及外邦人也無法恰當的給予尊稱。在某些場合難免要介紹到自己的夫人，可是跟大家介紹夫人叫吳姬子，就好像不知廉恥的，把自己失禮的行為給公開出來，可是不介紹又不行，可想見這種情況會很尷尬，只好叫吳孟子好了，至於為何叫「孟」，可以參考三桓之一的孟氏由來，魯桓公的四個兒子，長幼依序是庶長子慶父（諡共，又稱共仲，其後代稱孟孫氏，又稱仲孫氏、孟氏），嫡長子名同，後繼位為魯莊公，庶次子叔牙（諡僖，其後代稱叔孫氏）、嫡次子季友（諡成，其後代稱季孫氏、季氏）。慶父在兄弟中是老大，但不是嫡生，所以才由弟弟來繼位，而他不敢自稱為伯，但又不是老二（仲），只好自稱是「孟」，所以孟有非伯又非仲的模糊地位，明白的人當然曉得，讓人在稱謂上不會不好稱呼。同理，昭公介紹夫人為吳孟子時，意思是你們都知道我在講誰，誰都不要說破了。

陳司敗是陳國掌刑獄的官，相當於「司寇」，他故意問孔子相當明顯的問題，看孔子如何回答已故的國君，想不到孔子卻回答「知禮」，陳司敗沒有當面詰問，而是離開時轉向巫馬期而言，像是在傾吐心中的不滿。巫馬期告訴孔子時，孔子也沒有否認，只說了自己真是榮幸，有過錯必有人會去注意。整件事都在禮的拿捏分際之間，孔子不是不知道昭公違禮，但若在外人面前評論自家君主，才是無禮，而陳司敗要人家評論自己的國君，也是失禮之人。

子與人歌而善，必使反之，而後和之。

【簡譯】：孔子非常善與人歌詠，必定請他重複再唱，然後搭配著合音。

「歌」，與我們現代的唱歌大不相同，唱歌大概跟孔子所厭惡的鄭聲相類似，孔子與人歌，類似詠唱或吟詠，配合音律詠唱詩經，大概像有音律的詩歌唱誦。這種詠唱是將內心的感受，透過詩意表達出來，他人聽到很容易感受到歌者的心志，往往比言語表達要來的深切。

孔子之宋，匡人簡子以甲士圍之。子路怒，奮戟將與戰。孔子止之，曰：「惡有脩仁義而不免俗者乎？夫詩、書之不講，禮樂之不習，是丘之過也；若以述先王好古法而為咎者，則非丘之罪也。命夫！歌！予和汝。」子路彈琴而歌，孔子

和之，曲三終，匡人解甲而罷。（孔子家語・困誓）

孔子與子路唱和，不用武力就讓匡人明白，被圍之人不是陽虎，這比費盡唇舌的解釋還要有用。

「善」，是指後面二句，「必使反之」的「必使」是一定會讓對方如何！如何！也就是孔子與人唱時，會讓對方不自覺或一定會想「反之」，反之有二種解釋，一是重復的唱，二是孔子唱一段，然後讓對方接唱。第二種解釋比較有「味道」，有聽過黃梅調的可以想像一下，一人藉詩句唱出自己的心意，另一人感受到他的心情後，也引適合的詩句來唱合，這種方式是很容易表達出彼此的心意及感受的，要比言語交談來得深刻。

例如子路歌時，以他的個性一定會唱出心中憤憤不平的詩句，然後孔子就接著以仁以君子之行來勸和之，就這樣你一句我一句的，將彼此心中的看法表達出來，匡人聽著聽著就明白了，從詩歌唱和中，孔子是一位明是非講道理的君子，不像是陽虎那般的惡人，我們可能真的認錯人了？這便是詩、禮、樂所蘊涵的力量。（參閱泰伯八）

子曰：「文，莫吾猶人也。躬行君子，則吾未之有得。」

【簡譯】：孔子說：「學習文章典籍，我勉強和別人一樣。至於身體力行，處處都合乎君子之道，我還辦不到呀！」

「文」，一般解釋為一切文章典籍的學問，比較符合文義的解釋請參閱學而六。「莫」，是約莫、大概的意思。「猶」，如同、好像的意思。孔子自謙表達本質的文彩，勉強和別人差不多。「躬行」，親身實踐力行。力行於君子之道則尚未有得。

文質與君子的關聯，在雍也十六有提到：

子曰：「質勝文則野，文勝質則史。文質彬彬，然後君子。」

另外在說苑．脩文也有提到：

……孔子見子桑伯子，子桑伯子不衣冠而處，弟子曰：「夫子何為見此人乎？」曰：「其質美而無文，吾欲說而文之。」孔子去，子桑伯子門人不說，曰：「何為見孔子乎？」曰：「其質美而文繁，吾欲說而去其文。」故曰，文質脩者謂之君子，有質而無文謂之易野……。

文跟質恰如其分的搭配是「彬彬」，沒有過猶不及的意思，孔子自謙與一般人一樣，是指未能到達彬彬的境界，所以也未達君子之道。

子曰：「若聖與仁，則吾豈敢？抑為之不厭，誨人不倦，則可謂云爾已矣。」公西華曰：「正唯弟子不能學也。」

【簡譯】：孔子說：「若跟聖人或是仁者相比，我怎敢相比呢？然而說我學習不會感到厭煩，教導他人不會有倦怠，只可以說有這兩項而已！」公西華聽了說：「這兩項正是弟子們學不來的！」

前一章與本章都有「則吾」兩字，且語氣相同，所以有人認為本章與前一章可合為同一章。

當時的人非常恭敬孔子，稱孔子是「聖人」。孔子謙退，絕不願意承當聖人及仁人的尊稱。

學不厭，誨不倦，學習不會覺得夠了，不想再學了，教導學生不會覺得，學生一而再、再而三的學不會，就想放棄了，所以，厭倦是指到某一程度後，就覺得滿足了，不想再多了，於是想停止不進了。能對學習不會感到厭倦，是對學習抱持著熱誠、喜悅，**子曰：「知之者不如好之者；好之者不如樂之者。」**（雍也十八）只為想求知或好求新知者，終會有疲倦的一天，只有認為學習是一種樂趣的，才會樂此不疲。

公西華聽了說：這兩項正是弟子學不成的。在孔子的弟子中，可能只有顏回做得到。**子謂顏淵曰：「惜乎！吾見其進也，吾未見其止也！」**（子罕二十）因為連子貢，學習感到疲倦，稟告孔子：「希望老師准我休息一陣子。」孔子說：「一個人只要活著，學習就沒有停下來的時候。」子貢聽了，追問：「難道弟子就永遠無法休息嗎？」孔子回答：「是有休息的時候！你看那空曠的山野，一個一個高高的像屋頂，隆起的土堆像是覆蓋的鍋鼎，你就知道什麼時候可以休息了！」子貢遠望山野一座座的墳墓，有所領悟說：「死，真是重大呀！那是畢生追求仁德的君子，最後安息的處所。對一般人而言，卻只是埋葬的地方而已！」十七

十七 子貢問於孔子曰：「賜倦於學，困於道矣，願息於事君，可乎？」孔子曰：「詩云：『溫恭朝夕，執事有恪。』事君之難也，焉可息哉！」曰：「然則賜願息而事親。」孔子曰：「詩云：『孝子不匱，永錫爾類。』事親之難也，焉可以息哉！」曰：「然賜請願息於妻子。」孔子曰：「詩云：『刑于寡妻，至于兄弟，以御于家邦。』妻子之難也，焉可以息哉！」曰：「然賜願息於朋友。」孔子曰：「詩云：『朋友攸攝，攝以威儀。』朋友之難也，焉可以息哉！」曰：「然則賜願息於耕矣。」孔子曰：「詩云：『晝爾于茅，宵爾索綯，亟其乘屋，其始播百穀。』耕之難也，焉可以息哉！」曰：「然則賜將無所息者也。」孔子曰：「有焉，自望其廣，則睪如也，視其高，則填如也，察其從，則隔如也，此其所以息也矣。」子貢曰：「大哉乎死也！君子息焉，小人休焉，大哉乎死也！《孔子家語．困誓》

子貢向孔子問道：「我對學習已經厭倦了，對於道又感到困惑不解，想去侍奉君主以得到休息，可以嗎？」孔子說：「《詩經》說：『侍奉君王從早到晚都要溫文恭敬，做事要恭謹小心。』侍奉君主是很難的事情，怎麼可以休息呢？」子貢說：「那麼我希望去侍奉父母以得到休息。」孔子說：「《詩經》講：『孝子的孝心永不竭，孝思孝行要永遠傳遞。』侍奉父母也是很難的事，怎麼可以休息呢？」子貢說：「我希望在妻子兒女那裡得到休息。」孔子說：「《詩經》說：『要給妻子做出典範，進而至於兄弟，推而治理宗族國家。』與妻子兒女相處也是很難的事，哪能夠得到休息呢？」子貢說：「我希望在朋友那裡得到休息。」孔子說：「《詩經》說：『朋友之間互相幫助，使彼此舉止符合威儀。』和朋友相處也是很難的，哪能夠得到休息呢？」子貢說：「我希望去種莊稼來得到休息。」孔子說：「《詩經》說：『白天割茅草，晚上把繩搓，趕快修屋子，又要開始去播穀。』種莊稼也是很難

子疾病，子路請禱。子曰：「有諸？」子路對曰：「有之；誄曰：『禱爾於上下神祇』」子曰：「丘之禱久矣。」

【簡譯】：孔子病得很重，子路請老師禱告鬼神祈求病癒。孔子問：「有禱告祈求的事嗎？」子路回答：「有！禱告的讄辭說：『向天上的神明及地下的地祇禱告祈求呀！』」孔子聽後說：「我已經禱告很久了！」

「子疾病」應當是重病，而且是讓人覺得可能活不了了。「禱」是向鬼神稟告事情並有所請求，所以子路請禱，是指子路請老師試試看，向鬼神請求病能痊癒。「有諸」，有祈求於鬼神這一回事嗎？「子路對曰：『有之。誄曰：禱爾于上下神祇。』」「誄」應該是「讄」，古論語是「讄」，說文引用論語時也是「讄」字。「誄」、「讄」，兩字讀音相同而意義不同。「誄」，是對死者在世時的事跡敍述，也依此來評定死者的謚號，例如左傳哀公十六年，魯哀公對孔子誄之，子貢批評

的事，哪能夠得到休息呢？」子貢說：「那我就沒有可休息的地方了嗎？」孔子說：「有的。你從這裡看那個墳墓，樣子高高的；看它高高的樣子，又填得實實的；從側面看，又是一個個隔開的。這就是休息的地方了。」子貢說：「死的事是這樣重大啊，君子在這裡休息，小人也在這裡休息。死的事是這樣重大啊！」

哀公，人死了才虛情假意的誄之，真是無禮[十八]。「讄」，為在世的活人敘其功德，求福免罪。孔子雖然重病，但仍在世，應該是生者的「讄」辭，而不是死者的「誄」辭，所以經文的「誄」字可能是誤用了。「禱爾」就是向神祇禱告老師的功德事蹟。

這章如果是這樣的意思？與我們現今，經常向神明祈求東祈求西的，有很大不同的觀念。古人遇到不順遂事時，例如君王遇到兇年，會向上天或特定山、澤，請禱並罪己，因為自己無德，所以天不賜福。又例如孔子的母親，嫁給孔父後未能受孕，便至丘山祝禱。所以古人平常沒事不會隨便向鬼神祝禱，祝禱時也不是單方面的請求給予（保佑名利、健康平安等事物），而是誠心的罪己過錯。

「子曰：『丘之禱久矣。』」這句話讓人感受到，孔子常常向上天「罪己」，像聖經中，耶穌常向天父自言自語（禱告），好像神明在眼前一樣，也相信他的意思，上天都能聽到，上天有沒有給他回覆，或有任何指示，並不重要，只相信

十八 夏，四月，己丑，孔丘卒，公誄之曰，旻天不弔，不憖遺一老，俾屏余一人以在位，煢煢余在疚，嗚呼，哀哉，尼父無自律，子贛曰，君其不沒於魯乎，夫子之言曰：『禮失則昏，名失則愆。』失志為昏，失所為愆，生不能用，死而誄之，非禮也，稱一人，非名也，君兩失之。《左傳．哀公十六年》

……哀公致悼辭說：「上天不善，不肯留下這一位國老，讓他捍衛我一人居於君位，使我孤零零地憂愁成病。嗚呼哀哉！尼父，我失去了律己的榜樣。」子贛（貢）說：「國君恐怕不能在魯國善終吧！他老人家的話說：『禮儀喪失就要昏暗，名分喪失就有過錯。』失去意志就是昏暗，失去身份是過錯。活著不能任用，死了又致悼辭，這不合於禮儀，自稱一人（同孤君或寡人用語，只有天子可自稱），這不合於名分。國君把禮與名兩樣都喪失了。」

自己所做所為，都是可受上天鑑視的，也就是自己一直在行主之道路，遭遇到的橫逆，相信是上天給予的考驗罷了。這個觀點如同孟子所說的：「**所以動心忍性，曾益其所不能。**」[十九]

子曰：「奢則不孫，儉則固。與其不孫也，寧固。」

【簡譯】：孔子說：「奢侈鋪張，會顯得傲慢不謙遜。儉約不足，會顯得粗鄙簡陋。如果在二者之間做選擇，與其傲慢不遜，寧可選擇鄙陋不足。」

「奢」是鋪張誇大。「孫」和「遜」相通，是謙恭低下的意思。「儉」是很簡單，節省用度乃至有所不足。「固」是鄙陋的意思。以現代的標準來講是有點寒酸。

這是一種相對應的感受，例如窮人家招待客人的東西，怎樣都不會感覺寒酸，如果招待的東西，價格較高反而會讓人覺得太奢侈了吧！同樣的，豪門巨富，

十九　孟子曰：「舜發於畎畝之中，傅說舉於版築之間，膠鬲舉於魚鹽之中，管夷吾舉於士，孫叔敖舉於海，百里奚舉於市。故天將降大任於是人也，必先苦其心志，勞其筋骨，餓其體膚，空乏其身，行拂亂其所為，所以動心忍性，曾益其所不能。人恒過，然後能改；困於心，衡於慮，而後作；徵於色，發於聲，而後喻。入則無法家拂士，出則無敵國外患者，國恒亡。然後知生於憂患而死於安樂也。」《孟子．告子下》

貴族世家，拿出來的東西太普通，也會讓人覺得太寒酸了。

孔子說這句話，要瞭解當時的世俗背景，春秋時有許多原本是貴族世家，官宦子弟，後來沒落流入民間，孔子本身也是，先祖是殷商世族，姓的是國姓「子」，繼承氏族「孔」，父親曾是大夫，但到他時已家世沒落，少時還需做許多鄙事為生，這現象在當時是很常見的，但不是每個人都能安貧樂道，還想要守著昔日榮耀，身上流著貴胄血統，頂著士族之名號，所以面子拉不下，頭也低不下，腰更是彎不下，才因此會打腫臉充胖子。但是外人都明白，也清楚其背景實情，奢華一點，就會讓人覺得不懂得謙遜，節約一點則自己會覺得面子掛不住。這個議題與孔子生世背景有關，所以孔子才會對當時現象，提出自己的看法與做法。

子曰：「君子坦蕩蕩，小人長戚戚。」

【簡譯】：孔子說：「君子內心平坦寬廣，無事牽掛。小人則常常憂愁，擔驚受怕。」

「君子坦蕩蕩」，「坦」，平正。「蕩蕩」，寬廣的樣子。君子行事磊落，仰不愧於天，俯不怍於地，對得起大家，心中自然坦蕩蕩，自在無拘束。「小人長戚戚」，「長」，日久天長。「戚戚」，憂愁害怕的樣子，患得患失，終日惶惶不安。

這一章可以延續上一章，君子因為行事都能心安理得，所以面對外在的逆運都不會有所憂愁，反之太過於計較得失，經常對自己的境遇抱不平，就是比較重私利的人，小人並不是壞人，而是重私利大於公益，計較回報得失，不管他人損傷，也就是他人自他人，自己好就好，如同成語：「各人自掃門前雪；休管他人瓦上霜。」這就是小人心態。

子溫而厲，威而不猛，恭而安。

【簡譯】：孔子的臉色溫和而說話嚴正，態度威嚴而不凶猛，對人恭敬而且安詳自在。

「子溫而厲」，本章是側記孔子的儀容氣象，這樣的態度唯有德行完善的聖人才能具備。「溫」，臉色溫和，容易親近。「厲」，辭語嚴正。一般人溫和就無法嚴正，嚴正就失去溫和，孔子卻能兼而有之。若只是從外表模仿學習，這是難以辦到的。

「威而不猛」，「威」具有尊嚴使人敬畏，威不是外表的嚴厲，使人產生畏懼，而是一種氣質，使人油然生起敬慎之心，會有不可褻翫的態度，像是一種符號背後，所代表的權威，例如我們看到制服警察，就會自然而然的遵守規則，因為這制服的背後代表著法律，見到孔子就好像見到禮樂典章，深怕自己有什麼逾越之處，被孔子一言而訓誡之。「猛」，剛強暴烈，如同猛獸。一般人現出威嚴時，剛強暴烈的脾氣就伴隨而起。孔子曾說：「君子的穿著端正，儀容舉止莊重，使人一看就生起敬畏，這不就是有威嚴，而不凶猛了嗎？」

泰伯第八

此篇主要講述聖人的風範，一開始破題便是至德聖人的境地，泰伯之至德是以三讓天下而得，但他是因孝而順親心意，悌弟之情而毀身辭讓，接著以曾子一生，非常謹慎的修持為楷範，除了自己一生戰競自持，還不忘示道於後人，在內崇尚敦品勵德，在外躬行忠信善道，處世謙恭和敬，常懷憂懼蒼生，堅守清操氣節。雖俱德才之美，也謙遜樸實，故聖人君子是可受託付於危難之間，如同堯、舜、禹之至德無間。（請參閱里仁前言）

子曰：「泰伯，其可謂至德也已矣。三以天下讓，民無得而稱焉。」

【簡譯】：孔子說：「周文王的伯父泰伯，可以稱得上是最高的德行呀！曾經三次讓出天下，人民竟然不知如何稱讚他。」

泰伯，是古公亶父的長子，下有仲雍及季歷兩個弟弟。古公亶父是殷商時，西北方的諸侯。鄰近外族狄人，曾讓出豳地，遷徙到岐地。當季歷的兒子昌（周文王）出生，古公亶父見昌有聖人之瑞相，很高興的說：「我世當有興者，其在昌乎？」泰伯知道父親的言外之意。就在父親生了重病，他和二弟仲雍託辭到南方採藥，拜別父親。兩人到了南方吳地後，隨著當地風俗斷髮紋身。他死後無子由弟仲雍繼句吳國君位。

「三以天下讓」，這句話古人多有不同注解，皆想對應出是那三讓，如果不是指數字的三，而是多次的話，就比較好解釋。泰伯是長子，理應傳位給他，而他不接受，這就是「讓」。

當父親生病時，他託辭採藥去，讓弟弟能親身去照顧，他人在外音訊不通的情況下，自然不會讓父親不好下決定傳位給季歷，但古公亶父死前要季歷找回兄長，而他也奉父命，找回了兩位兄長回國奔喪。喪事完畢後，泰伯又辭讓君位給季歷，季歷當然不敢接受，泰伯就以自己的斷髮紋身是不淨的，跟受刑罰的罪犯一樣，不能擔任國君為理由，讓季歷無法推辭。他在句吳之地，漸成一國，死前無子，又讓國予仲雍。

泰伯三讓天下，其過程做法是讓父子兄弟間能平和、合情、合理，所以孔子認為是至德之極，人民難以言語表達。

子曰：「恭而無禮則勞，慎而無禮則葸，勇而無禮則亂，直而無禮則絞。君子篤於親，則民興於仁；故舊不遺，則民不偷。」

【簡譯】：孔子說：「恭敬而不合禮節，就會勞苦不堪，謹慎小心而失了禮節，就會畏懼而退縮。勇敢而不依禮節，就會擾亂秩序。直率而沒有禮節，常會使人難堪。如果上位者能真心厚待親屬，則人民自然興起仁愛之風；如果上位者能真心愛護故舊，則百姓就不會冷漠無情。」

恭，是對人、外交上尊敬的態度，不同的親疏遠近，或身份地位，恭敬的方式，有相對應的禮節，如果不合乎禮節規範，就會勞民傷財，例如接待外國使者，若對小國或爵位較低的也跟大國一樣，就會讓大國不滿，而要求更高的待遇，這樣國家會因此增加外交煩勞。

葸，（讀音：洗）畏懼、退縮。因為太過於小心謹慎，所以會猶豫不決，反而怠慢他人。例如，禮尚往來本是人之常情，若過於畏懼而推辭再三，就會讓人難堪。

勇，本是指有擔當，敢作敢為，但若不依照禮節來節制，就會添出亂子。例如，察覺有人可能有難，就勇敢的衝進現場，如果現場是女子浴厠、房間，萬一是誤會一場，豈不是令人驚嚇不安，依禮應要先敲門呼喊來確認。古時官兵捉賊，若懷疑跑入他人院內，那年代沒有搜索票，可以直接入內查找，但會先請女眷迴避。

直，是直接了當，沒有去考慮別人的感受。絞，是兩條繩子糾結扭緊，好像兩手緊握，非常尷尬，無地自容，不知如何是好的樣子。

微子十這一章：「**周公謂魯公曰：『君子不施於親，不使大臣怨乎不以。故舊無大故，則不棄也。無求備於一人。』**」「周公的兒子伯禽，代父赴魯地就封，臨行前周公所交待的話，正好可以補充後四句話，篤於親，舊不遺，則民起而效尤，興仁情厚。（偷是薄，即澆薄，人情浮薄不敦厚的意思。）

泰伯勇於出走並斷髮紋身，這些都是經過慎重的考慮，為了完成父親的心願，也不使弟弟愧疚一生，而做出直接了當又合情理的做法，這一切都是他篤於親也。

曾子有疾，召門弟子曰：「啟予足！啟予手！詩云：『戰戰兢兢，如臨深淵，如履薄冰。』而今而後，吾知免夫！小子！」

【簡譯】：曾子得了重病，召喚弟子們到病榻前。曾子說：「掀開被子看看我的雙腳！掀開被子看看我的雙手！我的身體保護得非常完好。詩經說：『戰戰兢兢，戒慎恐懼的樣子，如站在萬丈深淵頂端，深怕一不小心就掉到深淵裡。又如同走

「周公對魯公說：「君子不能疏遠和怠慢自己的親族，不能讓大臣埋怨不任用他們，老部屬如果沒有重大的過錯，則不能疏遠放棄他們，不可要求別人完美周到，做不到而責備。」

在正融化的薄冰上面，深怕一不小心就踩破薄冰而落入冰水中。』我一生謹言慎行，起心動念都如此戒慎恐懼，深怕毀傷父母遺留給我的身體。我即將命終，從今以後，我知道自己可以免於毀傷身體而損傷孝道了！小子們！」

本章是曾子臨終證道，現身說法的典範，彌足珍貴。一般人到此時刻，大多恐懼害怕，與妻兒哭別交待遺言。曾子卻是給弟子們上最後一堂課，而且是自己親身示範，一生戰競自持的課題。

曾子一生守約全歸，至孝慎獨，他的孝不止在口養之孝，為政七：「不敬，何以別乎？」**曾子養曾晳（曾點），必有酒肉。將徹，必請所與；問有餘，必曰有。**（孟子．離婁上）曾子侍奉父親，除了讓他吃得好，還要注意不讓他擔心，如果父親覺得家中經濟困難，便會憂心吃不下飯。父親過世後，曾子不忍食羊棗，因為羊棗是父親所嗜之食，見羊棗便憶亡父，這便是孟子說的：「大孝終身慕父母」。到臨終時，召弟子們引詩經這句話，這是守約全歸的精神，約者是必要遵守之責，他貫徹了「身體髮膚，受之父母，不敢毀傷。」最後他知道「父母全而生之，子全而歸之」[二]，所以「吾知免夫」。

[二] 樂正子春是曾子的學生，下階梯傷了腳。腳好後，數月不出門，尚有許多憂慮。他的學生問老師為何如此呢？樂正子春說：「吾聞之曾子，曾子聞諸夫子曰：『天之所生，地之所養，人為大。父母全而生之，子全而歸之，可謂孝矣；不虧其體，不辱其親，可謂全矣。』」《禮記．祭義》

曾子有疾，孟敬子問之。曾子言曰：「鳥之將死，其鳴也哀；人之將死，其言也善。君子所貴乎道者三：動容貌，斯遠暴慢矣；正顏色，斯近信矣；出辭氣，斯遠鄙倍矣。籩豆之事，則有司存。」

【簡譯】：曾子得了重病，魯國大夫孟敬子前來慰問。曾子對孟敬子說：「鳥兒將死，鳴叫聲總是悲哀而害怕；人臨死前所說的話，是對人有幫助的善言。身為執政大夫，應注重三件事。首先，舉止行動必須注重儀容外表，做到整齊有秩序，這樣就能遠離別人粗暴傲慢的態度。其次臉色要端正，不要脅肩諂笑，這樣就能得到別人的信賴。最後說話的言辭口氣要適當、清楚、安定，這樣就能遠離別人的鄙視和背叛。至於祭祀的禮器及行禮事宜，已有主事負責的人在，就不用過度苛求。」

孟敬子，孟武伯的兒子仲孫捷，「敬」是謚號。他來探慰曾子的病情，曾子希望他能聽他勸告，以鳥死哀鳴，人死言善來說明，他現在對他說的，是出於對他好的真心話。舉了三件事，而且特別強調，是君子所重視的，這三件事是外在，會給人直接的感受，儀容、表情及用字遣詞，以白話一點來講：曾子自言，吾已將死，對您有些忠告不得不說，這些是您現在的毛病，穿著不端莊，不正經的臉

色，講話語氣用字不雅，若不改善會遭人粗暴傲慢，不信任及鄙視，再來是您雖身為大夫，有司官員有他們的職責，您不要太插手干涉。因為孟敬子的生平事蹟，不見於史冊，只能由曾子的話來推敲，還好曾子是將死之人的忠告，針對孟敬子的毛病所言，可靠度是很高的。至於孟敬子有沒有聽進去並改善，則不得而知了，若從他的諡號「敬」來推敲，逸周書．諡法解提到：「夙夜警戒曰敬。夙夜恭事曰敬。善合法典曰敬。」能得到這個諡號，應該做人做事不會太差吧！

史記作者司馬遷曾用這一句，作為東方朔傳的結語：「傳曰『鳥之將死其鳴也哀，人之將死其言也善。』此之謂也。」（史記．滑稽列傳）他博學多才，但因性格詼諧，常在漢武帝面前開玩笑，東方朔將死之際，以詩經「營營青蠅，止於蕃。愷悌君子，無信讒言。讒言罔極，交亂四國」之句上諫，希望漢武帝能遠離小人，阻退讒言。武帝覺得奇怪：「今顧東方朔多善言？」東方朔曾自言，別人是避世於山野間，他則是避世於朝廷上。不過，孟敬子應該不是像他一樣避世於朝廷上，他的舉止態度真的有不佳的地方，曾子是不是忍到最後才跟他說呢？也無法知道了。

曾子曰：「以能問於不能，以多問於寡；有若無，實若虛，犯而不校。昔者吾友，嘗從事於斯矣。」

【簡譯】：曾子說：「擁有多才多藝的能力，遇到一事不會，肯向才藝不多的人請問；博學多聞，若有一事不知，願向學識不高的人請問；內裡有能力學問，外表看似沒有；內裡能力學問充實，外表卻看似空虛；他人無故來侵犯，也不報復計較。從前我的老友，曾在這些方面實踐力行呀！」

這章是曾子讚譽他過去的同學顏回，他與顏回相差約十五、六歲，顏回去世時他約二十五、六歲，在孔門中屬後期弟子。泰伯篇主要講述聖人的風範，在古籍經典中，孔子的弟子們生平事蹟及行為修持的紀錄並不完整，會留存下來的，大多是比較有意義、價值的，從這些內容來認識他們，也許會有些偏頗，但還是能一窺其品性特質。這章是曾子對顏回的看法，顏回的心性修持與曾子是二種不同的境地。曾子一生戰競自持，時刻戒慎恐懼，其內德修養功夫在慎獨，也就是中庸衣錦尚絅章說的：「**詩云：『潛雖伏矣亦孔之昭。』故君子內省不疚，無惡於志。君子之所不可及者，其唯人之所不見乎！詩云：『相在爾室，尚不愧于屋漏。』故君子不動而敬，不言而信。**」曾子謹慎於起心動念，雖是起於自己心中，卻如有「十目所視，十手所指」般的被嚴厲監視著，與苦行僧修行一樣。

顏回問仁，子教之克己復禮，得此一善，則拳拳服膺，臻至其心三月不違仁，起心動念無邪私。樂而忘憂，是因為雖居陋巷貧困，卻不能使其煩憂，故而樂。惜生於功利動盪及奸佞充斥的時代，無法實踐「無伐善，無施勞」及「由也無所

施其勇，賜也無所施其辯」的大同世界[三]。就像是修證達至斷除一切煩惱障礙的阿羅漢，其心已同潔玉不染，不若曾子得時時勤拂拭。

曾子曰：「可以託六尺之孤，可以寄百里之命，臨大節而不可奪也。君子人與？君子人也。」

【簡譯】：曾子說：「能託付無父的年少幼君，使他有所依靠；能夠託付國政，並輔佐幼君安邦定國；遇到國家安危存亡的大事時，不因富貴、威武而奪走忠貞的初衷。像這樣品德高尚、能力卓越的人，是一位君子之人嗎？他正是一位君子之

三 孔子北遊於農山，子路、子貢、顏淵侍側。孔子四望，喟然而歎曰：「於思致斯，無所不至矣！二三子各言爾志，吾將擇焉。」子路進曰：「由願得白羽若月，赤羽若日，鐘鼓之音，上震於天，旍旗繽紛，下蟠於地；由當一隊而敵之，必也攘地千里，搴旗執馘，唯由能之，使二子者從我焉！」夫子曰：「勇哉！」子貢復進曰：「賜願使齊、楚，合戰於漭瀁之野，兩壘相望，塵埃相接，挺刃交兵；賜著縞衣白冠，陳說其間，推論利害，釋國之患，唯賜能之，使二子者從我焉！」夫子曰：「辯哉！」顏回退而不對。孔子曰：「回！來，汝奚獨無願乎？」顏回對曰：「文武之事，則二子者既言之矣，回何云焉？」孔子曰：「雖然，各言爾志也，小子言之。」對曰：「回聞薰、蕕不同器而藏，堯、桀不共國而治，以其類異也。回願明王聖主輔相之，敷其五教，導之以禮樂；使民城郭不脩，溝池不越，鑄劍戟以為農器，放牛馬於原藪，室家無離曠之思，千歲無戰鬭之患，則由無所施其勇，而賜無所用其辯矣。」夫子凜然而對曰：「美哉，德也！」子路抗手而問曰：「夫子何選焉？」孔子曰：「不傷財，不害民，不繁詞，則顏氏之子有矣。」《孔子家語．致思》

人呀！」

古人以「七尺」為成人，「六尺」指年紀十五歲以下的孩子。國君命終前，託付幼子給可靠的大臣，稱作「託孤」。邢昺疏：「可以託六尺之孤者，謂可委託以幼少之君也。」歷史上著名的有：周武王託付幼子成王於周公，劉備託付阿斗於諸葛亮。在定軍山武候祠的對聯寫到：「**義膽忠肝六經以來二表；托孤寄命三代而後一人**。」二表是前後出師表，三代是夏、商、周。

「百里」，指諸侯國。「命」，國家政令。能輔助幼君將國政善加治理。「臨大節而不可奪也」，意思是能做到富貴不能淫、貧賤不能移，威武不能屈，例如劉備說先生可以取而代之，諸葛亮惶恐，寧願鞠躬盡粹，死而後已。[四]

曾子曰：「士，不可以不弘毅，任重而道遠。仁以為己任，不亦重乎？死而後已，不亦遠乎？」

【簡譯】：曾子說：「有學問有才能的人，學問及抱負不可以不恢弘廣大，也不可

四《三國志．諸葛亮傳》……：「君才十倍曹丕，必能安國，終定大事。若嗣子可輔，輔之；如其不才，君可自取。」亮涕泣曰：「臣敢竭股肱之力，效忠貞之節，繼之以死！」

以不堅強的態度來承擔，因為擔負起天下蒼生的責任重大，而要力行實踐的路非常遙遠呀！將行仁於天下，這擔負的責任，不是很重大嗎？行仁還要一直做到死才算結束，這不是很遙遠嗎？」

「士」是有才能可擔當政務的知識分子，不是指一般人民。他們平時不從事生產，也有閒居在家自學或拜師學藝，為了是將來有機會能出仕一展抱負。「弘毅」不只學問要廣大，對照下文是要有高遠的使命及用堅強的態度來承擔，未來遇到困難時才能衝破難關。這高遠的使命在行仁於天下，堅毅的態度在於這使命要一輩子來力行。

這樣一份擔當，影響後來中國儒家思想中的「窮則獨善其身，達則兼濟天下」（孟子．盡心上），他們在未出仕時努力修身養性，胸懷著「天下興亡，匹夫有責」及「以天下為己任，捨我其誰」的志向。他們師法孔子之精神，在窮極潦倒的時候，還唸唸不忘蒼生黎民。例如杜甫的「**安得廣廈千萬間，大庇天下寒士俱歡顏**」（茅屋為秋風所破歌），范仲淹的「先天下之憂而憂，後天下之樂而樂」（岳陽樓記）。這樣博大的胸襟及高遠的志向，深深的影響中國文人的思想。

自古以來，尤其每逢亂世之時，更能看出來，這些士人當亂局之際多半選擇隱世耕鋤過活，但是身隱心不隱，時時刻刻還是關心天下局勢變化，更在意的是否有明主出世，較知名的有躬耕隴畝的諸葛亮，受劉備三顧茅廬後，一生為蜀漢鞠躬盡瘁。學而篇有提到的管寧，三國志作者陳壽評曰：「管寧淵雅高尚，確然不拔。」東漢末年天下大亂，他避難至遼東，在山谷中結草廬居住，不受太守邀請，平日以講學及談論經典，一時吸引眾多人來聚集，學風鼎盛，中原平定後，遷回故鄉，曹魏多次下詔賦予官位，但管寧都沒有應命。

子曰：「興於詩。立於禮。成於樂。」

【簡譯】：孔子說：「頌詩可興起本性至情。以禮節制言行，可端莊得宜的立身於人群之中。至情合禮的風範透過樂曲的音節表達出來。」

詩即詩經，本是人們至情至性之作，有此心懷者，頌詩時易感而觸入，如南容三復白珪，警惕失言不比白珪尚可磨去，故詩能興發人好善之心。孔子曾教其子：「不學詩，無以言。不學禮，無以立。」（季氏十三）禮並沒有一定的準則，其作用在於「和」，若不能體會其「禮後乎」之精神，只要能「小大由之」，就不易失禮失和，自然就能立身處事於人群之中。

古代國家祭天、祭太廟，行禮同時奏樂。樂是主體，詩是樂的詞，禮是樂的動作，樂含舞蹈。唱詩、儀禮都是配合著樂曲（舞蹈）來進行，獨奏、合奏、抑揚頓挫，將詩意境展現出來。詩好比人內在的情感，禮是情感的外在的表現，樂則是將之優雅或激揚的情境傳達出來，就像高興時會不自覺的高歌一曲，而且是與心情接近的曲調，這就是至情至性的顯露。

子曰：「民可使由之，不可使知之。」

【簡譯】：孔子說：「治理百姓只要讓他們能依禮樂制度的規範而行，不必要求他們能瞭解禮樂制度所蘊含的道理。」

這章接上文，聖王制定的詩、禮、樂制度，以現代的說法是屬於「精緻文化」，與普羅大眾所熟悉的「大眾文化」及「流行文化」不同，詩禮樂的內涵少有人能知悉。吳國公子季札訪魯，當聽到周南和召南時，季子說，「教化已經慢慢開始了，百姓們勤勞而不怨恨。」樂師唱到邶風、鄘風和衛風，季子又說，「百姓雖有憂愁卻無困窘不堪，他們國君德行就如這衛風中所唱。」樂師又唱王風，他讚賞這是周室東遷後的樂歌。唱到鄭風時，他批評百姓煩瑣不堪，一定會最先亡國。唱齊風時他又讚嘆說這是大國才有的風範國運昌盛，當是諸國的表率。接著樂師又唱了南風，季子評價說，「這是周公東征時博大坦蕩的樂歌。」樂師又繼續唱秦風，他繼續評價說，「這樂曲自然宏大，當是周室故地的樂歌。」樂師陸陸續續的唱了很多，季子都一一點評並發出讚美之情，他以自己的才能與遠見卓識透析了這些樂曲中所包含的深遠蘊涵，既聽出了周朝的盛衰之勢又聽出了文王的賢能之德，他說出的那些評價讓在座的魯國大臣為之震驚，無不對其刮目相看。直到招箾之舞的舞蹈開始時，他才驚嘆的說道，「這才是讓人嘆為觀止的樂章，盛德之至。」[五]

子在齊聞韶，三月不知肉味。曰：「不圖為樂之至於斯也！」（述而十三）孔子評論大韶和大武，認為「韶盡美矣，又盡善也；武盡美矣，未盡善也。」（八

五 吳公子札來聘，請觀於周樂。使工為之歌〈周南〉〈召南〉。曰：「美哉！始基之矣。猶未也，然勤而不怨矣。」為之歌〈邶〉〈鄘衛〉。曰：「美哉！淵乎！憂而不困者也。吾聞衛康叔、武公之德如是，是其〈衛風〉乎？」為之歌〈王〉。曰：「美哉！思而不懼。其周之東乎？」為之歌〈鄭〉。曰：「美哉！其細已甚，民弗堪也。是其先亡乎？」為之歌〈齊〉。曰：「美哉！泱泱乎大風也哉！表東海者，其太公乎？國未可量也。」為之歌〈豳〉。曰：「美哉！蕩乎！樂而不淫。其周公之東乎！」為之歌〈秦〉。曰：「此之謂夏聲。夫能夏則大，大之至也。其周之舊乎？」為之歌〈魏〉。曰：「美哉！渢渢乎！大而婉，險而易行。以德輔此，則明主也！」為之歌〈唐〉。曰：「思深哉！其有陶唐氏之遺民乎！不然，何憂之遠也？非令德之後，誰能若是？」為之歌〈陳〉。曰：「國無主，其能久乎？」自〈鄶〉以下無譏焉。為之歌〈小雅〉。曰：「美哉！思而不貳，怨而不言，其周德之衰乎？猶有先王之遺民焉！」為之歌〈大雅〉。曰：「廣哉！熙熙乎！曲而有直體，其文王之德乎！」為之歌〈頌〉。曰：「至矣哉！直而不倨，曲而不屈。邇而不偪，遠而不攜。遷而不淫，復而不厭。哀而不愁，樂而不荒。用而不匱，廣而不宣。施而不費，取而不貪。處而不底，行而不流。五聲和，八風平。節有度，守有序。盛德之所同也！」見舞〈象箾〉〈南籥〉者。曰：「美哉！猶有憾！」見舞〈大武〉者。曰：「美哉！周之盛也，其若此乎！」見舞〈韶濩〉者。曰：「聖人之弘也，而猶有慚德！聖人之難也。」見舞〈大夏〉者。曰：「美哉！勤而不德，非禹其誰能修之！」見舞〈韶箾〉者。曰：「德至矣哉！大矣，如天之無不幬也，如地之無不載也！雖甚盛德，其蔑以加於此矣，觀止矣！若有他樂，吾不敢請已。」《左傳．季札觀周樂》

佾二十五）像季札，孔子這樣深闇禮樂者少有，孔子聞韶樂，感嘆景公好俗樂。梁惠王也曾對孟子說：「寡人非能好先王之樂也，直好世俗之樂耳。」（孟子・梁惠王下）可見能體會雅樂的，其心懷有古聖之德。

禮記・中庸說：「王天下有三重焉，其寡過矣乎！上焉者雖善無徵，無徵不信，不信民弗從；下焉者雖善不尊，不尊不信，不信民弗從。故君子之道：本諸身，徵諸庶民，考諸三王而不繆，建諸天地而不悖，質諸鬼神而無疑，百世以俟聖人而不惑。」聖王制定的禮樂，是源自個人本身；在老百姓身上驗證；又參考了夏、商、周三代開國聖王的作法，也不會發生錯謬；建立在天地之間，也不違背天地的大德；質問過鬼神，也不會產生疑問；經過百世以後的聖人，也不會起疑惑。因此深奧義理，非黎民百姓能有所明白。（參閱里仁十六）

子曰：「好勇疾貧，亂也。人而不仁，疾之已甚，亂也。」

【簡譯】：孔子說：「好勇無所畏懼的人，若厭惡貧窮，就容易作亂破壞社會秩序。沒有仁慈之心的人，會對很多不如意事而厭惡，會容易作亂。」

「好勇疾貧，亂也。」有膽量氣魄，做一些一般人不敢做的事，好像很勇敢，但如果厭惡貧窮，不能忍受苦日子，就不能算是真勇，因為怕貧窮苦日子，所以，就會做出一些破壞法律治安的事來，一些人以威嚇他人來獲得利益，真的是「勇」嗎？

勇會導至亂，在論語中出現好幾章，泰伯這章就出現二章，「勇而無禮」（泰伯二），「好勇不好學」（陽貨八），「有勇無義」（陽貨二十三）。這三章的「亂」是指亂了禮法而不是作亂，而這章的亂除了禮法外，還有更嚴重的道德問題，疾貧是認為貧窮為病痛，為了治病而極欲脫貧，這時候很容易受到引誘而做出見義不為的事來。

這裡的「人而不仁」，古注是指沒有同理心，或考量對方的難處，這樣很容易讓對方感到委屈，之後會做出一些報復的事情來。所以對人的批評及指責，要適可而止，不可太過或太嚴厲。這種解釋法是將「疾之已甚」的「之」指代上句「好勇」者，太過於厭惡他，而沒有仁慈心去對待，反而會讓他走向作亂之路。這種解釋過於奇怪，好像勇者會有不得已的苦衷，為免他沒回頭路，不要對他太苛責？這章放在此處，是強調勇者本會見義有為，不畏凶暴，但如果怕見義之事會導至自身貧窮則不敢有為，勇者若怕貧易為貧所困，而無仁德之心者為一切亂源。

子曰：「如有周公之才之美，使驕且吝，其餘不足觀也已。」

【簡譯】：孔子說：「有周公的多才多藝，且有辦事完美不出差錯的能力，這樣的人若因此而驕傲自大，吝嗇不肯教人，雖有其他小善，也不值得一看了！」

前面提到託孤寄命，周公也是著名的，「如有周公之才之美」其才能是暫代天子職權治理天下，經過七年，讓天下安定，制禮作樂，奠定周朝八百年基業，其之美德是當成王成年，便還政於成王，自己退居臣位。而他都沒有認為是「值得驕傲」的，這便是這章要表達的用意。

子曰：「三年學，不至於穀，不易得也。」

【簡譯】：孔子說：「學習經典三年，心不在求利祿上，這樣的人是不容易找得到的。」

「三年」，古人常以三年做一個期限，如「比及三年」，「君子報仇三年不晚」等等，又古人三年學一藝，藝未成就求干祿，是不易求得的。

三年是一個不長不短的期間，大致可以看出一個人的「真心」，「誠心」，「孝心」，「恆心」……。這章指問「學」，看的是問學的目的為何。「穀」是祿的意思，也就是俸祿薪水。「至」是到的意思，也就是心思有沒有放在功名利祿上。孔子認為問學心不在利祿上的人是少有的，在孔子弟子中，有不少人確實是為了利祿而來求學，例如「子張學干祿」（為政十八）。子曰：「**君子謀道不謀食；耕也，餒在其中矣；學也，祿在其中矣。君子憂道不憂貧。**」（衛靈公三十二）這二章都有「祿在其中矣」，是對欲求干祿的弟子們所說的。

為何要用三年的時間來觀察一個人呢？像孔子的弟子們，問學到一個程度後，開始會問跟功名有關的事來，像問士、政。前面篇章多次舉例，東漢末年管寧的故事，他與華歆同窗共學，至少二次看出華歆的志向與他不同，所以跟他「割席分坐」，因此，只要經過一段時間，便能看出其「學」的目的為何。同樣的，三年期間不改其志，大概都能終生不渝，文天祥的正氣歌，讚嘆管寧說：「**或為遼東帽，清操厲冰雪**」，他志比這位，節操清高如冰雪的前人。

子曰：「篤信好學，守死善道。危邦不入，亂邦不居，天下有道則見，無道則隱。邦有道，貧且賤焉，恥也，邦無道，富且貴焉，恥也。」

【簡譯】：孔子說：「一個人必須堅決和誠信去求學問，並要有樂為善道去犧牲的決心。在一個國家情勢危急，無可挽救的時候，便不要進去涉險；政治動盪紊亂的國家，便不要停留。天下平治的時候，應該有所表現，混亂的時候，就該隱居不仕。國家盛治時，如果仍然貧賤，那是可恥的；國家衰亂時，反而富貴，那也是可恥的。」

這一章有三句話，第一句話是勉勵要能做到極至，好學跟善道，好學在前面許多篇章都有提到，篤信一般解釋是堅決和誠信，再更進一步的解釋，就是要相信，而且是堅持、固執般的相信，相信好學是利益自己與眾生。善道是聖人的典範、事蹟、良言，將之信受奉行，至死不渝。

第二句話是說，自己不要涉入其他國家的紛爭，如果是自己的家國，清明時就盡一己之力，來為國為民貢獻才能，否則就退隱免受屈辱。像甯武子，邦有道則知，邦無道則愚。（公冶長二十一）像南容，邦有道，不廢；邦無道，免於刑戮。（公冶長二）如果沒有選擇退隱，行為依然要正直不偏，但言語要小心婉轉。（憲問四）[六]

危邦是去了會有危險的，亂邦是處於不穩定動亂中，像孔子本欲前往晉國，到了黃河邊聽到趙簡子殺了賢人竇犨、舜華[七]，就明白去了只是自尋死路，不過

六 子曰：「邦有道，危言危行；邦無道，危行言孫。」

七 孔子自衛將入晉，至河，聞趙簡子殺竇犨鳴犢及舜華，乃臨河而歎曰：「美哉水，洋洋乎！丘之不濟此，命也夫！」子貢趨而進曰：「敢問何謂也？」孔子曰：「竇犨鳴犢、舜華，晉之賢大夫也。趙簡子未得志之時，須此二人而後從政。及其已得志也，而殺之。丘聞之，刳胎殺夭，則麒麟不至其郊；竭澤而漁，則蛟龍不處其淵；覆巢破卵，則鳳凰不翔其邑。何則？君子違傷其類者也。鳥獸之於不義，尚知避之，況於人乎！」遂還，息於鄒，作《槃琴》以哀之。《孔子家語．困誓》

孔子也差點應聘入險地，陽貨七佛肸召，子欲往。孔子可能久未能一展抱負，而想去大展身手，還是給子路擋了下來，子路的理由是孔子自己說過的：「親於其身為不善者，君子不入也。」雖然不是危邦，但為不善者謀與亂邦不居相比，除了可能會有危險外，還會有被迫選邊站的困擾，尤其是自己聲名在外的人，更是會被要脅利用，且比起自身的安危，在道德層次上是更不允許的，或許，他當時未能判斷出，中牟不久被趙簡子給屠城，孔子有可能被以叛者身份而被殺。又例如在述而十四及子路三，衛出公欲用孔子，但孔子不為也，因為名不正[八]。另外一個事件是孔子在陳國三年，魯哀公六年時吳伐陳，楚來救，陳國大亂。孔子離陳過蔡地去負函，後發生陳蔡絕糧之事。這次是離了亂邦，但名聲太大，還是遭遇到危難。

第三句是對應前二句，如果有篤信好學及守死善道，邦有道時沒人肯用你，那表示沒有真心在修學，邦無道沒有不入、不居、退隱，那就是在出賣志節或助紂為虐。

[八] 子路曰：「衛君待子而為政，子將奚先？」子曰：「必也正名乎！」子路曰：「有是哉，子之迂也！奚其正？」子曰：「野哉由也！君子於其所不知，蓋闕如也。名不正，則言不順；言不順，則事不成；事不成，則禮樂不興；禮樂不興，則刑罰不中；刑罰不中，則民無所措手足。故君子名之必可言也，言之必可行也。君子於其言，無所苟而已矣。」〈子路三〉

衛太子蒯聵密謀弒母南子，事敗逃至晉國，衛靈公去世，國人立蒯聵的兒子輒為國君（衛出公），太子蒯聵欲回國繼位，造成了父子爭國的情況。

子曰：「不在其位，不謀其政。」

【簡譯】：孔子說：「如果不是在那個職位上，就不應該管到那個職位上的事務。」

這章相同的章句也出現在（憲問二十七—二十八）。子曰：「不在其位，不謀其政。」曾子曰：「君子思不出其位。」曾子這句話是出自於易經．艮卦：「兼山，艮；君子以思不出其位。」另外在中庸也有相似的章句：「君子素其位而行，不願乎其外。素富貴，行乎富貴；素貧賤，行乎貧賤；素夷狄，行乎夷狄；素患難，行乎患難：君子無入而不自得焉。在上位不陵下，在下位不援上，正己而不求於人，則無怨。上不怨天，下不尤人。故君子居易以俟命，小人行險以徼幸。」

在這麼多的地方都有提到，不要干預他人職務之事，這是一個很重要的政治倫理學，不可僭越職權份際，尤其更不可以下論上，漢書：「臣聞『不在其位，不謀其政』，政者職也，位卑而言高者，罪也。」若是上位者，也不宜干涉下位部屬的職責，例如干預司法，如果已不在其位者，也不可對新任職者批評。

子曰：「師摯之始，關雎之亂，洋洋乎，盈耳哉！」

【簡譯】：孔子說：「從太師摯演奏序曲開始，到關雎結尾，豐富優美的樂曲在耳邊迴蕩啊！」

古樂一開始是由主奏者起音，象徵天子發想隨後臣子附合，太師是樂隊之首，故有此意，起音是什麼拍子、節奏其它的樂音也一定是相同的，八佾二十三子語魯大師樂，曰：「**樂其可知也：始作，翕如也；從之，純如也，皦如也，繹如也，以成。**」開始演奏時，猶如鳥要飛翔前，合起雙翼，專注而平和的瞬間。接著，音樂展開之後，樂聲純淨和諧，各部音節分明、清清楚楚，而且樂曲綿綿密密、接連不斷，甚至結束時，仍然餘音裊裊，如此整首樂曲才算完備。就好像天子先臨朝問政，接著官員依序上奏，議事，然後政令宣達至地方，大小官員銜命牧民，百姓安居樂業，守本份依禮樂，所以樂曲最後是以關雎做結尾。（請參閱八佾二十）

子曰：「狂而不直，侗而不愿，悾悾而不信，吾不知之矣。」

【簡譯】：孔子說：「放誕不羈的人而不直爽；沒知識的人而不忠厚；無能的人而不守信；這些人，我不曉得他們是怎麼的。」

狂是論事、處事的方法及態度，不太守標準禮節，即所謂放誕不羈的人，像楚狂接輿歌而過孔子（微子五），經過時不打招呼、報名號，在眾人面前高歌諷語，孔子聽了，禮貌的先下車，準備要打躬作揖與之交談，他卻趨而避之，這就是不禮貌的舉動，但也表示他純真直爽的個性。直是直爽，狂者雖不拘小節，但心必直口必快，若不直，那就是狂妄之人了。

侗，孔穎達說：「侗，未成器之人。」朱子注：「侗，音通，無知貌。」一般自知智識不高，識見未廣的人，都會謙遜不貢高，所以會忠厚老實。（書經‧皋陶謨：「柔而立，愿而恭。」）

悾悾，朱注：「悾悾，無能貌。」也作誠懇，像是傻傻無能但很聽話的樣子，因為自己懂的不多，所以別人交待的事，會很努力要去完成，故是守信用的人。

以上這些人，本有些不如人之處，但還有自知自明，如果沒自知之明，孔子說：我不知其將如何。因為不知道他們依仗著什麼，會有這樣的行徑。以現代通俗話語：「不知道他們是怎麼搞的？」

這章放在此處，其用意是人非聖賢，畢竟不是完人，但天性使然，會有所自覺而收斂，誠實的面對自己的短處，因而會有想學乃至好學，這是預接下章之用意。

子曰：「學如不及，猶恐失之。」

【簡譯】：孔子說：「求學要像來不及學，等到學了一些，又要像恐怕會忘掉一樣。」

續上一章，人貴自知，不知命無以為君子，故為求能截長補短，立身於世，自然而然的會努力向學，「學」不是學業技藝，而是如何做人處事（參閱學而）。最後三章舉了堯、舜、禹、文、武聖王之德業為總結。

子曰：「巍巍乎，舜禹之有天下也，而不與焉。」

【簡譯】：孔子說：「多偉大啊！舜、禹雖然得有天下，但並不以得到帝位感到榮耀。」

子曰：「大哉堯之為君也！巍巍乎，唯天為大，唯堯則之。蕩蕩乎，民無能名焉。巍巍乎，其有成功也，煥乎，其有文章。」

【簡譯】：孔子說：「偉大啊！像堯這樣的君主！崇高啊！只有天是最高大的了，獨有堯能效法天道！真是廣大啊，人民竟不能用適當的話來讚美他的偉大！崇高呀，他那治理天下的功業！光明呀，他所制訂的禮樂典章！」

舜有臣五人，而天下治。武王曰：「予有亂臣十人。」孔子曰：「才難，不其然乎？唐虞之際，於斯為盛，有婦人焉，九人而已。三分天下有其二，以服事殷，周之德，其可謂至德也已矣。」

【簡譯】：舜有五個能臣，而天下大治。周武王說：「我有治國大臣十人。」孔子說：「人才難得。不是這樣的嗎？到今天的周朝開國之初，已經算是比較多的了。而且其中一人是治理內政的女人，算算也只有九人而已。天下有三分之二的諸侯已叛殷而歸周，文王雖得到過半數的諸侯擁戴，還是以臣位事奉商紂王。文王的德行，可說是最高的德行了。」

這章提到聖人能成就聖業，是因為善用人才，也感慨人才難得，明主難遇。舜有臣五人，孔安國說是禹、稷、契、皋陶、伯益。武王的亂臣十人，亂臣是指治亂之臣，馬融注：「亂，有亂，治也。治官有十人，謂周公旦、召公奭、太公望、畢公、榮公、大顛、閎夭、散宜生、南公适。其一人謂文母（文王妃太姒）。」朱子引劉敞之說以為子不能臣母（母親不得為兒子之臣），當指武王后，即太公女邑姜。

子曰：「禹，吾無間然矣。菲飲食，而致孝乎鬼神，惡衣服，而致美乎黻冕，卑宮室，而盡力乎溝洫。禹，吾無間然矣。」

【簡譯】：孔子說：「大禹，我找不出他有什麼缺點可以批評的了。自己的飲食很簡單，而祭祀鬼神用的祭品卻極其豐美；自己穿的衣服很粗劣，而祭祀用的禮服和禮帽卻很華美；自己住著矮小簡陋的房屋，而卻盡力修治溝渠水道。像夏禹這樣的人，我還有什麼話說呢！」

最後一章舉聖人對天地，對百姓抱持著崇敬的心，而對自己則是苛刻不已，時刻戰兢自持，惟恐錯落分毫。一個人在世，自己生活上的享用不外食、衣、住、行上的厚薄，聖人不在這些事物上的追求，而是盡心在天下蒼生的豐饒，總結是：「以萬方為念，不以聲色為娛；以百姓為憂，不以犬馬為樂。」（舊唐書）

子罕第九

孔子門人記載老師平常之教化，很少言及私己之利欲；所教者道，所言者理，只述天賦之明命，與修心德之銓。縱遇橫逆困乏，也要繼起先哲聖教，雖不得見用，也要不餒而善學其藝，不可半途退志，時光如梭，逝水如斯，好德之人少矣，少有如顏回般精進不懈，雖學未必得用，但能不忮不求，終能如松柏後凋於歲寒，不需擔心道學未能見於世，只要有心，那一天的到來就不遠了。

文可分成數段，在成就學問之道與不受用之困境間，所持之心志。先以達巷黨人之讚嘆孔子之博學為引言，雖臻博學但絕意、必、固、我之驕態，遇橫逆亦不改其志，非天生之聖，實乃努力學得，若人求教於我，不會自覺岸高學廣，盡心啟其迷竇，只嘆無明主出世，聖人之學無以為繼。

次言，學之道不在深奧難明之處，日常行為示之以道，雖是尋常但常人難以企及，雖將死亦死守善道，雖良玉在身，也只能待明主而識之，所在之地雖鄉野鄙陋之地，亦能禮興樂正，使民出入事奉皆能循禮，只嘆時光飛逝，好德之人少矣，能有精進不懈者少之又少，更嘆惜縱然有好學之人，亦不得見於世也。

末言，立志向學當趁年少，舜、禹何人，有為亦若是，從良言，思己過，交益友，不移志，不忮不求，堅守一生，終能在不遠的將來開花結果。

子罕言，利與命，與仁。

【簡譯】：孔子很少講述利益及命運之事，所講的大多是讚揚仁德之義。

這一章至少有三種版本的解釋，第一種是將「利與命與仁」並列來說，此時的「與」是連接詞，解釋為「利和命及仁」，這三者是孔子很少提到的。第二種是「利與命，與仁」第一個與是連接詞，第二個是「讚許」之意，例如先進二十六篇「點，爾何如？」鼓瑟希，鏗爾，舍瑟而作。對曰：「異乎三子者之撰。」子曰：「何傷乎？亦各言其志也。」曰：「莫春者，春服既成；冠者五六人，童子六七人，浴乎沂，風乎舞雩，詠而歸。」夫子喟然歎曰：「吾與點也！」吾與點也，便是孔子讚許曾點的志向，所以第二種解釋便成了孔子很少言及利與命，常讚許仁。第三種解釋「與」都做讚許講，孔子很少講利益之事，常讚許天命及仁德。第一種解釋不太合理，因為孔子思想中心是「仁」，他不談仁要談什麼？第二及第三種解釋，筆者偏向第二種解釋，「命」有二種含意，一種是生死禍福之命運，另一種是天生俱有或上天所認同的「天命」。孔子一生非常的坎坷不順遂，遇到困厄時他認為是上天所主宰的運勢，例如：伯牛有疾，子問之，自牖執其手，曰：「亡之，命矣夫！斯人也有斯疾也！斯人也有斯疾也！」（雍也九），公伯寮愬子路於季孫，子服景伯以告，曰：「夫子固有惑志於公伯寮，吾力猶能逮諸市朝。」子曰：「道之將行也與？命也；道之將廢也與？命也；公伯寮其如命何！」（憲問三十六）這裡的「命」是歸於上天所主宰，人力所不能左右的，另一種天生俱有或上天所認同的「天命」，是中庸首章所述的「天命之謂性」，孔子一生多次遭遇到危厄時，他堅信他俱有上天所認同的「天命」，所以，想要加害於他的人必不能得逞，以及他所宣揚的道與上天相符，當子貢希望老師能降低標準，來因應諸候們的喜好，孔子回他：「今不修其道而求其容，賜！爾志不廣矣，思不遠矣。」（孔子家語．在厄第二十）同樣的問題他再問顏回，顏回曰：「夫子之道至大，天下莫能容；雖然夫子推而行之，世不我用，有國者之丑也，夫子何病焉？不容然後見君子。」他的看法與孔子相同，天命（天性、道）並不是見用於世與否，來決定是否尊貴或至上，問題在世人能否認知到祂的寶貴。

為何筆者認為孔子會有言「命」，因為當每逢災厄時，他能「撫琴而歌」但是弟子們不能，一定會有驚恐、不安、疑惑及憤怒，像子路氣憤的問：「昔者聞諸夫子：『為善者，天報之以福；為不善者，天報之以禍。』今夫子積德懷義，行之久矣，奚居之窮也？」（孔子家語．在厄第二十）從子路之問可得知，孔子有講過善惡相報之命運變遷，因此，他必有所說辭，讓弟子們在危難時，也要能不改其志。

再來是孔子罕言「利」，罕言是指很少說或者討論如何得利，在論語中有幾處提到與利有關的，例如為政十八篇的子張學「干祿」，白話一點是學習如何升官發財之術，衛靈公三十二篇：「學也，祿在其中矣。」孔子並沒有排斥求利之事，但對所求之利必基於義，也就是他所說的「見利思義」，述而七篇：子曰：「富而可求也，雖執鞭之士，吾亦為之。如不可求，從吾所好。」他沒有把利做為主體來討論，而是當做事態度符合義之標準時，利自然而能得之。

達巷黨人曰：「大哉孔子！博學而無所成名。」子聞之，謂門弟子曰：「吾何執？執御乎，執射乎？吾執御矣。」

【簡譯】：達巷地方有人說：「偉大呀孔子！他學問淵博，可惜不能成一藝一技的名家！」孔子聽到了這話，就對他的門弟子說：「我將專執些什麼技藝呢？專長於駕馭車馬呢？還是專長於射箭呢？我看還是專長於駕馭車馬罷！」

達巷黨人，古之注有「達，巷黨」；「達巷，黨」，地點位置不明。鄭玄曰：「達巷，是黨的名，古五百家稱為一黨，此黨之人美孔子，博學道藝，不成一名而已。」「人」是指達巷黨的人，其名未說出。按今山東省滋陽縣西北有達巷，相傳即當初達巷黨人所居處。有關此達巷黨人，有一說是「項橐」，亦是孔子所有師友中最年輕者（時年七歲），孔子每為之折服，史記作「達巷黨人童子」。」「不成一名」，成名者往往不用直呼其名，會有指代之名號稱之，世人皆知所稱何人，例如：「義薄雲天」便知是指關羽，「精忠報國」是對岳飛敬稱，這些皆是因其立下了言、德、功，而受人尊敬。達巷黨人讚孔子「大哉」，竟不知以何名號來含括其博學之名。

子曰：「麻冕，禮也；今也純；儉，吾從眾。拜下，禮也；今拜乎上，泰也。雖違眾，吾從下。」

【簡譯】：孔子說：「麻做的冠本是禮所制定的，現在改用了絲做的冠，比用麻做的節省工序，我跟從大眾的做法；臣對國君禮拜在堂下，這是古禮，現在都拜於堂上，這未免驕慢了；雖然違逆大眾的做法，我仍然依照古禮，在堂下拜見。」

這章正好可以認識一下，古代的衣冠之禮。

周公制禮，將禮分為吉禮、凶禮、軍禮、賓禮、嘉禮五禮。吉禮是祭禮，為

一 若按鄭玄所註，則達巷黨人對孔子之讚「大哉孔子」，就成了反諷的：「偉大又博學的孔子，居然沒有一技可成名。」若是這意思，放在子罕篇就不適當了。

五禮之冠，主要是對天神、地祇、人鬼的祭祀典禮。凶禮，是喪葬、悼念、慰問的禮儀。軍禮，是用於征伐等軍事活動方面的禮儀。賓禮，是指接待賓客的禮儀。嘉禮是人際關係、溝通、聯絡感情的禮儀，例如帝王登基、冊封、宴客、結婚、成人、節日慶祝方面的禮節儀式。嘉，美、善的意思。五禮涵蓋著社會一切活動，所以，各種禮儀也有專屬匹配的冠服制度。

尚書正義：「冕服華章曰華，大國曰夏。」左傳・定公十年疏云：「中國有禮儀之大，故稱夏；有服章之美，謂之華。」各種的冠服制度又稱為「華夏衣冠」，歷代帝王取得天下後，便會「改正朔、易服色」在論語・衛靈公十一：**顏淵問為邦。子曰：「行夏之時，乘殷之輅。服周之冕。樂則韶舞。放鄭聲，遠佞人；鄭聲淫，佞人殆。」**顏淵問孔子如何治理國家，孔子提到了用夏朝曆法（正朔），周朝的冠服（服色）。漢朝時遵循周禮，將儀典分成五禮八綱，五禮：吉禮、凶禮、賓禮、軍禮、嘉禮；八綱：冠禮、婚禮、喪禮、祭禮、鄉禮、射禮、朝禮、聘禮。其中冠禮和婚禮是嘉禮的核心，冠禮爲男子的成人禮，一般稱「弱冠」便是指剛成年的男子，女子成年則行笄禮。

「冕」，是帝王及大夫以上戴的禮帽，之後則專指君王的皇冠，登基時為加冕。冕從古傳至周朝時，用麻為材料，到孔子時流行用絲製品，「麻冕，禮也」禮制上要用麻來製冕，孔子認同改用絲來製作，是基於「儉」，儉是指儉約，不繁瑣，不一定就比較省錢，因為絲比麻貴很多。朱熹集註：「**麻冕，緇布冠也。**

純，絲也。儉，謂省約。緇布冠以三十升布為之，升八十縷，則其經二千四百縷矣。細密難成，不如用絲之省約。」麻的製作有殺、薅、漚、剝、洗、編等粗重且髒污的繁瑣工序，需要力壯的男子來做，而且要編成經緯二千四百縷，要將麻做很細才行，有二個形容詞恰好可以說明，成績的「績」及麻煩的「麻」。而絲比較細輕，容易編成。

「拜下」，皇侃解釋：「君賜酒，接下堂而再拜，故云『拜下、禮也』」。左傳．僖公九年：王使宰孔賜齊侯胙，曰，天子有事于文武，使孔賜伯舅胙，齊侯將下拜，孔曰，且有後命，天子使孔曰，以伯舅耋老，加勞賜一級，無下拜，對曰，天威不違顏咫尺，小白，余敢貪天子之命，無下拜，恐隕越于下，以遺天子羞，敢不下拜，下拜登受。（周襄王派宰孔賜給齊桓公祭肉並傳達旨意不用下拜，但齊桓公堅持要下拜。）到孔子時已經變成驕泰、虛應的「拜上」。

孔子對於禮節並沒有死守不變，只要禮的精神沒變，他是可以改變的，在八佾十七子貢欲去告朔之餼羊，是符合儉約，但孔子在乎的是，其禮象徵意義還在。

子絕四，毋意，毋必，毋固，毋我。

【簡譯】：孔子杜絕四種弊病：不會主觀臆斷，不會絕對肯定，不會固執己見，不會唯我獨尊。」

孔子杜絕了四種弊病：意、必、固、我，那為何要加上個「毋」？變成了本是正確的「不主觀臆斷」被杜絕了，反成了會主觀臆斷。宋朝以前的注解只說絕意、必、固、我，宋朝鄭汝諧氏的論語意原說孔子是絕「毋」，這解釋同顏回不二過一樣，起心動念是一過，又照著心念而做是二過，不二就是唯一，連唯一都沒有是不二過之意，同樣的，人們難免會有意、必、固、我之毛病，修行者會誡慎於是否有此四病，此誡慎之心是提醒自己要「毋」，孔子因已無意、必、固、我，所以連「毋」也絕之。

不過，也應該是沒有句讀所產生的誤解：「子絕四毋意毋必毋固毋我」，連著讀會以為絕毋意、絕毋必……這四病。「子絕四」後停頓一下，就會如同簡譯所述。

子畏於匡，曰：「文王既沒，文不在茲乎？天之將喪斯文也，後死者不得與於斯文也；天之未喪斯文也，匡人其如予何？」

【簡譯】：孔子到了匡這個地方，遇到了驚恐的事。孔子說：「自從周文王過世之後，傳播文化的責任難道不就落在我身上了嗎？如果老天爺要斷絕文化傳承，後代人就無法承接前人的文化；老天爺如果不想讓文化傳承斷裂，那麼匡這地方的人又怎麼能傷害到我呢？」

孔子開始周遊列國的第一站衛國，第二年離開衛國往陳國的路上，在匡地被當地人誤認為陽虎，陽虎曾興兵攻打匡邑，匡人恨之，史記．孔子世家有生動的記載：將適陳，過匡，顏刻為僕，以其策指之曰：「昔吾入此，由彼缺也。」匡人聞之，以為魯之陽虎。陽虎嘗暴匡人，匡人於是遂止孔子。孔子狀類陽虎，拘焉五日，顏淵後，子曰：「吾以汝為死矣。」顏淵曰：「子在，回何敢死！」匡人拘孔子益急，弟子懼。孔子曰：「文王既沒，文不在茲乎？天之將喪斯文也，後死者不得與于斯文也。天之未喪斯文也，匡人其如予何！」孔子使從者為甯武子臣於衛，然後得去。

史記與孔子家語對於孔子是如何解圍說法不同（請參閱述而三十一），論語中有幾章述及孔子遇難時的心境及應對方式，例如在述而十九是在陳國遇司馬桓魋的脅迫，當時他告訴弟子，桓魋不敢冒天下之大不諱，去殺害有德之人。本章安排在子罕，言明縱遇橫逆困乏，也要繼起先哲之聖教，上天不會讓聖人的教化斷絕，那有心傳承者要如何繼起聖業呢？請看下一章。

大宰問於子貢曰：「夫子聖者與？何其多能也？」子貢曰：「固天縱之將聖，又多能也。」子聞之曰：「大宰知我乎？吾少也賤，故多能

鄙事。君子多乎哉？不多也！」牢曰：「子云：『吾不試，故藝。』」

【簡譯】：有一位太宰的官問子貢：「夫子是聖人嗎？怎麼會那樣多才能呢！」子貢說：「他本是天縱的大聖，而又多才多藝。」孔子聽到了說：「太宰知道我嗎？我少年時家中低賤，所以作過很多粗活事。講到君子，究竟要不要多能呢！實在是不必多能的！」琴牢說：「夫子曾經說過：『我因為不能見用於世，所以有餘暇學習這些技藝。』」

大宰：官名。為百官之長，又稱冢宰。按朱注及史記．魯世家所述，此太宰是指吳國太宰伯嚭；蓋哀公七年，子貢曾以魯使赴吳。

太宰將聖人及多才能畫上等號，而子貢也順其意，將孔子捧上天縱之聖，孔子聽聞後認為沒有天生的聖人，他的多才多藝是因為環境所造就的，琴牢也表示，他也曾聽過孔子這麼說過。

「君子多乎哉？不多也！」此為設問句。言聖人君子要多能於各種技藝嗎？不！聖人君子自有聖人君子之道，不在乎能作各種技藝事。這句話在子路四可以補充說明：**樊遲請學稼，子曰：「吾不如老農。」請學為圃，曰：「吾不如老圃。」樊遲出，子曰：「小人哉，樊須也！上好禮，則民莫敢不敬；上好義，則民莫敢不服；上好信，則民莫敢不用情。夫如是，則四方之民，襁負其子而至矣；焉用**

稼！」樊遲年少便已當官，也曾與冉求共同擊退齊軍（哀公十一年，齊魯郎之戰），孔子回魯後成為後期所收弟子，論語中有記載的，他為孔子御車，問知，問仁，問崇德、修慝、辨惑，他若不懂還會去問學長，所以，應該是一位好學求知之人，這章他問稼圃之事，孔子認為，在上位者不需要這麼多技藝，只要做好為民表率，自然四方咸歸，農事自興。

太宰說孔子多能，琴牢說「藝」，而孔子說他能「鄙事」，這能與藝並不是鄙之事，而是做粗下的工作中，磨練出來的才能技藝，例如算數會計，管理工作及廣博的知識，而孔子又能善加將這些庶民知識，融入、舉證於經典詩句中，這才是游於藝也。

子曰：「吾有知乎哉？無知也。有鄙夫問於我，空空如也；我叩其兩端而竭焉。」

【簡譯】：孔子說：「我真的有知識嗎？我所知的其實並不多。但是如果有個知識程度低落的人來問我，他是那樣的誠懇，我會將他的疑惑問清楚，然後詳盡地告訴他。」

接前二章之意，意承聖業唯有專心致意的學習，縱所學不多，也要將所知所能的殫精竭慮的傳承下去，如此聖業一代傳一代，一棒接一棒，總有一天，當世道清明，明主出世，必能顯現於世。空空如也，形容誠懇虛心的樣子。叩其兩端，指對方的知識及理解程度，在其能力範圍內使其能明白，對於虛心求教者，孔子亦竭其心力而教之，在述而八：「**不憤不啟，不悱不發。舉一隅不以三隅反，則不復也。**」也可見其教學態度是一貫如此。那孔子說自己是無知也？知也是智之意，有點像現代要博士來教小學生，有時候不知道要如何來教，要用什麼簡單的道理來闡述？像是成語：「秀才遇到兵，有理說不通。」一樣很難表達，但一定會盡力去教。

子曰：「鳳鳥不至，河不出圖，吾已矣夫！」

【簡譯】：孔子說：「鳳鳥不出現、黃河裡也不出現圖籍，我看我是碰不到聖王的聘用可以行道了！」

這章的背景是易經．繫辭上：「河出圖，洛出書，聖人則之」，古人有二種說法，一是孔子感嘆沒有聖王出世，所以他所宣揚之大道不受重用，也就是「傷己不得見」（孔安國和皇侃），或「傷時無明君也」（邢昺和戴望）。另一種說法是孔子自覺，他沒有受天命，故道不行於世（董仲舒）。董仲舒的說法較不可能，若自覺沒天命，那就沒使命啦，為何不退而藏去？

在述而篇孔子自認為「天生德於予」以及子罕篇的「斯文在茲」的「自信」，與本章的嘆息氣餒差異極大。孔子嘆息氣餒與展現信心都多有出現。冉伯牛有疾時，他嘆「命矣夫！斯人而有斯疾！」有人攻訐他時，他有自信的說：「道之將行也與，命也。道之將廢也與，命也。」[二]顏淵死，他為之慟曰：「天喪予！」他一直不得志時曾自我安慰的說：「沽之哉！沽之哉！我待賈者也。」這二種不同的意境，仔細來比較，他對仁德之心的顯現，是不畏橫逆的阻撓，深俱信心的去實踐、落實，所以他才「知其不可而為」。但對命運、時運的安排，也只能禱之久矣！並且不怨天，不尤人，他相信下學上達，知我者其天乎。[三]他在陳蔡絕糧困厄時曾對子路說：「芝蘭生於深林，不以無人而不芳；君子修道立德，不為窮困而敗節，為之者人也，生死者命也。」（孔子家語．在厄）孟子詮釋的很好：「孔子進以禮，退以義，得之不得，曰有命。」（孟子．萬章上）

子見齊衰者、冕衣裳者，與瞽者，見之雖少必作；過之必趨。」

二 公伯寮愬子路於季孫。子服景伯以告，曰：「夫子固有惑志於公伯寮，吾力猶能肆諸市朝。」子曰：「道之將行也與？命也。道之將廢也與？命也。公伯寮其如命何！」〈憲問三十八〉

三 子曰：「莫我知也夫！」子貢曰：「何為其莫知子也？」子曰：「不怨天，不尤人。下學而上達。知我者，其天乎！」〈憲問三十七〉

【簡譯】：孔子見到服喪服的人，穿戴官服的人和盲人，如果碰到了，就算這個人年紀比自己小，也會從坐起身及肅容而立；如果自己經過這些人身邊，一定快步通過。」

這一章到第十七章**子在川上曰：「逝者如斯夫！不舍晝夜。」**是第二段。這章是描述孔子平日對三種人的尊重行為。與鄉黨十六非常相似：**「寢不尸，居不容。見齊衰者，雖狎，必變。見冕者與瞽者，雖褻，必以貌。凶服者式之。式負版者。有盛饌，必變色而作。迅雷風烈，必變。」**

「齊衰」，是傳統喪服之一。根據自己和喪者的親疏遠近關係，有「五服」的規定：斬衰、齊衰、大功、小功、緦麻。這五種喪服，不僅在形制上不同，服喪的時間也不同。「冕」是「冠」，也就是帽子，這是大夫才能有的服儀；「衣」是上服；「裳」是下服，也就是居官顯貴之人。「瞽者」是指視障者。

這章要設想一位有德者，遇到這三種人會有何反應，遇喪家心會有同悲之慨，齊衰是第二等喪服，第一等是斬衰，是兒子服父喪，齊衰是近親之喪服，其下為一般親戚至遠親，見服齊衰以上者，表示其痛失至親，內心必無比的哀痛，孔子是性情中人，所以一定會有感同身受。冕衣裳者是為官顯貴之人，他們身負百姓安危及社會安康之重責大任，禮敬他們除了是禮節規範，也是對他們所負的責任感激，像美國人對軍人，常用行動來表達他們的感激，筆者在高速公路一個休息站，見到一群著軍便服的軍人進來購物，就有平民走上前跟他們握手，說感謝你們為我們保家衛國，也許是文化差異吧！但會發自內心的感激，是基於自身的生命安全，是有一群人在守護著，孔子對為官者之期許亦是如此。瞽者是弱勢族群，行動比聾啞更為不便，見之心生憐憫，自然而然會起身及肅容而立。如果見到這三種人還坐著不動，一定是心中覺得沒關係或有瞧不起的想法。

顏淵喟然歎曰：「仰之彌高，鑽之彌堅，瞻之在前，忽焉在後！夫子循循然善誘人：博我以文，約我以禮。欲罷不能，既竭吾才，如有所立卓爾；雖欲從之，末由也已！」

【簡譯】：顏淵讚嘆地說：「老師的學問之高我像是在低處向上仰看一樣，越仔細的去鑽研像是堅硬無比般的無法貫通；看起來有時在我前面快要追到了，但忽然發現我其實落後很遠。老師的教誨是一步一步的引導，且善於用吸引人的方式來啟發，用文彩典章使我知識豐富，又用禮來約束我們。讓我想要停下來都沒辦法，就算是我使盡所有的才能，要達到老師般的特立突出，就算想追趕，也找不到方法可追及。」

顏回對老師高深厚博的學問及感嘆自己無法企及的愧怍，也對孔子的教學方式及引據內容廣博而佩服稱頌，讓他能樂於學而不能停止罷手。孔子的循循善誘在顏淵一及衛靈公十一可以見得。「瞻之在前，忽焉在後！」這二句話一般解釋「看著就在前面，忽然卻在後面。」朱注：「在前在後，恍惚不可為家。此顏淵深知夫子之道無窮盡，無方體，而歎之也。」後來以「瞻前忽後」形容難以捉摸，這裡的解釋有點不同，在修學經驗上，有時會覺得好像懂了、會了，可是再深入瞭解才知道明白的只是皮毛表相而已，還有更深層次的道理還未理會到，所以不是恍惚難以捉摸，而是體會的層次太淺的意思。

這一篇後人認為，像顏回這樣的孔門第一弟子都學不會，是不是孔子善於教，可是弟子卻學不會，會不會太矛盾了？其實不是，因為弟子確實有進步，只是孔子也沒停滯不前，在論語許多篇章都可瞭解到，孔子的好學，可是不輸任何弟子的。

子疾病，子路使門人為臣，病閒，曰：「久矣哉，由之行詐也！無臣而為有臣，吾誰欺？欺天乎？且予與其死於臣之手也，無甯死於二三子之手乎！且予縱不得大葬，予死於道路乎？」

【簡譯】：孔子生了重病。子路分派眾門人為殯臣。孔子病情稍微起色，聽到了這件事，就斥責子路說：「病了這麼久！才知道子路在做欺偽的事。不該有殯臣的，卻讓弟子充當殯臣，我要騙誰啊？騙老天爺嗎？何況我與其死在這種僭越禮法的殯臣下，還寧願死在各位弟子手中！再說，就算我死後不得隆重的葬禮，難道我會死在路旁沒人管嗎？」

在古時候，因為醫療不發達，人均壽普遍不高，所以通常「疾病」就是指「病重」，若有病重多日，會被認為可能命不長久了。這時家人會開始準備辦理後事，當然也會祈禱蒼天及鬼神盼能禳除災厄，述而三十四：「子疾病，子路請禱。」是不是同一次，則不得而知，不過主角都是子路，若是同一次事件，從文句來看「閒」就是「病情稍為好轉」，稍有好轉就發現子路逾越禮法，就罵他欺詐的作為。「子路請禱」可能是在此之前，可能孔子沒答應請禱或請禱未見改善，子路才開始安排「門人為臣」這些動作。古人的注釋中，臣傾向於「家臣」，例如：鄭玄認為「孔子嘗為大夫，故子路欲使弟子行其臣之禮。」朱熹也說：「夫子時已去位，無家臣。子路欲以家臣治其喪，其意實尊聖人，而未知所以尊也。」

「久矣哉」自古以來有不同的說法，例如：孔安國認為是「子路久有是心，非今日也」，清代訓詁學家戴望說「久矣」為「病久」之意，而非「詐久」。不管久矣哉是病很久還是詐很久，都是表示長時間的意思，所以是孔子這次得病久未癒，而子路也安排門人為臣之事持續一段時間了，使門人為臣是什麼事呢？從禮經的記載，完整的喪禮約有：始死奠、小斂奠、大殮奠、殯、朔月奠、啟奠、祖奠、遣奠、葬、虞、祔、小祥、大祥、禫等諸多禮儀，概分為喪、葬、祭三大部份。「臣」就是每個部份每個儀禮的負責人，而且是天子、諸侯到大夫才有的，也就是說行官禮之臣，士及百姓階級是不會有的。例如「哭官」是引領眾人哭泣祭儀中的靈魂人物，其它像主祭人，接待賓客，儀樂，太祝等等，孔子之喪公西華擔任「為志」，禮記．檀弓上：「孔子之喪，公西赤為志焉：飾棺牆，置翣，設披，周也；設崇，殷也；綢練設旐，夏也。」

「且予與其死於臣之手也，無寧死於二三子之手乎！」在禮記中有記載「御者四人，皆坐持體。屬纊，以俟絕氣。」在將亡故之際，會有家屬陪侍在側，握著病危之人的四肢，及將極輕的新絮放在臨終之人的口鼻之上，判斷是否還有氣息，因孔子可能在外地或家人不多，身旁沒有家人陪侍在側，因此，持體之人，孔子希望是弟子而不是潛禮之「臣」。

子貢曰：「有美玉於斯，韞櫝而藏諸？求善賈而沽諸？」子曰：「沽之哉！沽之哉！我待賈者也！」

【簡譯】：子貢說：「假如有一塊美好的玉，是藏在小盒子收起來好呢？還是開個好價錢把它賣了？」孔子回答說：「那就賣了吧！拿出來賣了吧！我這就等商人出好價錢來買囉。」

這章看得出子貢真的是善於言，他用隱喻的問話而側擊出孔子的意向，子貢善於經商，孔子當然明白，他問孔子有關投資商品的看法，孔子卻沒有思考太多，因為「子罕言，利與命。」不可能當做認真的議題來討論，一塊美玉，是要保存下來等待升值，還是現在已是高點，所以要趕快出脫？這要有商業頭腦的人來判斷。孔子怎麼可能來跟他研究討論，因此，孔子聽得出子貢的用意，也順他的話來回答他的想法。孔子回答二次賣吧！賣吧！似有急切之心，雖然好像很急，卻又不願意賤賣，因為他只賣給真正識貨的人。孔子的回答反應出，他等待明主的出現，已經很久了。他周遊列國就是在待賈而沽，陳蔡絕糧時他分別召問子路、子貢及顏回：「詩云：『匪兕匪虎，率彼曠野。』吾道非乎，奚為至於此？」子貢的回答是：「夫子之道至大，故天下莫能容夫子，夫子盍少貶焉？」他勸孔子降價好求售，可是孔子不認同：「賜，良農能稼，不必能穡；良工能巧，不能為順；君子能修其道，綱而紀之，不必其能容。今不修其道而求其容，賜！爾志不廣矣，思不遠矣。」若不能修養道德，卻只想尋求容身之所，是志向還不廣大，思慮還不夠深遠。子貢之意與孔子之語，可參見孟子．滕王公下一，「枉尺而直尋」[四]或

[四] 陳代曰：「不見諸侯，宜若小然；今一見之，大則以王，小則以霸。且志曰：『枉尺而直尋』，宜若可為也。」孟子曰：「昔齊景公田，招虞人以旌，不至，將殺之。志士不忘在溝壑，勇士不忘喪其元。孔子奚取焉？取非其

成語「詘寸伸尺」意思相近。

「賈」有三個讀音：唸「古」、「甲」及「駕」，唸「古」指商人、買或賣，例如商賈；唸「甲」多指姓氏，例如賈誼、賈寶玉；唸「駕」指價錢，例如善賈而沽。

子欲居九夷。或曰：「陋，如之何？」子曰：「君子居之，何陋之有！」

【簡譯】：孔子想要移居到東方的偏遠地區。有人說：「那裏的禮儀鄙陋，要如何呢？」孔子回答說：「有君子居住在這，哪裡會禮儀鄙陋。」

招不往也，如不待其招而往，何哉？且夫枉尺而直尋者，以利言也。如以利，則枉尋直尺而利，亦可為與？昔者趙簡子使王良與嬖奚乘，終日而不獲一禽。嬖奚反命曰：『天下之賤工也。』或以告王良。良曰：『請復之。』彊而後可，一朝而獲十禽。嬖奚反命曰：『天下之良工也。』簡子曰：『我使掌與女乘。』謂王良。良不可，曰：『吾為之範我馳驅，終日不獲一；為之詭遇，一朝而獲十。《詩》云：「不失其馳，舍矢如破。」我不貫與小人乘，請辭。』御者且羞與射者比。比而得禽獸，雖若丘陵，弗為也。如枉道而從彼，何也？且子過矣，枉己者，未有能直人者也。」《孟子．滕王公》下篇（一）

「九夷」是九種東方的民族[五]，其地理位置不明，清戴望和劉寶楠認為是朝鮮。朱熹認為與「乘桴浮于海」是同樣的意思。不過在地理上，朝鮮與大陸相連，不用坐船也可到達，再加上春秋時代航海技術並不發達，漁民出海不敢離陸地太遠，所以，通常最遠到還能看到陸地的位置，而這個位置在天氣好時，可以看到海外有「仙山」，瀛洲、蓬萊與方丈，也就是現在的日本、臺灣與沖繩。秦始皇時方士徐福，帶三千童男童女，東渡仙山求長生不死藥，可見當時視海外仙山是不可也不敢隨意造訪的，所以，也不會有當地住民來到中原，自然不會有東夷之稱，那孔子想去的地方在那呢？齊魯夾谷會盟時，齊先使萊人帶著武器，鼓譟表演，這裡的萊人是齊靈公滅萊以後，他們就散居在萊蕪一帶，是現在的山東省中部、泰山東麓，夾谷會盟結束後：齊侯歸，責其群臣曰：「魯以君子道輔其君，而子獨以夷狄道教寡人，使得罪。」所以，當時的萊蕪及齊國東部都屬東夷地區，地理位置上，離魯國不遠，但也只是一個可能而已。

「陋」，用現在的觀點是指生活機能落後的地方，有人覺得現代化用品匱乏叫落後，有人認為經濟水準較低是落後，對依賴手機的人而言沒網路才是落後，孔子時代物質的差異不像現代那麼懸殊，不會有水電及公共交通等建置的便利與

[五] 王制云：「東方曰夷。」夷者，柢也，言仁而好生，萬物柢地而出。故天性柔順，易以道御，至有君子、不死之國焉。夷有九種，曰畎夷，于夷，方夷，黃夷，白夷，赤夷，玄夷，風夷，陽夷。故孔子欲居九夷也。《後漢書．東夷列傳》

否，主要是文化禮儀的雅與陋，邢昺說是「鄙陋無禮」，劉寶楠說：「其地僻陋，人不知禮儀也。」對孔子而言「謀道不謀食」、「憂道不憂貧」。有君子居其地，必能移風易俗，建立起人文素養。

子曰：「吾自衛反魯，然後樂正，雅頌，各得其所。」

【簡譯】：孔子說：「我從衛國返回魯國後，開始訂正失去章法的樂，讓雅歸雅、頌歸頌，各自回到該有的樣貌。」

八佾二十三孔子跟魯國的大師樂，談論樂章的開始到結尾的結構，這章談的是他回到魯國後，對於樂音及雅頌的缺失，做了修正。樂正部份如與大師樂所談，而雅、頌與得其「所」，這「所」古人認為是場合，什麼場合該用什麼詩篇，詩經按音樂性質的不同，分為風、雅、頌三類。「賦、比、興」是指詩經的三種基本表現手法。周禮稱六詩，毛詩序稱六義，「風」是指不同諸侯國和地區的地方音樂，例如詩經有十五國風。「雅」即正的意思，指周朝京都地區雅正之樂，例如大雅、小雅，是貴族文人的作品。「頌」是祭神祭祖時用的歌舞樂曲。賦、比、興三種表現手法，朱熹詩集傳說：「賦者，敷陳其事而直言之者也，比者，以彼物比此物也，興者，先言他物以引起所詠之詞也。」例如：泰伯十五「師摯之始，關雎之亂，洋洋乎盈耳哉。」關雎是詩經第一篇，是「周南」國風，這詩的主要表現手法是「興」。大雅．假樂：「假樂君子，顯顯令德，宜民宜人。……」是周宣王行冠禮的冠詞，表現手法是「賦」。詩經．大雅．蕩之什．抑：「……白圭之玷，尚可磨也。斯言之玷，不可為也。」這首是南容三復白圭的詩篇，以白圭「比」擬自身，要小心言語不可有誤。

孔子排除掉一些不當的樂曲，例如鄭國的淫聲，然後正雅樂（陽貨十八），從他與大師樂所談，推論在某一場合時，先由大師奏某一樂曲，此曲如翼展翅般，然後樂官接續、銜接適當的雅樂，如群鳥追隨般，樂曲要有純、皦、繹的情境，最後以關雎大合奏結尾。

子曰：「出則事公卿，入則事父兄，喪事不敢不勉，不為酒困，何有於我哉！」

【簡譯】：孔子說：「到外頭去服事諸侯大夫，回到家族來侍奉父執輩和兄長，替人辦喪事盡心盡力，喝酒也不會喝到醉茫茫，這些事對我來說都不困難。」

論語中有些句子會對仗的語句，例如這章的「出」；「入」和學而六說的「入則孝」和「出則弟」是一樣的，孟子也說過「入以事其父兄，出以事其長上」（孟子·梁惠王上五），古人將邦國與家視為同等範疇的事情。當時的卿大夫等幾乎是世襲而來的，家是一個邦國縮影，就算是一般人家，有志為政者也將治家等同治國一般。

孔子三歲喪父，不可能侍奉到父親，他有一位不良於行的哥哥孟皮，但是古籍都很少記載兩人的關係，論語中更沒提到他。但有提到他做主將姪女嫁給南容，所以，孟皮可能很早便過世了，孔子則負起代兄照顧其家人的責任。

「喪事不敢不勉」，以我們現代人來看好像很突兀，和前兩句比起來，轉的太突然，如果去對照為政五篇，「生、事之以禮，死、葬之以禮、祭之以禮」。人的本份事是從生到死都要盡到自身的責任。

「不為酒困」反過來看是不會被酒所困。「困」是「亂」，孔子的酒量很大，「惟酒無量，不及亂」（鄉黨八）怎麼喝都不會喝到亂性的地步，也可以說他知道喝到什麼程度就該止了，所以不會仗酒量大而無節制，因此，他不會有一般人不知節制而亂性的困擾。當然也跟古時候沒有蒸釀技術，酒精度數不高也有關係。

子在川上曰：「逝者如斯夫！不舍晝夜。」

【簡譯】：孔子在大水邊上說：「過去的事就像河水一去不復返啊！一刻都不停息。」

這章是孔子望川水而興嘆。嘆過去的時光如水流一般，沒有重來或停止的可能。曹操的短歌行有一句：「人生幾何？譬如朝露，去日苦多。」感嘆已過去的時光許多，人生所剩日子還有多少？會有這種感嘆，通常是邁入中老年之人常有的，過一天就少一天，吃完一餐就少了一餐，老友見一次面就少一次再見的機會。

古人解釋多傾向「天行健，君子以自強不息」的不舍晝夜，孟子也曾以「不舍晝夜」來回答徐子請教孟子，孔子盛讚水的原因。[六]

孔子望流水而讚，子貢請教孔子原因為何？孔子言水有數德[七]：凡有生命的，水都無私照顧，好像有德；水流向下，有理可循，好像是義；水源源不絕，好像道一樣；水一旦潰決往一定的方向流，往萬丈深谷流去都不畏懼，好像有勇；而且水面是平的，好像法律；滿了也不再求更多，好像正道；大小地方都不放過，好像考察。水經過的地方都會乾淨，就像教化一樣。

六 徐子曰：「仲尼亟稱於水，曰：『水哉，水哉！』何取於水也？」孟子曰：「原泉混混，不舍晝夜。盈科而後進，放乎四海，有本者如是，是之取爾。苟為無本，七八月之閒雨集，溝澮皆盈；其涸也，可立而待也。故聲聞過情，君子恥之。」《孟子．離婁下四六》

七 孔子觀於東流之水，子貢問曰：「君子所見大水必觀焉，何也？」孔子對曰：「以其不息，且遍，與諸生而不為也，夫水似乎德；其流也則卑下倨邑，必修其理，此似義；浩浩乎無屈盡之期，此似道；流行赴百仞之嵠而不懼，此似勇；至量必平之，此似法；盛而不求概，此似正；綽約微達，此似察；發源必東，此似志；以出以入，萬物就以化絜，此似善化也。水之德有若此，是故君子見必觀焉。」《孔子家語．三恕第九》

老子道德經八提到水的其他德行：「上善若水。水善利萬物而不爭，處衆人之所惡，故幾於道。」老子認為水之德近於道，這是一種比擬的含意，人若不私於己而利於眾，其所行是為「善」，若加符合孔子說的「知者樂水」（雍也二十三），行善不拘泥於形式，能通權達變才是能真正的助益眾生。

子曰：「吾未見好德，如好色者也。」

【簡譯】：孔子說：「我沒見過脩德者之心，像沉迷美色者的喜好一般。」

列子曾說過：「食色性也。」在生物本能上是正確的，所有生物一生都是為了活而吃食，發展出許許多多特異能力，尤其昆蟲界更是令人嘆為觀止；為了繁衍族群，演化出能將最佳的基因傳承下去的行為。當食與色有所衝突時，牠們也知道要視「時候」而避開，例如南亞有一種世界上最大的毒蛇－眼鏡王蛇，牠是只以蛇為食物的，但也一樣是會善盡保護子女的毒蛇，在保護小蛇孵化期間，母蛇不吃不喝的守護者牠們，但當發覺到小蛇快要破殼而出時，母蛇便會馬上離開蛇窩，因為，牠若看到小蛇，吃蛇的本能會讓牠把小蛇給吃了。

人之好色亦是生物本能之一，所以孟子會說：「人之所以異於禽獸者幾希」。但好德也是為人的「本性」之一，也是人不同於禽獸的地方，孟子說：「庶民去之，君子存之。舜明於庶物，察於人倫，由仁義行，非行仁義也。」好德是由仁義行，是依本性而行；行仁義是為了生存（得名聲、獲讚揚，在社會上好立足等）而努力去做到，人能不費力於生物本能上，卻很難率本性而為！

子曰：「譬如為山，未成一簣；止，吾止也！譬如平地，雖覆一簣；進，吾往也！」

【簡譯】：孔子說：「就像要造山，如果只要再一籠土就完成了，但卻停了下來，這是取決於我要停的；譬如拿土填平凹陷的地面，雖然才開始倒了第一籠土，但能繼續努力往下倒，這也是取決於我要繼續的。」

這章可對應雍也十二「畫地自限」。對自我的目標，是半途而廢還是永不放棄，都是取決於自己的決心，孔子舉造山與平地二件在現實世界中，是不可能完成的事情，但重點並不是「完成」的概率，而是用來比喻努力的決心與態度。像孔子自身便是如此，想推廣道行天下而周遊列國，歷經多次危難也不改其志，他知道「造山平地」完成不必在我，重要的是要有人帶頭跨出這一步。微子六章：

長沮、桀溺耦而耕。孔子過之，使子路問津焉。長沮曰：「夫執輿者為誰？」子路曰：「為孔丘。」曰：「是魯孔丘與？」曰：「是也。」曰：「是知津矣！」問於桀溺，桀溺曰：「子為誰？」曰：「為仲由。」曰：「是魯孔丘之徒與？」對曰：「然。」曰：「滔滔者，天下皆是也，而誰以易之？且而與其從辟人之士也，豈若從辟世之士哉？」耰而不輟。子路行以告，夫子憮然曰：「鳥獸不可與同群！吾非斯人之徒與而誰與？天下有道，丘不與易也。」

長沮及桀溺二位隱士諷刺孔子，天下就像洪水泛濫一般，已是力不可挽之的局面，何必深陷其中白費心力呢！孔子雖多次遇到隱士勸戒，但感慨無人知其遠慮，他是為後世人點亮心燈，為來人照亮道途，他與隱士的短視是不可同群的，世人雖陷溺沉淪，若不去相援之又有何人願意去搭救呢！

憲問四十一章：子擊磬於衛。有荷蕢而過孔氏之門者，曰：「有心哉，擊磬乎！」既而曰：「鄙哉，硜硜乎！莫己知也，斯已而已矣！深則厲，淺則揭。」子曰：「果哉！末之難矣！」

這一篇也是先讚後勸，要他順應時勢，不能行就別費心而為，孔子的回答一如初衷，捨棄塵俗不問蒼生，做個自適的隱者當然不難，但對孔子而言則是很難的，就如同晨門對他的評價：子路宿於石門。晨門曰：「奚自？」子路曰：「自孔氏。」曰：「是知其不可而為之者與？」（憲問四十）

子曰：「語之而不惰者，其回也與！」

【簡譯】：孔子說：「跟他說了他就會努力去實踐而不懈怠，我的學生裡大概只有顏回是這樣的吧！」

顏淵是一位「得一善，則拳拳服膺」的人，並能「其心三月不違仁」，所以，孔子跟他言道，而他也能好學不輟。此章是對比上一章及接續下一章的文意。

子謂顏淵曰：「惜乎！吾見其進也，未見其止也！」

【簡譯】：孔子嘆息地評論顏淵：「真是可惜啊！我看到他不斷的奮進，從來沒見他停過。」

這二章是以顏回為例，來舉證好德者不若好色者，學德者又常功虧一簣、半途而廢，到下一章又感概雖有顏回之好學者，也未必有好的結果。

子曰：「苗而不秀者，有矣夫！秀而不實者，有矣夫！」

【簡譯】：孔子說：「種子抽穗發芽卻沒長好，這種情況是有的！長好了卻沒有結出果實，這種情況也是有的！」

這章皇侃認為：「又為歎顏淵為譬也」，接續前二章之意：如此精進不止停的人，其道德文章相當出色了，卻不幸早死而來不及將其才華展現及造福與世人。對照上句，有發心學習但最後退志這樣的人，但若能持續不斷的努力下去，一定能有所成就，但是也有像顏回一樣，來不及能結成果實的。所以，這句話充滿無限的感慨。

子曰：「後生可畏，焉知來者之不如今也？四十、五十而無聞焉，斯亦不足畏也已！」

【簡譯】：孔子說：「年紀輕的人是讓人敬畏的，怎麼知道他會不比現在的成年人的表現差呢？(不過，)到了四、五十歲還沒有甚麼讓人稱道的成就，也就沒有什麼值得敬畏之處了。」

有句流行話：「三十歲之前的外貌是父母給的，三十歲以後的是自己修來的。」大學首章：「大學之道在明明德」一般解釋，學習成為大人之道路，在於明白自己原本清明的德性，何謂「大」？一般常用「大而無外曰大」，這是物理上的空間來形容道德上的高尚，這是一個非常難體會的抽象意境，六祖壇經中，六祖形

容何謂摩訶[八]時，應用了虛空、日月星宿、一切大海、須彌諸山等極大之物來對比大的概念。另一種貼切的比喻，就是小孩子未來的無限可能，小孩好比一顆樹苗，這株樹苗長大後有什麼用途？提供木材、遮蔭、美化景觀、淨化空氣、藥材、果實、娛樂（造樹屋、吊鞦韆……）、水土保持……。一顆樹可以舉出無限的可能用途，大至棟樑微小到牙籤，但若做成了桌椅等某一成品，那它的用途就有限了，所以，孔子曾說君子不器，一但成為某種器物時，他的格局就被侷限住了。

這章「後生」是指「年少」，「可畏」指其未來成就不可限量的。本章關鍵在「聞」。顏淵二十的「**在邦必聞，在家必聞**」，不是只有聽過，還要有足以讓人稱頌的道德文章或功業事績，孔子訂四、五十歲為分界，在現代會說人生「七十才開始」，所以，四、五十歲屬中壯年，晉德修業還不晚，但孔子時代，甚至到二十世紀中期是「人生七十古來稀」，韓愈在祭十二郎文寫到：「**吾年未四十，而視茫茫，而髮蒼，而齒牙動搖。念諸父與諸兄，皆康強而早世**」大概可以瞭解到，人到四、五十歲間，身體機能衰退，病痛開始纏身，甚至智力退化，此時已無心

八……何名摩訶？摩訶是大。心量廣大，猶如虛空，無有邊畔，亦無方圓大小，亦非青黃赤白，亦無上下長短，亦無瞋無喜，無是無非，無善無惡，無有頭尾。諸佛剎土，盡同虛空。世人妙性本空，無有一法可得；自性真空，亦復如是。

善知識，莫聞吾說空，便即著空。第一莫著空，若空心靜坐，即著無記空。善知識，世界虛空，能含萬物色像。日月星宿，山河大地、泉源溪澗、草木叢林、惡人善人、惡法善法、天堂地獄、一切大海、須彌諸山、總在空中；世人性空，亦復如是。〈般若品第二〉

力，在德業與功業上用功，大戴禮記．曾子立事：「三十、四十之閒而無藝，即無藝矣；五十而不以善聞矣；七十而無德，雖有微過，亦可以勉矣。」三、四十歲所學之藝若無學成，其藝就難有成就，例如：禮、樂、射、易、書、數或琴、棋、書、畫等才藝，過了這個年齡就很難學成，除了「至於四十五十而知好學如中庸所謂困知勉行者聖人猶有望焉。」（論語解二十六）或是像孔子「發憤忘食，樂以忘憂，不知老之將至云爾。」（論語．述而）畢竟大器晚成的人少有。

子曰：「法語之言，能無從乎？改之為貴！巽與之言，能無說乎？繹之為貴！說而不繹，從而不改，吾末如之何也已矣！」

【簡譯】：孔子說：「別人批評我們犯錯的話，能不聽從嗎？重要的是馬上改正自己的錯誤。別人委婉開導我們的話，能不高興嗎？重要的是要仔細想想話中的涵義。高興而不去思索，聽從卻不改正，這樣我也沒甚麼辦法了！」

宋．陳亮〈戊申再上孝宗皇帝書〉：「正言以迂闊而廢，巽言以軟美而入。」法語即正言，是以引經據典或直接了當的，批判被批判者的過失；巽言是用較婉轉，不使人難堪的方式勸說。法語之言貴在能知過並改之，巽言之貴是能明白對方涵意，因為對方可能用「正言若反」的方式（明褒暗諷）來言其過，若不能聽出其話中有話，便有可能失去改過的機會。

法語之言在論語中有幾處可見，陽貨五篇：佛肸召，子欲往。子路曰：「昔者由也聞諸夫子曰：『親於其身為不善者，君子不入也』。佛肸以中牟畔，子之往也如之何？」子路以老師曾說過的道理來反問孔子，子路也曾以不言之正言來質疑孔子：子見南子，子路不說。夫子矢之曰：「予所否者，天厭之！天厭之！」（雍也二十七）。孔子對子路，也常直接了當的指出他的缺失，例如：子曰：「暴虎馮河，死而不悔者，吾不與也。必也臨事而懼，好謀而成者也。」（述而十），不過孔子也有用巽與之言來說他：子曰：「道不行，乘桴浮于海。從我者，其由與？」子路聞之喜。子曰：「由也好勇過我，無所取材。」（公冶長七）

繹之意在八佾二十二篇：子語魯大師樂，曰：「樂其可知也：始作，翕如也；從之，純如也，皦如也，繹如也，以成。」像餘音繞樑般的綿綿不斷，對巽與之言要聽出其宗緒、意旨的「餘音」。下一章又再次強調「改過」，且暗示交友要交能對我們法語或巽與之言者。

子曰：「主忠信。毋友不如己者。過，則勿憚改。」

【簡譯】：孔子說：「（做人）要以負責任、講信用，不要與不如自己的人交友，（如果）犯了錯，知道了就要馬上改正。」

孔子強調「忠信」，也經常一起提到這兩種德行。分開說是：忠於事，信於人。「忠」是在他人的「事」上盡心盡力，同時也是在「盡己」，也就是不愧於心。這跟字形含義相同（心在中央而無偏）；「信」是和人之間處事上，不會被別人有疑慮。在禮記‧儒行、孔子家語‧儒行解中，孔子多次提到，「忠信」是寶、以待舉、為甲冑。都說明忠信是立身處世的基礎德行。

忠信是對事也是對人的。「毋友不如己者」因為【簡譯】部份不好完整說明，請參閱學而八之解釋。古人對人之過錯重點不在譴責，而是強調「改」也，左傳的「過而能改，善莫大焉。」中庸的「知恥近乎勇」，這章孔子強調不要忌諱或害怕承認及改正過錯所帶來的後果。

此篇從第十九章以「譬如為山」的止與進，說明像顏回一般的只進不止者少有，世上充斥著苗而不秀，秀而不實者，如此，年歲虛長終難有成矣！因此，需立基於忠信，進德過程犯錯難免，面對過錯改之為貴切勿憚改。

子曰：「三軍可奪帥也，匹夫不可奪志也。」

【簡譯】：孔子說：「在敵軍隊陣中擒獲主帥是有可能的，但是一般人所立定的志向，是誰也搶不走的。」

依經驗法則，一個人的志向是很容易隨著時空背景、環境及心智成長而有所改變。孔子所說「志」不同於一般的志向，或自我期許類的心願。他用奪帥來比擬，是不可受人或外境而有所改變的。朱子的註解，指「心之所之謂之志」，這意思偏向自我期許的志向，是容易有所改變的。在論語中有多處提到「志」，例如：孔子自己十有五而「志於學」；「苟志於仁矣，無惡也」；「士志於道，而恥惡衣惡食者，未足與議也」；「志於道，據於德，依於仁，游於藝。」；「志士仁人，無求生以害仁，有殺身以成仁」；「不降其志，不辱其身，伯夷、叔齊與？」從這些章句來看，孔子所言之志，是人對自己所立下的規約，是畢身所要實踐的準則。在這志向下，不受環境所左右，例如：管寧割席；顏回安貧樂道；子路君子之學。有一次孔子和子路及顏淵談論各自的「志」，最後被問到自己的「志」，他就說了「老者安之、朋友信之、少者懷之」的禮運大同理想，這就是孔子終生所行之「志」。

子曰：「衣敝縕袍，與衣狐貉者立，而不恥者，其由也與？『不忮不求，何用不臧？』」子路終身誦之。子曰：「是道也，何足以臧！」

【簡譯】：孔子說：「穿著破舊質量不好的衣服和穿著華麗的人站在一起而不會覺

得可恥的，大概只有子路了吧？（他真像是詩經國風・邶風・雄雉[九]中所說的）『不忌妒別人擁有的也不想去貪求自己沒有的，還有甚麼比這些更良善的呢？』」子路聽了（老師的誇獎，高興到每天都把這首詩）掛在嘴上，不斷念誦。孔子（看他這樣）就教誨他說：「這就像道一樣該去實踐，光是掛在嘴邊（而不去行）哪會有良善的事情發生？」

「敝縕」在古人注解中多為破敗（或有縫補）且一般般或低等材質的衣服，劉寶楠認為是休閒服(燕居之服），而「狐貉」是貴族公子的休閒服。以他的見解比較合於孔子對子路的讚賞，因為「立」是朋友間的平等對待，彼此間在閒時，必是著燕居服，朋友間若身份地位差距過大，通常會有羞慚及高攀不起的感覺，因此，會產生忌妒及貪求的念頭。子路與朋友相交，不會上諂下鄙，能以「車馬衣裘與朋友共」，可見他交友是交心，而不重視外在的名相。孔子引詩經來稱讚，子路也很高興的經常念誦此篇，但孔子認這本來就是自性的顯現，稱不上善不善的。所以一直誦念有什麼意義？不過，南容三復白圭，孔子沒像子路這樣說他，是跟子路戲言（同子游的割雞焉用牛刀），還是怕他過頭了沒掌握到要點？

依著自性所流露出來的行為，是所謂的「率性」，也稱為「道」，既然是道就

[九] 雄雉于飛，泄泄其羽。我之懷矣，自詒伊阻。雄雉于飛，下上其音。展矣君子，實勞我心。瞻彼日月，悠悠我思。道之雲遠，曷雲能來？百爾君子，不知德行。不忮不求，何用不臧。

沒有所謂的善與不善，有與「惡」相對的「善」時，其善行是基於「禮」、「法」、「德」等世俗的規範而行之，雖與自性顯現相符，但並不是出自於自性之道，這其中是有差別的。

子曰：「歲寒，然後知松柏之後彫也。」

【簡譯】：孔子說：「到了寒冬季節，就可以發現松樹和柏樹，在別的已凋謝完了而它還未凋。」

這章有二種解釋，差異在「後彫」(彫同凋)，一種是指最後才凋落，另一種是指別的植物都凋落了，它還未凋。說苑．談叢：「草木秋死，松柏獨在。」這意思與另一種解釋相同，也符合俗語「松柏常青」之松柏特質。古人常以一些植物的特質來比擬君子與小人之不同，例如孔子家語：「**回聞薰蕕不同器而藏，堯桀不共國而治，以其類異也。**」薰是香草，蕕是臭草。**周禮周魯伯禽。觀於橋梓。入門而趨。登堂而跪。**†喬與梓是高矮直曲不同的樹木，來比喻父子應對之道。

†周伯禽，隨康叔三見周公。三被笞。以問商子。曰。南山之陽有橋木。北山之陰有梓木。盍往觀。伯禽見橋高而仰。梓卑而俯。還告商子。曰。橋者父道。梓者子道。明日。伯禽入門而趨。登堂而跪。周公嘉其得君子之教。《周禮》

松柏因為不畏寒且常青，常與竹、梅來並列，比擬君子臨難不改其志，例如：「君子隘窮而不失，勞倦而不苟，臨患難而不忘細席之言。歲不寒無以知松柏，事不難無以知君子無日不在是。」（荀子．大略）

子曰：「知者不惑；仁者不憂；勇者不懼。」

【簡譯】：孔子說：「智者不會有困惑他的事；仁者不會有讓他憂慮的事；勇者不會有讓他畏懼的事。」

知、仁、勇這三者，在中庸列為三達德，「知仁勇三者，天下之達德也」（中庸二十），在中庸二十一章進一步解釋：子曰：「好學近乎知，力行近乎仁，知恥近乎勇。」何謂知，在於好學，仁在於力行，勇在於知恥，好學及力行在中庸二十末段說明是：「或生而知之，或學而知之，或困而知之，及其知之，一也；或安而行之，或利而行之，或勉強而行之，及其成功，一也。」是天生的本能常識，或求問學習而知者，以及遇到困境，為了突破而發展出來的知能，不管是那一種都算是知；行是在無阻礙的情況下自然而行，或是為了追求名、利、興趣等有益於己而去行之者，及迫於環境、壓力等因素而不得不去行之者，只要最後有成功，都算是行。若解釋到此，「知」只是生活經驗，學習的知識；「行」成了人生歷練，應對問題的能力而已，與「達德」似乎扯不上關係，孔子說的「近乎」是指很接近了，在中庸二十一有解釋：知斯三者，則知所以修身；知所以修身，則知所以治人；知所以治人，則知所以治天下國家矣。不管是生而、學而還是困而知之，真正的智慧在於懂得要「修身」，身修好的可以去管理、教導人民，善於治人者自然能治理天下，「修身則道立，尊賢則不惑。」所以，知者不惑時，是臨大是大非時知所當擇，反之「愛之欲其生，惡之欲其死。既欲其生，又欲其死，是惑也」（顏淵十）。力行亦是篤行，是篤志勵行，不管是自己想學，為了將來前途，還是被逼迫的，在學習過程中體會到做人的道理，且力行實踐之，才是由近乎仁進階到行仁的境界，透過效法聖人之道，是進入仁的門口，接下來視是否由門而入了。

「恥」在八德之末，是道德的最後一道防線，跨過了是「無恥之恥，無恥矣！」（孟子．盡心章上）天下若是如此，就只剩下法律來約束了，其結果必是「民免而無恥」（論語．為政）或是「法令滋彰、盜賊多有」（道德經五十七章）（請參閱為政三），知道恥者其道德感尚未淪喪，有過而知恥者，並不一定有勇氣去承認，因為會擔心承認後的代價，例如：罪責、面子、既得益利、人際關係等，簡單來說會失去某些東西，所以，這些「東西」的損失是要有勇氣去割捨的，因此，知恥尚不能稱勇，但離「勇」只差一步了，因為這些「東西」的損失，比不上良心的譴責，所以，還有什麼「東西」能讓他畏懼呢？（請參閱為政二十六）

子曰：「可與共學，未可與適道；可與適道，未可與立；可與立，未可與權。」

【簡譯】：孔子說：「可以一起共同學習，但是未必懷抱同樣的理想目標；就算有同樣的理想，但是未必可以一起立身實踐自己的理想；就算是可以一起立身實踐自己的理想，可是未必可以相互理解對方的權變作為。」

這章指與同修、朋友間最後會有不同的目標、立場及變通的做法。先是共學，前面有提到「毋友不如己者。」與可以互相講習切磋，彼此資益的同修來共同學習，之後會因為志趣不同而走上不同的道路。這二句在三國時期就有很多例子，例如多次舉例的管寧割席，就是「不」可共學。又例如周瑜的同學蔣幹，曾經共學過，但又各自走上不同的道路，認不同的「明主」。適道是指共學之道將之實踐，實踐的程度端看「立」於何境界，例如「立於禮」，最後則是能否因時制宜，權量輕重的權變，春秋公羊傳有解釋：「權者何？權者反於經，然後有善者也。權之所設，舍死亡無所設。行權有道，自貶損以行權，不害人以行權。殺人以自生，亡人以自存，君子不為也。」所以權的出發與結果都是良善的。另外權可解釋為權變不同，例如同為鬼谷子為師的蘇秦與張儀，分別為達到抗秦與強秦的日的，各自權變出合縱與連橫之策。

「唐棣之華，偏其反而。豈不爾思？室是遠而。」子曰：「未之思也，夫何遠之有？」

【簡譯】：有一首詩這樣說：「唐棣開花，翩翩搖擺，我能不思念嗎？衹是離得太遠了。」孔子說：「不是真的思念，如果真的思念，再遠又有什麼關繫？」

詩經之言多有隱喻，花之盛開對心繫天下蒼生者，為大同世界的到來。對憂國憂民者，為太平盛世的情境。有志之士感慨這一天的到來，只能思念但遙遠難以期待，但孔子認為只要有心，實踐的那一天，遠不遠有什麼關係。是的，只要此心世世代代都有人相續不斷，最後一定有實現的一天，重點是我們是接續不斷的那一人。

鄉黨第十

這一篇非常有意思，像是拍一個人物側寫記錄片，從日常生活中的食衣住行，與人應對進退的態度和表情，有非常生動的描述。孔子在人們的印象中，首先是高人一等的身形，在當時代稱做「長人」（九尺六寸），連留給中都縣（現在的濟寧市汶上縣）做記念的鞋子，也是特別大。這樣高大的人，也許會給人一種威嚴，有壓迫的感覺，史記．孔子世家：「**人皆謂之長人而異之。**」所以一開始會有這樣的感受，之後會不會有，**子夏曰：「君子有三變：望之儼然；即之也溫；聽其言也厲。」**對君子的描述呢？其實是沒有的，孔子給後人的印象多半是，固執拘謹，繁文縟節，不苟言笑，道貌岸然，有禮有節，開口閉口必稱堯舜。這些刻板的印象，若對照論語中的隻字片語，就可發現其實不然，孔子是一個風趣，不嚴肅，率真，好親近，但不可戲謔之。例如：他見完南子之後，子路瞪著大眼看他，孔子立刻對天發誓：「我見南子，不是你心裡想的那樣！」非常率真。又例如：他路過武城，聽到弦歌之聲，他「莞爾而笑」，說子游大才小用，這是一句讚美的話，但子游覺得，老師以前是這樣教我的啊！孔子聽了立刻道歉，跟其他學生說：子游說的對，我是開玩笑的。孔子要弟子說一說自己的志向，當聽到子路的志向時不由得笑了出來，論語上用「哂」這個字，哂雖然不到「噗哧」一笑，但也不是微笑而已，不然事後曾點為什麼會好奇的問：「夫子何哂由也？」，所以孔子不是一位嚴肅又不苟言笑的人。再來是，當他聽到子路已死，這本是他很早就預料到「不得其死然」，但一聽到死訊，孔子哭於中庭，孔子真性情啊！孔子對自己的懷才不遇，困頓，會自我嘲諷「沽之哉，沽之哉」，「觚不觚，觚哉觚哉」。另外孔子應該是善御兵之人，孔子在陳蔡絕糧，厄於匡及圍於蒲時，表現出從容不迫，不憂不懼，甚至撫琴而歌，化解了弟子們的不安，一般人認為孔子是一位遇困厄時，不怨天不尤人，堅信有仁德者，只受天考不受人害。筆者認為孔子除了前述以外，他還善於統兵，在士氣低落時能振奮人心，穩住頹敗的情勢，進而轉危為安，還有他在蒲地脫困後，立刻轉向朝衛國而去，他不是那種固執不化，死守禮節的人，反到是他的弟子們，就死板板，一絲不苟的死守善道。像子羔在衛國遇到內亂，要逃跑時，守門人指可鑽牆洞出去，子羔拒絕鑽洞，守門人又指那邊牆有缺口，可以爬出去，子羔又拒絕爬牆，最後守門人要他躲在一個房子裡，子羔才同意。都大難臨頭了，逃命要緊，還計較什麼「君子不踰」、「君子不隧」的「臨難毋苟免」的道理！

孔子於鄉黨，恂恂如也，似不能言者。其在宗廟朝廷，便便言；

唯謹爾。

【簡譯】：孔子在家鄉與親族相處的時候，是溫和、謙恭的樣子，好像不會說話的樣子；當他在宗廟、朝廷上，議政時能言善道、表達能力強，不過用字遣辭是謹慎小心的。

「恂恂如也」溫和恭敬的樣子。「便便言」善於辯論，能言善道、表達能力強，例如「口才便給」。這二種反差極大的樣貌，說明孔子在鄉人之間，不會刻意賣弄學問，對方講的不管合不合理，不會去糾正反駁他們，因為聊天不需要話不投機半句多。像現今社會一樣，朋友、鄰居、同事、親人之間，也許宗教、政治立場不同，各談各的想法，不用去爭個臉紅耳赤，造成彼此不歡而散。

朝與下大夫言，侃侃如也；與上大夫言，誾誾如也。君在，踧踖如也，與與如也。

【簡譯】：孔子在朝廷上和下大夫談話，態度和悅，和上大夫談話，是適度講重點的樣子。君上臨朝時，必恭必敬，舉動容貌都很適當合禮。

「侃侃」是態度和悅，彼此沒有壓力的交談，所以談話內容會比較多，也比較接近彼此問候及交換心得的樣子。「誾誾如也」，態度適中而且一言中的。「踧踖」恭敬而不安的樣子，好像怕做錯事一樣。「與與」是容貌舉止有適當的威儀，「與」有朋黨之意，也可視為融入同僚行列之間，沒有特別突出的樣子。

君召使擯，色勃如也。足躩如也，揖所與立，左右手，衣前後，襜如也。趨進，翼如也。賓退，必復命，曰：「賓不顧矣。」

【簡譯】：孔子在受到國君的召命，擔任迎接外賓的儐相時，他的臉色會很莊敬，走起路來會輕而快。他會對於站在一起左右方的人躬身作揖，衣服前後擺動平順。他向前行走時，衣擺如鳥欲飛翔而翼舒張。等到嘉賓離開了，他會回來告訴國君說：「嘉賓已經離開了。」

這章描述到，孔子接到任務時的恭謹態度及動作上的平順流暢。如果對古人的服裝有瞭解的話，會比較明白這章做這麼細描述的樣貌。現今除了看古裝戲外，也可以參觀穿道袍祭祀的場合，大概能體會古人的衣裝在身，動作起來並不輕鬆，像長擺道袍，跪時可不是說跪就跪，不先掀前擺是會拌住膝蓋，而狼狽前傾，同樣站起來不先舉後擺，也會因腳踩到而拌倒，作揖也不是直接抱拳而拜，要先劃個弧形將袖擺張開如翼狀，才不會縐在一起不端莊。動作雖複雜，但若能做的順暢，可是很優美的。

入公門，鞠躬如也，如不容。立不中門，行不履閾。過位，色勃如也，足躩如也，其言似不足者。攝齊升堂，鞠躬如也，屏氣似不息者。出降一等，逞顏色，怡怡如也；沒階趨進，翼如也；復其位，踧踖如也。

【簡譯】：孔子上朝進到外門，就開始躬著身體，好像這裡不是容身的地方。不站在門中間會擋到人進出的位置，經過門檻也不踩在門檻上。經過君位時，表情也是端莊肅穆，腳步輕快通過。應答對話來也特別小心翼翼。也會提著衣服下襬，進入廳堂還是躬著身體，大氣都不敢喘一下。等到離開以後，下了階梯，才開始表現出略為舒緩的表情，輕鬆一點。下完台階到平地的時候，也是腳步輕快，儀容端正。回到原來該有的位置上時，又表現出恭敬嚴肅的樣子。

執圭，鞠躬如也；如不勝。上如揖，下如授，勃如戰色，足蹜蹜如有循。享禮，有容色；私覿，愉愉如也。

【簡譯】：孔子為魯君出使鄰國，行聘禮時拿著國君賜給的圭玉，躬著身體，好像無法勝任般的惶恐。持圭玉時，恭敬地捧在作揖收授位置之間；恭敬嚴肅之外，還要戰戰兢兢，走起路來腳步也更加小心謹慎，腳跟好像沒離開地面一樣。等到進行享禮呈獻禮物時，臉上展現和悅的樣子。私禮相見時，表情就更加輕鬆愉快。

「圭」：受命出使他國時信物。聘禮時孔子躬身出示圭玉，誠惶誠恐的捧在作揖及接授信物之間位置（大約在胸口到腹部之間，但要考量躬身時，其區間會較小。）

「勃如」：猝然變色。

「戰色」：戰慄的樣子。

「足蹜蹜」：腳步緊密徐緩，腳跟好像不離地一樣。

「有循」：循著路徑一般。

「享禮」：代表國君將禮物進獻給他國國君的禮物。禮記．曲禮下：「五官致貢，曰享。」；「諸侯使大夫問使諸侯，曰聘。」

「私覿」：私下以禮物拜會出使的國君或大夫。同僚間的非公事相見。

「愉愉如也」：神色自然。

君子不以紺緅飾，紅紫不以為褻服；當暑，袗絺綌，必表而出之。緇衣羔裘，素衣麑裘，黃衣狐裘。褻裘長，短右袂。必有寢衣，長一身有半。狐貉之厚以居。去喪無所不佩。非帷裳，必殺之。羔裘玄冠，不以弔。吉月，必朝服而朝。

【簡譯】：孔子不以深青紅色來裝飾衣服領子和袖子的縫邊。紅色和紫色不用來作為內衣的顏色。天氣熱的時候，穿上有彩繪的輕薄葛布衣，外出一定會再加個外套。(不同場合穿)白色小鹿皮及黑色小羊袍朝服外套，黃色狐皮祭祀外套。家中穿著的保暖厚衣服比較長，右邊的袖子為了方便做事就會捲起來。還有被子要比自己的身高在多上一半的長度。如果在家接見賓客，就穿狐貉皮做的保暖衣物。除了穿喪服期間，平常就要配戴玉器之類的配件。帷幔不要逢上邊。小羊毛外套和黑色帽子不用來弔喪。每月初一，一定穿著正式合禮上朝拜見國君。

「紺緅」：赤青色的布帛。青色有用於三年大喪，紺緅飾，會有像喪服的樣子。

「袗」：有彩繪的衣服。

「絺綌」：細，粗葛布。周禮·地官·掌葛：「掌葛掌以時徵絺綌之材于山農。」

袗絺綌：有彩繪的輕薄葛布衣服。

「表而出」：輕薄的衣服會有點透明，所以，外出時需要再套一件外衣遮蔽。

「寢衣」：臥被，不同於「衿」大被子，像長及膝的睡衣。

「非帷裳必殺之」：除了帷裳以外的服裝，一定要裁剪。帷裳像是百折裙，一正幅布做成。

「羔裘玄冠」：是吉服。（朱熹註：喪主素，吉主玄。）

齊，必有明衣，布；齊必變食，居必遷坐。

【簡譯】：孔子在祭祀之前一定先沐浴，浴完換上浴衣。齋戒時，一定改變平常的酒肉飲食，也不坐在平常坐的地方。

「齊」：齋祭。

「明衣」：皇侃：「**浴竟，身未燥，未堪著好衣，又不可露肉，故用布為衣，如衫而長身也，著之以待身燥。**」

「變食」：改變平日的吃食。

「遷坐」：不坐在平常坐的位置，因為平常坐的地方，會處理、接待一些事物，齋祭時為求清淨，要改換清靜的位置。

食不厭精，膾不厭細。食饐而餲，魚餒而肉敗，不食。色惡不食，臭惡不食。失飪不食，不時不食。割不正不食，不得其醬不食。肉雖多，不使勝食氣；唯酒無量，不及亂。沽酒，市脯，不食。不撤薑食，不多食。祭於公，不宿肉。祭肉，不出三日；出三日，不食之矣。食不語，寢不言。雖蔬食，菜羹，瓜祭，必齊如也。

【簡譯】：吃的飯越精細越好，肉類也切的越細越好。食物變了該有的味道，魚肉腐敗，不吃。顏色不對的食物，不吃。發出惡臭的食物，不吃。沒煮熟的食物，不吃。不當令的食物或是沒到吃飯時間，不吃。食物沒按既定的規矩切割，不吃。沒有適當的佐醬，不吃。肉不能比其他蔬菜多。只有喝酒沒有限量，不會喝到不醒人事。街上鋪子裡買的東西，不吃。吃飯一定有薑。不飽食。魯君在祭祀後分賜的肉，不放到隔夜吃。家裡祭拜的肉類也不放著超過三天。超過三天就不吃。吃飯時候不交談，睡覺前不談正事。就算祭拜時只有很微薄的食物，但也依然保持莊敬。

「饐」：腐壞變味。《說文解字．食部》「饐，飯傷溼也。」

「勝食氣」：五穀之氣。喻肉量不多於穀量。

席不正不坐。

【簡譯】：席子要合乎禮法擺放，否則就不坐。

鄉人飲酒，杖者出，斯出矣。鄉人儺，朝服而立於阼階。

【簡譯】：故鄉舉行鄉飲酒禮時，孔子一定要等扶著拐杖的老人離開後，自己才起身離開。故鄉舉行驅除瘟疫的儀式時，孔子會穿著正式的朝服站立在門口的階梯上。

「儺」：迎神賽會以樂舞驅逐疫鬼。

「阼」：廳堂前東面的臺階，為主人迎接賓客的地方。

問人於他邦，再拜而送之。康子饋藥，拜而受之，曰：「丘未達，不敢嘗。」

【簡譯】：孔子派人到外國出使外交任務，一定會在送別時拜謝兩次。有一次，季康子送孔子一帖藥，孔子拜謝接受，但是說：「我不是這方面的專家，我不敢吃這帖藥。」

「問」是指擔任使節到外國去從事外交工作。何晏、皇侃和朱子都沒特別說到送禮的問題。邢昺率先說到「孔子遺人之禮，問猶遺也，謂因問有物遺之也」，就是派人帶著禮物出國，問同遺，因為問含有餽贈物品之意。「再拜」是表示孔子的誠意。

至於「康子饋藥」的部分，邢昺解釋說「凡受人饋遺可食之物，必先嘗而謝之。孔子未達其藥之故，不敢先嘗……亦其禮也。」

廄焚，子退朝，曰：「傷人乎？」不問馬。

【簡譯】：孔子家養馬的地方失火了。孔子退朝以後聽到這件事，就問說：「有沒有人受傷？」沒有問到有沒有馬匹受傷。

前些時候有一則新聞，有人車禍倒在路上，有行人見之，不是先報案叫救護車，也不是上前去幫忙，而是打開手機做現場直播……。一九九四年普立茲新聞攝影獎得主凱文卡特（Kevin Carter），他得獎的作品是在蘇丹大飢荒中，拍到一個瘦得只剩皮包骨的小女孩，蹲趴在地上低著頭，正在生死線上掙扎，而她的身後站著一隻禿鷹，似乎在等這個小女孩倒下，照片中的小女孩震撼了文明世界，但許多人卻問，小女孩後來呢？凱文有沒有救她？還是只顧著拍照、只顧著能因此得獎，而不顧小女孩死活？質疑聲、指責聲接連而來。凱文得獎後兩個月，他留下一張字條然後結束了三十三歲的生命：「我被鮮明的殺戮、屍體、憤怒、痛苦、飢餓、受傷的兒童、快樂瘋子的記憶糾纏不休……真的，真的對不起大家，生活的痛苦遠遠超過了歡樂的程度。」

杜甫的詩：「朱門酒肉臭，路有凍死骨。」自古以來平民都是位居社會底層，連稱謂也有低賤之意，例如「黎民」表示皮膚黝黑。秦始皇廢百家之言，改平民為「黔首」（老百姓不能戴冠，以黑布包頭）。庶民、野人、草民等等，反應出官宦門閥世族視百姓為低賤，齊景公欲殺把他馬養死的人，就是視人命為草介。這一章短短幾字，也透露出了上層階級視人命不如貨財的心態。

君賜食，必正席先嘗之。君賜腥，必熟而薦之。君賜生，必畜之。侍食於君；君祭，先飯。疾，君視之，東首加朝服拖紳。君命召，不俟駕行矣。

【簡譯】：魯君賜給孔子食物之後，孔子一定先將席子調整正位，然後才品嘗食物。魯君如果賜給的是腥肉，孔子必定先煮熟之後，然後祭拜祖先。魯君如果賜給的是活物，孔子就會畜養起來，等待祭祀時再加以宰殺當牲品。和魯君一起吃飯的時候，如果魯君祭拜，孔子就趁機先吃飯。孔子生病時，魯君來探視，就將頭面向東方，在身體上蓋上朝服，而將腰帶也放在衣服腰部的位置。魯君有急事召孔子，孔子就先動身，不等車駕備好。

入大廟，每事問。

【簡譯】：孔子進入太廟，每個細節都會問。

朋友死，無所歸，曰：「於我殯。」朋友之饋，雖車馬，非祭

肉，不拜。

【簡譯】：如果朋友過世了，沒有親友可以主持殯葬典禮。孔子就說：「讓我來主持殯葬典禮。」如果朋友送東西給孔子，就算是貴重如車馬，孔子也不拜謝，只有送祭肉才要答禮拜謝。

車馬是財物，朋友有通財之義。祭肉是敬意。

寢不尸，居不容。見齊衰者，雖狎必變。見冕者與瞽者，雖褻必以貌。凶服者式之；式負版者。有盛饌，必變色而作。迅雷、風烈必變。

【簡譯】：孔子睡覺的時候不會張開四肢成「大」字形，不會像死屍那樣，平常家居也不特別嚴肅，而是表情自然。見到穿喪服的人，就算是平常很親近的人，態度也會變得嚴肅起來。看到戴著帽子的官員以及盲人，就算是平常很常見面，也會很禮貌對待。（孔子搭乘馬車，路上）碰到有人穿著喪服或是挑擔販賣的人，孔子都會躬著身體扶著車上橫木，表達敬意。碰到主人特別豐盛地招待，一定起身對主人表達感謝。碰到打雷和刮大風，孔子也會變得比平常嚴肅。

「凶服者式之，式負版者」，「式」同「軾」車上橫木，「式之」是以手扶橫木，表示敬意。文意中見到穿喪服者及挑擔的人，孔子都會起身扶軾表示敬意，可以想像孔子搭車一路上遇到服喪者機會不大，但挑擔者應該很多？那孔子一路上不就一直起身扶軾嗎？所以，文句應該是二種不同的「式」，凶服者—式之，是比較慎重的敬意；式—負版者，對負版者表示敬意，「式之」是起身躬扶橫木，「式」則可能是只有手扶一下橫木，表達一下敬意。

升車，必正立，執綏。車中不內顧，不疾言，不親指。

【簡譯】：孔子登上馬車，一定會站得好好的，並且握緊馬車上的繩子。站在馬車裡，眼睛不東張西望，不大聲喧嘩，手也不亂指。

色斯舉矣，翔而後集。曰：「山梁雌雉，時哉時哉！」子路共之，三嗅而作。

【簡譯】：孔子郊游，看見一羣野雞飛翔一陣後停在橋上，孔子神情一變，說：「山脊上的野雞啊，時運好啊！時運好！」子路向它們拱拱手，野雞長叫幾聲飛走了。

野鳥將子路作揖的動作解讀為攻擊的動作，所以快速飛走。「色斯」是「驚駭貌」，「山梁」是「山澗中橋，以通人行也。」孔子一行人經過時，一羣野雞受到驚嚇而飛起來，飛翔一陣子後，見沒危險就一起停駐在樹上或橋上，孔子見狀感慨野雞知道要避開危險，知道要停在安全的地方，知道識時務所以時運很好。「子路共之」皇侃有不同的解釋，「共之」是進供野雞給孔子吃，看似很突兀，不過，放在鄉黨，專門描述孔子飲食、穿著、態色等等，是有可能的，皇侃說子路誤會，時哉！聽成「食」哉！意思是野雞很好吃，子路於是就打了野雞給孔子吃，因為在野外只能用火烤，孔子聞了聞味道，聞看有沒有與他吃食的原則抵觸，「而作」皇侃說是只聞不吃然後起身離開，「作」為什麼是不吃又起身離開？作這個字反成了關鍵字，是作罷還是作食？如果簡單的想，孔子純粹看到一羣野雞，就說野雞很美味，要子路打幾隻來吃，子路打了野雞然後烤給孔子吃，孔子「依禮」作了三嗅的動作，表示好吃，謝謝。因此，三嗅而作意思是「而作三嗅」。可能這種解釋對崇敬孔子的人而言，會覺得對孔子不尊敬，孔子怎麼會好殺生呢？要知道狩獵在當時也是一種禮儀，述而二十七章孔子弋不射宿，孔子不射巢中鳥，但一羣野雞就沒道理不能打了吧！

這一篇的描述中，孔子著朝服上下朝與大夫言，接待外使賓客等等，所以，應該是孔子在朝為官的期間。從穿著及吃食，當時的薪俸很優渥。能知道他朝上的樣貌，只有同為朝上為官及打理他生活起居的弟子，才能知道這麼詳盡寫實，是出於那些弟子？文中沒有很直接的線索。孔子為官時子貢也出仕為屬官，公西華出使齊國，冉求能決定要給多少粟予子華母親，子路是執行墮三都及派子羔為費邑宰，這幾位當屬中央官員，其他像宓子賤主單父，子游主武城，冉耕主中都，這些則是屬地方官，不可能與孔子一起上朝，在同朝為官的弟子中又屬子貢對事物的觀察最細密，所以，朝堂上的孔子樣貌可能是他所述，而孔子起居生活有可能是原憲所提供的資訊，因為他是當任孔子的總管。

國家圖書館出版品預行編目資料

談經說義論語發想 / 左震宇著
--初版-- 臺北市：博客思出版事業網：2024.3
面；　公分. --（現代哲學；11）
ISBN：978-986-0762-70-9(平裝)

1.CST: 論語 2.CST: 注釋

121.222　　　　　　　　　　　　　　112020030

現代哲學 11

談經說義論語發想

作　　者：左震宇
編　　輯：塗宇樵、古佳雯、楊容容
美　　編：塗宇樵
封面設計：塗宇樵
出　　版：博客思出版事業網
地　　址：臺北市中正區重慶南路1段121號8樓之14
電　　話：(02) 2331-1675 或 (02) 2331-1691
傳　　真：(02) 2382-6225
E - MAIL ：books5w@gmail.com或books5w@yahoo.com.tw
網路書店：http://5w.com.tw/
https://www.pcstore.com.tw/yesbooks/
https://shopee.tw/books5w
博客來網路書店、博客思網路書店
三民書局、金石堂書店
經　　銷：聯合發行股份有限公司
電　　話：(02) 2917-8022　　傳真：(02) 2915-7212
劃撥戶名：蘭臺出版社　　帳號：18995335
香港代理：香港聯合零售有限公司
電　　話：(852) 2150-2100　　傳真：(852) 2356-0735
出版日期：2024年3月 初版
定　　價：新臺幣300元整（平裝）
I S B N ：978-986-0762-70-9